Dedicatoria

El tomo 3 de Devocional para la familia está dedicado a los patriarcas y a las santas mujeres piadosas del Antiguo Testamento que soportaron exigentes pruebas y tribulaciones a fin de preparar el camino para Jesús. Gracias al estudio de sus historias y de sus vidas, así como de sus éxitos, fracasos, fortalezas y debilidades, aprendemos lo que debemos hacer y los comportamientos que debemos evitar en nuestra vida diaria.

Todos podemos beneficiarnos enormemente si observamos los acontecimientos y las circunstancias que sufrieron y soportaron estos héroes del Antiguo Testamento. La Biblia nos enseña cómo tropezaron y se equivocaron en ocasiones, pero también nos enseña cómo Dios les perdonó a pesar de sus malas acciones y cómo acudió a su rescate cuando se arrepintieron y clamaron por él. Sus historias nos dan la seguridad de que Dios hará lo mismo con nosotros. Podemos imitarlos y vivir una vida de gozo, recibiendo las bendiciones de Dios si seguimos el camino de la rectitud.

Nuestro objetivo debe ser el de crecer siempre en el conocimiento de Jesús, nuestro Salvador y Señor, y aprender a parecernos más a él. Por lo tanto, debemos dar gracias a estos creyentes del Antiguo Testamento y a sus historias que nos enseñan el Camino, la Verdad y la Vida que conducen a la eternidad con Dios Padre, Dios Hijo y Dios Espíritu Santo.

Devocional para la Familia - Tomo 3
Reflexionando juntos en la Palabra

Publicado por Monsgo® 2024 una división de Vida Trading company LLC
1218 Interstate Blvd. Florence, SC 29501
www.monsgo.com

Originally published in english by Morgan James Publishing under the title "Making God Part of your Family. The Family Bible Study book"
Escrito por Michael Grady

ISBN: 978-1-949206-64-7

Diseño y diagramación: Alejandro Aparicio
Fotografía: Fernanda Reyes

Traducción por World Connect Lima SAC

Impreso en Colombia

Devocional para la Familia
Reflexionando juntos en la Palabra

Tomo 3

Por Michael Grady

Tabla de Contenidos

Agradecimientos

Mi familia de la iglesia me ha apoyado y animado tanto con el libro Devocional para la familia, tomo 1 y 2, que he utilizado ampliamente sus observaciones para este tercer tomo. Este es precisamente el caso de mi grupo de estudio bíblico, que se reúne semanalmente para estudiar la palabra de Dios desde hace treinta y cinco años. Así pues, me gustaría reconocerles el mérito de haberme ayudado a comunicar mejor el mensaje de Dios en lo que respecta a los acontecimientos que se tratan en el tomo 3 y que son más difíciles de explicar.

Una vez más, estoy muy agradecido con Free Bible Images (www.freebibleimages.org) por la generosa contribución de las ilustraciones empleadas en este tomo. Es importante que las familias tengan una imagen visual cuando leen y escuchan las verdades expuestas en cada historia.

Por último, me gustaría agradecer al Dr. M. R. DeHaan, fundador de la Radio Bible Class, (ahora llamada Our Daily Bread Ministries), por sus estudios bíblicos sobre el Antiguo Testamento, cuya influencia ha perdurado en mi comprensión del mensaje de Dios para nosotros.

Muchos de los versículos bíblicos citados en este libro los he parafraseado yo mismo para facilitar la lectura de la historia.

Introducción

El tomo 3 de Devocional para la familia continúa con la narración de las historias del Antiguo Testamento, comenzando donde lo dejamos en el tomo 2 con las historias de David. El propósito principal de esta serie es dar vida al plan de Dios para usted y su familia, tal como lo reveló a través de su pueblo en el Antiguo Testamento. Confío en que las ideas que comparto le ayudarán a comprender que estas historias son mucho más que la historia de los israelitas (la familia escogida por Dios). Estas historias son parábolas que nos proveen el manual de Dios para vivir nuestras vidas en esta tierra y su plan eterno de redención y salvación para todos los que decidan arrepentirse y creer en él. Dios tiene un mensaje que verdaderamente cambiará nuestra vida si nos tomamos el tiempo para leer, escuchar y desarrollar una comprensión de su Palabra.

En el mundo actual, la familia se enfrenta a una avalancha de mensajes contradictorios y dañinos, al igual que las familias del Antiguo Testamento. En las últimas décadas, nuestra cultura ha experimentado un cambio drástico en la moral y las creencias, por lo que es más importante que nunca comprender los beneficios de tener un Dios amoroso y contar con el soporte de una familia bien unida en la que apoyarse. Incluso si uno no tiene la suerte de estar rodeado de una familia de sangre, puede aceptar la invitación que Dios le hace de unirse a él y a su pueblo, formando así parte de una familia conocida como el cuerpo de Cristo (la iglesia universal).

En contraste con los estándares del mundo que se centran en nuestros deseos e intereses personales, las historias presentadas en el tomo 3 enseñarán la importancia de ser amables y poner las necesidades de los demás por delante de las nuestras. Estas historias también resaltan la fuerza que surge de la unidad y el trabajo conjunto. Es importante reconocer que las familias modernas pueden estar muy rotas; y a su vez, una familia terrenal puede no brindar el amor, la sabiduría y las relaciones fructíferas que Dios pretende proveernos a través de la unidad familiar. Estas historias demuestran cómo nosotros, que somos cristianos, debemos ser comprensivos y dar apoyo a quienes nos rodean y necesitan amor, compasión y guía.

Cuando aceptamos la invitación de Dios a unirnos a su familia, Jesús y todos sus seguidores se convierten también en nuestra familia (incluidos Adán y Eva, Moisés, Abraham y la familia escogida de Israel). A pesar de los elementos que faltan en nuestra familia terrenal, podemos experimentar cómo Dios, nuestro Padre, nos ama perfectamente y siempre nos guiará con perfecta sabiduría como miembros de su familia. Jesús no es tan solo nuestro Salvador y Dios, sino también nuestro hermano. Se sacrificó para que podamos formar plenamente parte de su familia y compartir su herencia.

Oro para que estas historias nos ayuden a cada uno de nosotros a fortalecer nuestras familias terrenales conforme vayamos examinando los éxitos y los fracasos de nuestros patriarcas bíblicos. Albergo la esperanza de que este tema, ser "parte de la familia de Dios", le provea de los recursos que necesita para convertirse en un miembro eficaz y valioso de la familia de Dios y para tener un impacto duradero en su familia terrenal.

Llevo más de treinta y cinco años enseñando en la escuela dominical y en estudios bíblicos para adultos, adolescentes y niños de ocho a doce años. La mayoría de los cristianos admiten la necesidad de tener un mayor conocimiento de la Biblia. Sin embargo, cuando se les pregunta por qué dedican muy poco tiempo a leer la Palabra de Dios, las respuestas son siempre las mismas:

- La Biblia es demasiado difícil de entender.
- Gran parte de la Biblia es aburrida.
- El Antiguo Testamento no es relevante.

Espero cambiar estos conceptos erróneos al volver a contar las historias del Antiguo

Testamento, haciéndolas más atractivas y fáciles de entender, a menudo enlazando el Antiguo y el Nuevo Testamento. Pronto podrá ver la relevancia de estas historias, tanto para nuestra vida diaria como para nuestra relación eterna con Dios y Jesucristo. Jesús utilizó parábolas para enseñarnos principios de vida, y de la misma manera, las historias del Antiguo Testamento nos guían y ayudan en las pruebas, tribulaciones y momentos de gozo de esta vida, a la vez que nos preparan para la eternidad. Aunque estas historias no lo llamen por su nombre, retratan con gran belleza a Jesús, la fuente de nuestra salvación y redención.

Un libro de estudio bíblico para la familia: no un simple libro de cuentos

Si ha estado buscando una manera de leer la Biblia a sus hijos o con su familia, que a la vez resulte interesante para diferentes edades, este libro puede ser su respuesta. La mayoría de los libros de cuentos bíblicos están orientados a los niños pequeños, por lo que son demasiado simplistas para que los adultos y los adolescentes los disfruten. Por otra parte, aquellos que son elaborados como libros de estudio bíblicos suelen ser demasiado difíciles de entender para los niños y la mayoría de los adolescentes.

Estas historias presentan una mezcla única. Este libro ha sido escrito a un nivel adecuado para los adultos y, sin embargo, está estructurado de manera que pueda leerse y comentarse con niños de edad primaria. Las historias se han escrito en un tono conversacional para facilitar el diálogo. Es poco probable que los niños de entre ocho y doce años entiendan en su totalidad los mensajes si leen las historias por su cuenta, pero si las historias se leen junto con uno de los padres, los abuelos o el profesor de la escuela dominical, el joven lector es muy capaz de entender el mensaje principal.

Este concepto plasma mi principal propósito al escribir esta serie: que su familia pase tiempo junta leyendo y comprendiendo la Biblia. Me ha llenado de satisfacción que los mensajes hayan sido de especial relevancia tanto para los adolescentes como para los jóvenes adultos. Han opinado: "Por fin comprendo de qué trata el Antiguo Testamento y por qué es tan importante", y "me intriga la profundidad que usted le ha dado a cada historia, pero al mismo tiempo la ha hecho mucho más fácil de entender".

Aunque este libro vuelve a contar historias de la Biblia, no es un simple libro de cuentos bíblicos. Es un libro de estudio en pequeñas porciones que invita a la reflexión. En este sentido, mi experiencia en la lectura de estas historias a niños y adolescentes de edad primaria ha demostrado que entre treinta y cuarenta y cinco minutos es una buena cantidad de tiempo que se puede reservar para leer y comentar cada historia. Sin embargo, el libro también puede usarse para un devocional nocturno de diez a quince minutos con niños mayores en edad escolar (de ocho a doce años) o como un estudio en profundidad para cristianos maduros que quieran profundizar en la Palabra de Dios a partir de la revisión de las Escrituras que aparecen al final de cada historia.

Tanto si utiliza estas historias para estructurar una conversación familiar en profundidad, como si las lee con sus hijos a la hora de acostarse, o si se toma el tiempo para su propio estudio bíblico personal y luego comparte lo que ha aprendido, su familia podrá:

- Desarrollar una mejor y más profunda comprensión de Dios, nuestro Padre, y de su Hijo, Jesús.
- Aprender cómo formamos parte de la familia de Dios.
- Aprender cómo Dios espera que vivamos en medio de los momentos de gozo y de tristeza de la vida.
- Aplicar lecciones prácticas y verdades eternas a las situaciones que enfrentamos hoy en día.

Panorama bíblico: preparándonos para el estudio

Como se indica en la Introducción del tomo 1, la Biblia (la Palabra) es el mensaje de Dios para todas las personas. A través de su Palabra, encontramos que su mensaje comienza y termina con la revelación de Jesucristo, es decir, Dios nos dice quién es Jesús. En cada una de las historias bíblicas, Dios comparte con nosotros lo siguiente:

- La historia de la humanidad de principio a fin (nuestra historia genealógica).
- Una guía para vivir nuestra vida en la tierra.
- Lo más importante es, para nosotros, saber quién es Dios y su plan de salvación.

El Antiguo Testamento está dividido en tres secciones principales: (1) libros históricos y la Ley, (2) libros poéticos y de sabiduría (3) y libros proféticos. Sin embargo, todos los libros apuntan a Jesús, el Hijo de Dios. Jesús, en sus enseñanzas, nos indica que todo el Antiguo Testamento es un libro de profecías o mensajes de Dios sobre el futuro. Jesús les dijo a los líderes religiosos de su época que Moisés había escrito sobre él, con lo cual confirmó que Génesis es un libro de profecías e historias ilustrativas que nos muestran quién es Jesús. Además, Jesús nos enseña que los Salmos y otros libros del Antiguo Testamento hablan de su vida y de cómo nos salvará. Pablo y otros autores de los libros del Nuevo Testamento afirman estas enseñanzas de Jesús.

Retratos de Cristo

Las profecías se van revelando a medida que Dios va presentando la historia de la humanidad a través de su Palabra. Vemos imágenes, y a veces retratos más formales, de Jesús que se ocultan en las historias del Antiguo Testamento sobre los patriarcas, los antiguos padres de la familia de Dios. En estas imágenes, no solo vemos a Jesús, sino que también aprendemos sobre el plan de Dios para rescatarnos. Además, a través de estas historias aprendemos cómo Dios nos llama a vivir en su camino. Muchas de estas revelaciones están envueltas en el misterio hasta que se revelan en el Nuevo Testamento, y algunas, todavía no las entendemos. Afortunadamente, los escritores del Nuevo

Testamento esclarecen estas historias del Antiguo Testamento, y gracias a sus revelaciones podemos ver cómo los planes de Dios se revelaron por primera vez en las historias de los patriarcas.

Las imágenes que Dios nos ofrece en el Antiguo Testamento tienen diferentes formas, tamaños y matices. Algunas son marcadas y claras, como el retrato de Abraham sacrificando a su hijo Isaac, y representa un símbolo maravilloso de Dios sacrificando a su propio Hijo por nosotros. Otros retratos son como siluetas, lo que hace algo difícil determinar quién está en la imagen. Pero conforme vamos conociendo mejor a nuestro Salvador, las siluetas se convierten en una imagen incuestionable que Dios ha creado para nosotros.

Por ejemplo, supongamos que a alguien que no me conoce mucho se le muestra una silueta de mi hija. Esta persona no sería capaz de decirle a usted quién es y, desde luego, no sabría mucho sobre ella. Pero alguien que haya pasado tiempo conmigo y con mi familia reconocería fácilmente a mi hija y la llamaría por su nombre si fuera yo quien le mostrara la foto. Y lo mismo ocurre con nuestras lecturas del Antiguo y del Nuevo Testamento. Cuanto más nos acercamos a ellas, más claras se vuelven las imágenes, por más que siga habiendo algún misterio. Gracias a un estudio más profundo de la Biblia, somos capaces de entender mejor las imágenes que Dios ha trazado para nosotros, y empezamos a ver un retrato de cómo tenemos que vivir.

¿Por qué ha elegido Dios hablar con imágenes y misterios en lugar de ser más directo? Los discípulos le preguntaron a Jesús: "¿Por qué hablas en parábolas?". Su respuesta fue que quería que estudiáramos sus historias. Aquellos que pensaban que las historias eran tontas o sin importancia se perderían el verdadero significado y las ignorarían. Solo aquellos que estuvieran verdaderamente interesados en él se tomarían el tiempo de estudiar y comprenderlas. Si abrimos los ojos y los oídos a la Palabra de Dios, descubriremos el significado de las historias, y el Espíritu Santo nos guiará en esta tarea. El Espíritu Santo es Dios en forma de espíritu, enviado a vivir dentro de los corazones de todos los que creen que Jesús murió y resucitó por nosotros.

¿Qué tan ciertas son estas historias?

Muy bien, recibimos estas historias para mostrarnos quién es Dios y su plan para nosotros. Pero ¿son simplemente imágenes e historias inventadas, o son historias reales sobre personas reales? En los Evangelios, Jesús menciona a los hombres, mujeres y niños del Antiguo Testamento como personas reales que vivieron en la antigüedad. Algunos ejemplos podrían ayudar:

- Él afirmó: "Así como sucedió en los días de Noé, así será en los días del Hijo del Hombre".
- Él declaró a otros: "Antes que Abraham fuese, yo soy". (Nota: Las palabras "yo soy" es la expresión que los israelitas usaban para referirse a Dios).
- Incluso habla de historias que son difíciles de creer, como cuando expresó: "Fue lo mismo como sucedió en los días de Lot [...] [Él] salió de Sodoma y llovió fuego y azufre [...] Lo mismo sucederá el día en que se manifieste el Hijo del Hombre [...] Acuérdate de la mujer de Lot, que fue convertida en estatua de sal".
- Y, finalmente, "Así como Jonás estuvo tres días y tres noches en el vientre del pez, así el Hijo del Hombre estará tres días y tres noches en el corazón de la tierra".

Jesús comparó los acontecimientos de su vida personal con las historias sorprendentes y a veces difíciles de creer del Antiguo Testamento. Jesús afirmó que los acontecimientos venideros eran así de reales como estas historias del Antiguo Testamento. Por lo tanto, si Jesús habló de estos personajes como personas reales, ¿por qué no deberíamos hacerlo nosotros? Sin embargo, el hecho de que usted crea o no que estas historias son eventos históricos no cambiará las aplicaciones prácticas e importantes que deben aportarle a usted y a su familia, o el mensaje que Dios revela con respecto a su plan para todos nosotros.

Cómo usar este libro

Si usted lee este libro en un ambiente de familia, le animo a que lea las historias en voz alta. Siéntase libre de hacer una pausa en medio de cada lectura para comentar un punto específico o para relacionar la historia con un evento o situación en la vida de su familia, y así permitir que estas historias se conviertan en sus historias familiares. Después de cada historia hay dos secciones que dan pie a una reflexión y estudio adicionales. La primera sección incluye preguntas y comentarios para una mayor meditación y busca ayudar a que los detalles de la historia penetren de forma más profunda en sus vidas. La segunda sección incluye notas y referencias a otros pasajes bíblicos relacionados para que usted y su familia puedan aprender más sobre el significado y la importancia de ciertas partes de cada historia. Siéntase libre de consultar, leer y estudiar juntos estas referencias en función de la edad, las necesidades y los intereses de su familia.

No basta con adoptar estas historias como nuestra propia historia familiar, sino que también debemos aceptar que son la Palabra de Dios escrita para cada uno de nosotros. Dios le ha dado a usted el regalo de la Biblia para ayudarle a desarrollar una relación más estrecha con él y para proveerle de dirección y consuelo para cada circunstancia de su vida. Ninguna circunstancia es demasiado significativa y abrumadora o sin mucha importancia: todas son importantes. Es mi deseo que cada vez que lea este libro, descubra nuevos detalles que antes no había visto, y quizás lo más importante, que crezcan juntos como familia y en sus propias relaciones personales con Dios.

Una nota sobre el tomo 3

El tomo 1 presentó la creación de Dios y su plan para todos los hombres y mujeres. Cuando la humanidad no siguió el camino escogido por Dios, Él mismo concibió inmediatamente un plan alternativo que se formó en última instancia por medio de la selección de una familia que se conoció como la familia escogida de Dios. A través de esta familia (Abraham, Isaac y Jacob/Israel), todo el mundo sería bendecido. El objetivo principal de las historias que se vuelven a contar en el tomo 1 era revelar ese nuevo plan y resaltar la guía que Dios nos proveyó para vivir nuestras vidas mientras estuviéramos en la tierra.

El tomo 2 se centra en la llegada y la supervivencia en la tierra prometida bajo el liderazgo de Josué, los jueces y, por último, los primeros reyes de Israel. Dios ofreció a su familia la oportunidad de vivir una vida apartada del resto del mundo bajo sus principios y normas. Sin embargo, los israelitas no siguieron los planes de Dios de limpiar la tierra de las naciones paganas. Las historias revelaron constantemente el fracaso de la familia escogida de Dios, y ahora tenemos la oportunidad de aprender de sus éxitos y fracasos sobre cómo vivir una vida mejor siendo disciplinados y obedientes bajo el control de Dios.

El tomo 3 continúa con la narración de las historias del Antiguo Testamento, retomando el tema del hombre conforme al corazón de Dios, el rey David. Aunque sus fracasos son significativos, aprendemos a través del libro de Salmos lo verdaderamente comprometido que estaba David con Dios. Los abundantes salmos que escribió nos dan una idea de cómo debemos vivir con el Espíritu Santo guiando nuestras vidas. El libro de Proverbios refleja la sabiduría del rey Salomón, hijo de David y sucesor de su trono. Ambos libros nos darán valiosas lecciones para vivir dentro de las normas y principios de Dios (vivir en el reino) conforme vamos sobrellevando las dificultades que a menudo enfrentamos en nuestra vida diaria.

A partir de ahí, las historias se centran en nuestra interacción personal con Dios y en cómo acceder a los recursos que Dios nos provee desde su mundo, el reino celestial. Se trata de un mundo espiritual que está apartado en otra dimensión, disponible para nosotros solo cuando aprendemos a acceder verdaderamente a Dios. También aprendemos más sobre nuestro enemigo, el diablo, en el reino celestial. Él y sus fuerzas del mal interfieren en nuestras vidas dado que gobierna nuestro mundo. Debido a las constantes acciones egoístas de la humanidad, parece que el plan original de Dios de que formemos parte de su familia nunca se cumplirá. Por último, la verdadera adoración hacia Dios se establece bajo el liderazgo de Esdras y Nehemías, y se prepara el camino para que Dios ponga en práctica su plan de salvar al mundo al enviar a su hijo, Jesús, para brindarnos la salvación que no podemos alcanzar por nosotros mismos.

1
David se proclama rey

2 Samuel 2-5

El tomo 2 del Devocional para la familia finalizó con la muerte de Saúl, el rey de Israel, y con la de su hijo, Jonatán, en una batalla contra los filisteos. Después, David fue finalmente coronado rey en Hebrón, una ciudad poderosa de Judá. Pero en ese momento, solo era rey de Judá, la tribu de su familia. Según lo aprendido cuando Dios ungió a David por primera vez, su plan era que David fuera el rey de todo Israel. Sin embargo, quienes apoyaban a Saúl no estaban dispuestos a ceder tan fácilmente. Abner, comandante del ejército de Saúl, acudió al único hijo que le quedaba a Saúl, Is-boset, para que lo ayudara a establecerse como rey sobre las otras once tribus.

Guerra civil en Israel

La familia de David (incluidos los hijos de su hermana, Joab, Asael y Abisai) se unió a su ejército cuando huyó al desierto para escapar de la ira de Saúl. Se convirtieron en sus compañeros cercanos. David nombró a Joab comandante de su ejército porque era el líder más fuerte.

Pronto estalló una guerra civil entre los que apoyaban a David y los que apoyaban a Is-boset. Joab y Abner se conocían muy bien de épocas pasadas en las que lucharon juntos contra los filisteos, y se tenían un gran respeto por las habilidades del otro. A principios de la guerra, Joab y Abner decidieron enviar a doce de sus mejores hombres a un combate cuerpo a cuerpo. Los hombres estaban tan igualados que ninguno de los veinticuatro soldados sobrevivió a la batalla.

Se produjeron más batallas y el ejército de David empezó a tomar el control. Abner tuvo que huir y Asael lo persiguió. Asael era un corredor tan rápido que la Biblia lo describe como ligero de pies como una gacela del campo. Aunque Abner era mucho más fuerte, no pudo superar a Asael. Como Abner respetaba a David, le imploró a Asael que luchara con otra persona; sin embargo, Asael quería matar a Abner y convertirse en un héroe.

Cuando quedó claro que Asael no dejaría de perseguirlo, Abner se volvió y golpeó a Asael con su espada, y este murió en el acto. Joab y Abisai alcanzaron a su enemigo muy rápido, pero Abner sugirió que la batalla posterior se convirtiera en un baño de sangre con compañeros israelitas matándose entre sí, hermano contra hermano. Joab aceptó, pero la guerra continuó por otros dos años.

Durante esos dos años, el ejército de David fue ganando terreno constantemente, e Is-boset empezó a perder el control sobre su pueblo. Abner estaba ganando respeto en la "casa de Saúl". Poco después, Is-boset acusó a Abner de acostarse con una de las concubinas de su padre. No queda claro en las Escrituras si Is-boset escuchó algunos rumores o se inventó la acusación él mismo. En cualquier caso, Abner estaba furioso. No podía entender por qué Is-boset lo acusaba después de haber pasado los dos últimos años apoyándolo para que se convirtiera en rey. Como venganza por esta acusación, Abner juró volverse contra Is-boset y ayudar a David a asegurar el reino para las doce tribus. Is-boset ahora tenía miedo de Abner.

Esta es una lección muy importante que debemos aprender. Cuando las cosas empiezan a ir mal, tendemos a mirar a nuestro alrededor para culpar a cualquiera menos a nosotros mismos[1]. Is-boset estaba perdiendo el control del reino, y optó por criticar al único hombre que estaba haciendo todo lo posible por ayudarle. Además, la acusación de Is-boset no tenía nada que ver con el trabajo de Abner en el campo de batalla, y prefirió convertirlo en un asunto personal. Cuando se enfrente a problemas, acerque a sus amigos en lugar de alejarlos. Y más aún, recurra a Dios para que lo ayude y lo guíe[2]. Antes de ir a la batalla, David se presentaba ante el Señor para pedirle que lo guiara y lo liberara. Necesitamos depender del Espíritu Santo[3] ante los problemas, tal como lo hizo David hace tres mil años.

Todo Israel acepta a David como rey

Abner le dijo a David que lo ayudaría a establecerse como rey de todo Israel. David accedió a aceptar su ayuda con la condición de que Is-boset le devolviera a Mical, la hija de Saúl y primera esposa de David. Cuando Abner le entregó a Is-boset la exigencia de David, este tuvo miedo de que no se cumpliese, por lo que inmediatamente le arrebató a Mical a su marido y se la devolvió a David.

En el tomo 2, compartí que David tuvo más de una esposa, lo que contradice las enseñanzas del Nuevo Testamento. Concretamente, Jesús citó el capítulo 3 de Génesis: Dios los hizo hombre y mujer. Así pues, el hombre dejará su familia y se unirá a su mujer, y los dos se convertirán en una sola carne. Ya no son dos, sino una sola carne[4].

Y Pablo compartió en su epístola a Timoteo que un anciano (líder de la iglesia) tenía que ser el esposo de una sola esposa[5].

¿Por qué Dios permitió que David y otros en el Antiguo Testamento tuvieran varias esposas? La ley de Moisés no prohibía el matrimonio con más de una esposa. Creo que la mejor respuesta a esta pregunta se encuentra en la respuesta de Jesús cuando el fariseo le preguntó: "¿Por qué la ley de Moisés permitía que un hombre le diera a su esposa una carta de divorcio?", Jesús fue muy práctico al responder:

Por la dureza de vuestro corazón, Moisés os permitió divorciaros de vuestras mujeres; pero desde el principio no ha sido así[6].

Considero que si a Jesús le hubieran hecho la misma pregunta sobre el hecho de tener varias esposas, habría dado la misma respuesta: Moisés lo permitió, pero desde el principio no ha sido así.

Volviendo al tema de la guerra entre David e Is-boset: Abner fue ante los ancianos de Israel para recordarles cómo querían que David fuera su rey en tiempos pasados y cómo Dios le dijo a David que liberaría a su pueblo de los filisteos y de todos sus enemigos. Gracias a esto, convenció a los líderes para que hicieran una tregua y se unieran como un solo reino. Una vez que Abner se aseguró de contar con el apoyo de los ancianos, él y estos líderes visitaron a David en Hebrón e hicieron el pacto. Posteriormente, David le dio permiso a Abner para obtener un pacto de todo Israel para coronarlo como rey.

Durante la misma época en que David luchaba con Is-boset, otros enemigos atacaban a Israel. Cuando Joab regresó de una victoria contra uno de estos enemigos, se molestó porque David había hecho un tratado con Abner. Le dijo a David que Abner había venido a engañarlo y que no honraría el pacto, pero David sabía que Joab seguía enojado con Abner por haber matado a su hermano, Asael. Sin que David lo supiera, Joab envió mensajeros a Abner, diciéndole que regresara a Hebrón. Cuando Abner regresó, Joab, con la ayuda de Abisai, clavó su espada en el vientre de Abner tal como él (Abner) había hecho con Asael dos años antes.

Cuando David se enteró de este horrible acto, proclamó su inocencia ante el pueblo de Israel y pronunció una maldición sobre la casa de Joab. David dirigió las actividades funerarias de Abner y ayunó todo el día en señal de duelo por la muerte de Abner. El pueblo vio y escuchó la reacción de David ante la muerte de Abner, y se alegró de que su nuevo rey se doliera ante la pérdida de su antiguo líder.

David debió haber despojado a Joab y a Abisai de su puesto en su ejército de la misma manera en que Jesús nos manda a purgar a los que abiertamente no están de acuerdo con sus mandamientos[7]. Si bien David debió sentir que necesitaba a estos dos grandes guerreros al frente de su ejército, considero que este fue el primer error de David como rey.

Cuando Is-boset se enteró de la muerte de Abner, perdió el valor, y los líderes restantes de su ejército comprendieron que el fin estaba cerca. Dos de estos líderes tomaron el asunto en sus manos y entraron en la habitación de Is-boset, matándolo mientras se encontraba en su cama. Luego llevaron la cabeza de Is-boset a Hebrón y se la presentaron a David con la esperanza de que les recompensara por su buena acción.

¿Cuál cree usted que fue la reacción de David? Se enfureció y mandó a matar a los dos como ejemplo para otros que quisieran tratar de quedar bien con él por razones equivocadas. Estos hombres debieron dejar que el rey de Dios determinara el castigo apropiado[8].

Rindiéndonos ante Dios

Después de estos acontecimientos, los líderes de las doce tribus se reunieron en Hebrón y solicitaron formalmente que David se hiciera cargo del reino, expresando: Henos aquí, hueso tuyo y carne tuya somos. Antes eras nuestro líder bajo Saúl; ahora gobierna sobre nosotros. El Señor dijo: "Tú apacentarás a mi pueblo y gobernarás a Israel".

Gracias a esta declaración aprendemos que el pueblo ya sabía que Dios quería que David fuera su rey. ¿No es terrible que nos obstinemos en hacer lo que queremos, aunque sepamos que Dios tiene un propósito diferente? El gobierno de David sobre el reino es una imagen del plan de Dios para que Jesús gobierne sobre nosotros como rey.

David conocía el plan de Dios y profetizó que Jesús se convertiría un día en nuestro rey[9]. Así como los israelitas se resistieron a que David fuera su rey, nosotros también nos resistimos a que Jesús sea nuestro rey y tome el control de nuestras vidas.

¡Qué maravilloso es cuando finalmente nos rendimos ante Dios! El pueblo de Israel nunca estuvo en una mejor relación con Dios. ¿Cuánta angustia y dolor podrían haber evitado si solo hubieran escuchado a Dios antes? ¿Y usted? ¿Hay algo que necesite entregar a Dios? ¿Le han dicho que cambie o deje de hacer algo que sabe que está mal? Si se compromete a cambiar y a hacer lo mejor posible a partir de ahora, se liberará de la preocupación y la ansiedad. Aunque no hay ninguna promesa en esta vida con respecto a vivir sin dificultades o incluso sin sufrimientos, podrá ver cómo el gozo llena su vida cuando obedezca todo lo que Dios quiere que usted haga[10].

Ahora que David estaba establecido como rey, cumplió una promesa que le hizo a Jonatán muchos años atrás. Buscó en la tierra para averiguar si alguno de los descendientes de Jonatán estaba vivo. Encontró a un hijo sobreviviente, Mefi-boset. Lamentablemente, había sido herido cuando tenía cinco años. Cuando su nodriza se enteró de la muerte de Jonatán, huyó del palacio con Mefi-boset en brazos. En su prisa por huir, se cayó, y las piernas de Mefi-boset quedaron permanentemente heridas. David incorporó a Mefi-boset a su familia y lo trató como uno de los suyos.

Debemos entender que el hecho de permitir que Mefi-boset viviera y, más aún, que formara parte de la familia real, era extremadamente peligroso. Como ya hemos visto, la lealtad de Israel a la familia de Saúl era todavía fuerte. Había muchos israelitas dispuestos a que uno de los descendientes de Saúl fuera colocado en el trono. Mefi-boset

era el hijo de Jonatán, que estaba en la línea para ser rey después de Saúl. Pero David ignoró estas preocupaciones debido a su promesa y amor por Jonatán. ¡Qué gran amigo fue David! Aunque sea difícil, puede haber momentos en los que necesitemos ser tan leales a nuestros amigos y seres queridos, incluso si eso puede ponernos en peligro. ¿Podría usted dejar de lado el miedo al daño y hacer lo que es correcto?

Se establece la capital en Jerusalén

David tenía treinta años cuando se convirtió en rey, y gobernó por cuarenta años. Después de siete años, trasladó su capital de Hebrón a Jerusalén, que estaba más cerca del centro del territorio de las doce tribus de Israel. David construyó una parte de Jerusalén que ahora se llama la Ciudad de David. Jerusalén contaba con una excelente defensa natural, con murallas altas como un acantilado que caía directamente en el valle de abajo, lo cual brindaba protección contra un ataque enemigo. La ciudad también tenía un manantial para abastecer de agua al pueblo.

Pero más importante que estas razones terrenales para hacer de Jerusalén la capital, era que allí era donde Dios quería que estuviera David. ¿Recuerda usted la historia en la que Dios le dijo a Abraham que fuera a la tierra de Moriah y sacrificara a su hijo Isaac? Este era el mismo lugar, ahora llamado Jerusalén, donde David estableció su capital. Asimismo, es el mismo lugar donde Jesús, nuestro Salvador y Señor, moriría posteriormente en la cruz y resucitaría. Así pues, Dios tenía un plan muy elaborado para Jerusalén desde el principio. Además, Jerusalén tiene un significado espiritual especial.

A lo largo del Libro de Salmos, Jerusalén es comparada y a veces llamada Sion, la ciudad santa de Dios[11]. En el pasaje que se describe la toma de Jerusalén por parte de David a los jebuseos, los versículos hacen referencia a esta ciudad como la fortaleza de Sion. Un salmo afirma: "Dios habita en Sion"[12]. En muchas partes de las Escrituras se establece la conexión entre Jerusalén y Sion, y se enfatiza la importancia de toda esta región para Dios. Los siguientes versículos nos presentan un breve resumen:

Entremos en su tabernáculo; adoremos en el estrado de sus pies [...] Pues el Señor ha elegido a Sión, la ha deseado para su morada. Él declara: "Este es mi lugar de reposo eterno; aquí habitaré, porque lo he deseado"[13].

El Señor te bendice desde Sión; que veas la prosperidad de Jerusalén todos los días de tu vida[14].

Bendito sea el Señor de Sión, que habita en Jerusalén[15].

Por lo tanto, el Señor es "de Sion y habita en ella", pero también "habita en Jerusalén". En algunas ocasiones, las palabras Sion y Jerusalén se utilizan indistintamente, pero no siempre. Si se combinan estos versículos, considero que podemos concluir que el trono de Dios en el cielo se encuentra en el mismo lugar donde descansa Jerusalén, pero en una dimensión separada. Si usted tuviera un espejo en Jerusalén y pudiera asomarse al mundo de Dios, vería el trono de Dios en Sión. Por el contrario, opino que Dios observa nuestro mundo desde su trono. Más adelante en este tomo, exploraremos más sobre este mundo invisible.

Al concluir este capítulo, podemos ver que el cielo y la tierra tuvieron un momento de tranquilidad. El hombre correcto estaba en el trono, y Dios era amado y venerado. Y por último, Israel adoraba a Dios de la manera que él quería. Lamentablemente, como veremos en la siguiente historia, este tiempo de paz en la época de David no duraría.

Preguntas para profundizar

- ¿Alguna vez usted ha sido amigo de alguien contra quien luego tuvo que pelear? En Estados Unidos, las familias han tenido que pelear entre sí en dos ocasiones distintas: durante la Guerra de Independencia y la Guerra de Secesión. Considero que debemos buscar a Dios de manera más profunda para evitar ese tipo de conflictos. ¿Cómo cree que podríamos aprender de nuestros errores del pasado?
- Joab se vengó de Abner por haber matado a su hermano. ¿Logra entender por qué el hecho de no haber lidiado con Joab debidamente fue el primer error de David como rey? ¿Qué es lo que Dios dice que debemos hacer?
- Los israelitas sabían que Dios quería hacer rey a David, pero se resistieron hasta que no tuvieron otra opción. ¿Qué podemos aprender de sus acciones?
- ¿Qué opina de la comparación entre Jerusalén y Sion, y del intercambio entre la ciudad terrenal y la celestial?

Para estudio adicional

1. Romanos 2:1-3. Culpamos a los demás de las cosas que hacemos nosotros mismos, así que tengamos cuidado cuando culpemos o critiquemos a los demás, pues corremos el peligro de incurrir en el juicio de Dios.
2. Santiago 1:5. "Si alguno de vosotros tiene falta de sabiduría, pídala a Dios, el cual da a todos abundantemente y sin reproche, y le será dada".
3. Juan 16:13. Jesús nos envió el Espíritu Santo para guiarnos a todas las verdades [...] El Espíritu Santo nos revelará lo que ha de venir.
4. Mateo 19:4-6. "Dios los hizo hombre y mujer. Así pues, el hombre dejará su familia y se unirá a su mujer, y los dos se convertirán en una sola carne. Ya no son dos, sino una sola carne".
5. 1 Timoteo 3:2. Al describir las cualidades de un anciano, Pablo incluye que este debe ser esposo de una sola mujer.
6. Mateo 19:7-8. Debido a la dureza de su corazón, Moisés permitió a los hombres divorciarse de sus esposas, pero desde el principio no debía ser así.
7. Mateo 18:15-17. Jesús nos enseña cómo acercarnos y actuar de forma amorosa pero correctiva con los que no siguen los mandamientos de Dios.
8. Romanos 12:19. "No os venguéis vosotros mismos, amados míos, sino dejad lugar a la ira de Dios; porque escrito está: Mía es la venganza, yo pagaré, dice el Señor".
9. Hechos 2:29-34. Pedro, en su sermón después de que el Espíritu Santo viniera sobre él, declaró: "Nuestro patriarca David [...] sabía que Dios le había prometido bajo juramento poner en el trono a uno de sus descendientes. [David] miró hacia el futuro y habló de la resurrección de Cristo". El mismo David sabía que Jesús estaría con Dios en el trono como rey.

10. Mateo 6:25-26, 33. No debemos estar ansiosos ni preocupados, porque Dios cuidará de nosotros. Si buscamos primero su reino, entonces todas las cosas que necesitamos nos serán dadas.
11. Salmo 76:2. "Su tabernáculo está en Salem (Jerusalén); su morada también está en Sión".
12. Salmo 9:11. "Cantad a Jehová, que habita en Sion; publicad entre los pueblos sus obras".
13. Salmo 132:7, 13-14. "Entremos en su tabernáculo; adoremos en el estrado de sus pies [...] Pues el Señor ha elegido a Sión, la ha deseado para su morada: 'Este es mi lugar de reposo eterno; aquí habitaré, porque lo he deseado'".
14. Salmo 128:5. "Bendígate Jehová desde Sion, y veas el bien de Jerusalén todos los días de tu vida".
15. Salmo 135:21. "Desde Sion sea bendecido Jehová, quien mora en Jerusalén. Aleluya".

2

David y Betsabé

2 Samuel 11-12

Llegado este punto, David ya se había consolidado como rey de Israel. La vida era buena para David y su familia. E igualmente importante, la vida no había sido tan buena para los israelitas desde los tiempos de Jacob y José. Todavía había batallas con los filisteos, pero Israel estaba ganando, por lo que la familia promedio podía finalmente vivir en paz y estar orgullosa de su herencia y del respeto que se había ganado de los países vecinos. De hecho, la mayoría de los países temían al pueblo escogido de Dios. Veremos en esta historia cómo David se enorgullece de estos logros, aunque con demasiado orgullo.

Considero que así es como se sintieron muchos estadounidenses después de la Segunda Guerra Mundial y en la década de 1950. Una vez terminada la terrible guerra, reinaba la paz y la armonía. El mundo miraba ahora a Estados Unidos como su líder, de forma parecida a como los israelitas miraban a David y sus líderes. Después de un tiempo, Estados Unidos se volvió demasiado arrogante, demasiado orgulloso de sus logros. Había llegado al rescate del mundo y se creía su salvador, al menos así lo percibían muchos de sus líderes. No pasó mucho tiempo antes de que la nación se considerara sí misma superior[1]. Posteriormente, los líderes comenzaron a descartar a Dios y dejaron de darle el reconocimiento por las muchas bendiciones que recibieron. Del mismo modo, observe lo que le sucede a David en el transcurso de esta historia.

David, un hombre de Dios ejemplar

Hasta ese momento, David había pasado toda su vida sirviendo a Dios. David esperó trece años antes de ser coronado rey de Israel por el pueblo. Durante esos trece años de espera, David tuvo que soportar años de vida en el desierto, escondiéndose en cuevas, e incluso actuando como si estuviera loco delante de sus enemigos. Sin embargo, a pesar de todo, David honró a Saúl, honró a Dios y se mantuvo firme en sus principios. Su vida fue agradable ante los ojos de Dios.

Y ahora que comienza esta historia, David había servido fielmente a Dios y a su pueblo como su rey por quince o veinte años.

Cuando todo va perfectamente bien, suele ocurrir que Dios se desvanece de nuestros pensamientos. Lo perdemos de vista y perdemos nuestra necesidad de Él, por lo que el pecado entra en escena. Esto es lo que le ocurrió a David. No es que ya no amara a Dios como antes, sino que, como todo iba tan bien, ya no dependía de Dios en cada momento, y a menudo recibía la ayuda de las fuerzas malignas del reino celestial que están dispuestas a tentarnos. Sea cual sea la razón, David perdió la perspectiva de lo que era importante, y Dios lo dejó caer para darle una lección. Mientras realice la lectura, considere cómo puede sentirse identificado con David en esta historia.

El pecado de David con Betsabé

David estaba en su palacio disfrutando de su vida mientras su ejército estaba luchando contra los filisteos. Algunos estudiosos de la Biblia han sugerido que debía estar fuera con sus hombres y defender a su país. Al contemplar Jerusalén desde lo alto de su palacio, observó a una hermosa dama que se bañaba en su azotea. Vio lo atractiva que era y quiso saber más sobre ella. Descubrió que era Betsabé, la esposa de Urías, uno de los mejores oficiales de su ejército.

David era rey, y ya estaba acostumbrado a conseguir lo que quería. En consecuencia, la invitó a su palacio, donde pasaron la noche juntos. Varias semanas después, Betsabé le envió un mensaje a David, donde le decía que iba a tener un hijo suyo. ¡Qué noticia y qué dilema! David entró en pánico. No quería meter a Betsabé en problemas, pero no estaba dispuesto a asumir la responsabilidad. David optó por encubrir su error.

David decidió llamar a Urías a casa desde el campo de batalla con el pretexto de que quería saber cómo iba la batalla. Después de que Urías le informara a David, este le sugirió que se fuera a casa para estar con su esposa. Sin embargo, Urías consideró que sería injusto para él tener el beneficio de estar con su esposa, si los hombres que servían bajo su mando no tenían el mismo privilegio. Era demasiado honorable, así que esa noche durmió en el suelo a la puerta del palacio de David.

David no se rendiría tan fácilmente. La noche siguiente, invitó a Urías a cenar con él. Embriagó a Urías con la esperanza de que se fuera a casa con Betsabé, pero no lo hizo. Ahora David tenía miedo de ser descubierto, así que escribió una carta a Joab, su comandante y jefe del ejército, para poner en marcha un plan. Como aprendimos en las historias anteriores, Joab, el sobrino de David, era un guerrero despiadado y dedicado por completo a David.

El plan de David era tortuoso, malvado y absolutamente diferente a todo lo que había hecho antes. La carta de David a Joab indicaba que quería que Urías dirigiera a sus hombres a la batalla en pleno ataque. En el último momento, Joab iba a hacer que todos los hombres de Urías se retiraran y lo dejaran solo para que se defendiera. Urías no sería capaz de enfrentarse a tantos por sí mismo y sería asesinado. Y nadie lo sabría excepto Joab y David (y, por supuesto, Dios). David estaba condenando a Urías a su muerte. En la sociedad actual, sería culpable de asesinato premeditado. David confiaba tanto en Urías que le dio la carta sellada para que se la entregara a Joab. David no puede ser defendido en sus acciones con respecto a Urías, pues deshonró su posición como rey y despreció todo lo que Dios le había confiado. Este es un gran ejemplo de cómo un pecado lleva a otro, hundiéndonos más en el problema, y con el tiempo, el agujero es tan profundo que no podemos salir de él.

Debemos prestar atención porque nosotros también podemos caer en el mismo tipo de trampa. Puede que no sea el mismo pecado en el que cayó David, pero cada uno de nosotros tiene debilidades que el diablo aprovechará, haciéndonos caer igual que David.

El plan funcionó. Joab envió un mensaje a David en clave, donde le decía al mensajero: "Cuando David cuestione mi plan de batalla, dile que Urías murió en la batalla". Para mantener el secreto oculto, David le dijo al mensajero que le dijera a Joab: "No dejes que esto te disguste; vencerás a nuestro enemigo la próxima vez si fortaleces tu plan de batalla".

Después de conceder a Betsabé un tiempo de luto por la pérdida de su esposo, David la trajo a su casa y la convirtió en una de sus esposas. Poco después, ella le dio un hijo, y su encubrimiento estaba completo, o eso creía él. Dios no estaba contento, y no estaba dispuesto a dejar que el pecado de David quedara sin castigo[2].

David es reprendido por su pecado

Dios envió a Natán, su profeta, a hablar con David, y Natán le contó esta historia: Había dos hombres en una ciudad, uno muy rico y otro muy pobre. El rico tenía un gran número de cabras y ovejas. El pobre solo tenía un corderito que era la mascota de la familia. El cordero y sus hijos crecían juntos, y el hombre trataba al cordero como uno de sus hijos. Un día, el hombre rico tuvo una visita que esperaba ser alimentada. El hombre rico no quiso tomar una oveja de su propio rebaño, así que robó el cordero del hombre pobre y se lo dio de comer al visitante.

David estaba absolutamente furioso. Su ira ardía contra este hombre rico. Quería que se le castigara severamente por este horrible acto. Natán respondió a David con calma pero con firmeza:

¡Tú eres este hombre! El Señor, Dios de Israel, te dice: Soy yo quien te ha ungido como rey de Israel, y te he librado de la mano de Saúl, y te he hecho gobernante de la casa de Judá y de Israel; y si eso hubiera sido poco, te habría dado mucho más. ¿Por qué me has despreciado con acciones tan malas? Tomaste la mujer de Urías y luego lo hiciste matar para cubrir tu pecado. Como castigo, la espada no se apartará nunca de tu casa [no habrá paz], y levantaré el mal en tu propia casa, y tus esposas serán tomadas por tu prójimo. Lo que hiciste en secreto, lo haré delante de tus propios compatriotas.

David reconoció inmediatamente sus pecados y se confesó ante Natán y Dios. Natán le dijo que Dios había quitado los pecados, por lo que no moriría, pero esto no significaba que David no pagaría las consecuencias de sus pecados[3]. Después de que Natán se fuera de la presencia de David, el bebé se enfermó. David oró y pidió a Dios que permitiera que el bebé viviera. Ayunó y no quiso salir de su casa, y así, estuvo en constante oración por el bebé. Sus parientes y siervos se preocuparon mucho porque David no se cuidaba. Luego, cuando se enteraron de que el bebé había muerto, tuvieron miedo de decírselo. Susurraban entre ellos: "Si estaba tan angustiado cuando se enteró de que el bebé estaba enfermo, ¿cómo reaccionará cuando sepa que el bebé ha muerto?". David percibió, por sus cuchicheos, que el bebé había muerto, así que se levantó, se bañó y pidió comida. Sus siervos y parientes estaban asombrados. Cuando le preguntaron a David por qué tenía esta actitud, él respondió:

Mientras el niño estaba vivo, ayunaba y oraba, porque quién sabe, el Señor podría haber tenido misericordia de mí y permitir que el bebé viviera. Pero ahora ha muerto. ¿Puedo traerlo de vuelta? Algún día iré a verlo, pero él no volverá a mí.

Luego consoló a Betsabé por la pérdida de su hijo y se acostó con ella. Pronto tuvo otro hijo, al que llamaron Salomón. Resul-
tó que Dios amaba a Salomón y envió a Natán a decirle a David que había elegido a Salomón para ser el próximo rey. ¿No es esto difícil de entender? Una vez más, la misericordia de Dios se hace presente. En una historia posterior abordaremos la inesperada decisión de Dios por hacer del hijo de Betsabé el próximo rey. Cabe des-tacar que David sabía que volvería a ver a su hijo en el cielo.

El arrepentimiento es la clave del perdón

A lo largo de los años, los cristianos se han preguntado cómo David podía ser tan piadoso y a la vez cometer dos de los pecados más graves (el adulterio y el asesinato). David era humano y también tenía defectos, al igual que todos nosotros. Y esta no sería la última vez que pecaría contra Dios. Las acciones contradictorias de David, como el hecho de servir fielmente a Dios y luego caer en pecados tan graves, nos resultan difíciles de entender. Pero es aún más confuso entender cómo Dios pudo perdonarlo y designar a su hijo con Betsabé como el próximo rey.

Es un buen recordatorio de que no podemos encasillar a Dios, pues sus caminos son más grandes que los nuestros. No tenemos la capacidad de comprender a Dios, y no siempre conocemos sus planes y propósitos para nosotros, y mucho menos para su mundo. Pero eso no significa que no debamos, al menos, intentar comprenderlo. Dios promete que, si lo buscamos, lo encontraremos[4].

En este caso, Dios reconoció la reacción de David y el arrepentimiento total de sus pecados. La Biblia reitera varias veces que "David era un varón conforme al cora-zón de Dios". ¡Qué gran lección para nosotros! Podemos sentirnos reconfortados al comprender que tenemos un Dios misericordioso, que perdona incluso cuando no lo merecemos. Él perdonará todo lo que hagamos si venimos a él con un corazón arre-pentido[5]. Nuestra actitud, reacción y arrepentimiento serán importantes en nuestra relación continua con Dios. Y debemos entender que aunque seamos perdonados, no escapamos de las consecuencias de nuestros pecados mientras estemos en la tierra.

Para comprender mejor el corazón de David, podemos recurrir al Salmo 51, escrito por David después de haber sido confrontado por Natán. Los siguientes son los aspectos clave de su clamor de corazón:

Ten piedad de mí, oh Dios, conforme a tu misericordia [...] borra mis rebeliones. Lávame más y más de mi maldad [...] mi pecado está siempre delante de mí. Contra ti, contra ti solo he pecado, Y he hecho lo malo delante de tus ojos. Purifícame con hisopo, y seré limpio; Lávame, y seré más blanco que la nieve. Crea en mí, oh Dios, un corazón limpio, Y renueva un espíritu recto dentro de mí. No me eches de delante de ti, Y no quites de mí tu santo Espíritu. Vuélveme el gozo de tu salvación [...] Porque no quieres sacrificio, que yo lo daría. Al corazón contrito y humillado no despreciarás tú. Entonces te agradarán los sacrificios de justicia, El holocausto u ofrenda del todo quemada.

David abrió su corazón a Dios y se confesó desde lo más profundo de su ser. Dios escuchó su clamor y tuvo la gracia de concederle bendiciones. Dios incluso accedió a continuar su plan anterior de conceder a David y a sus descendientes el privilegio de formar parte de la genealogía de Jesús. Sin embargo, aprenderemos que también fue castigado y sufrió mucho por sus horribles pecados. El perdón no significa que uno siempre, o incluso a menudo, se libre de las consecuencias de sus pecados. De hecho, muchas de las historias posteriores de David abordan las consecuencias de estos pecados, incluyendo conflictos, angustias, adversidades y maldades dentro y entre su familia. Pero desde una perspectiva eterna, las consecuencias de David quedaron atrás, y fue bendecido más allá de toda comprensión. Por fortuna, al igual que David, nosotros también podemos recibir el perdón y bendiciones similares sin que las consecuencias negativas de nuestros pecados se arrastren hasta la eternidad[6].

Como compartí a detalle en el capítulo 10 del tomo 2 de esta serie, considero que nosotros como estadounidenses hemos abandonado nuestras raíces. Ya no somos "una nación conforme a Dios". Ni siquiera los estudiantes y entrenadores de la escuela secundaria pueden orar en la apertura de los partidos de fútbol americano, y no podemos compartir nuestra fe en eventos públicos. Nuestras leyes, en muchos casos, son ahora contrarias a los principios y normas morales de Dios. Hasta que no nos volvamos a Dios como nación, pienso que vamos a pagar el precio de nuestros pecados, y la pena podría ser que Dios nos permita revolcarnos en nuestros propios pecados. Su camino nos protege, mientras que nuestros caminos acaban teniendo consecuencias devastadoras y destructivas. Si seguimos las normas que establecen los hombres, la moral seguirá deteriorándose, la anarquía seguirá aumentando y se abandonará el respeto a la autoridad.

Nosotros, como David, empezamos con buenos motivos, y como David, necesitamos confesar nuestros pecados. Puede que nos duela darnos cuenta de lo mucho que nos hemos alejado de Dios, pero si confesamos de verdad nuestros pecados, Dios nos acogerá de nuevo en sus brazos de amor. En este momento de nuestra historia, ya no tendremos éxito en revocar las leyes que han ofendido a Dios hasta que cambiemos los corazones de la gente para que se vuelvan a Dios.

¿Cómo empezamos? Examinándonos a nosotros mismos y pidiéndole a Dios que nos perdone por nuestros "innumerables pecados e iniquidades que de vez en cuando hemos cometido tan gravemente"[7]. Así estaremos preparados para llegar al corazón de nuestros prójimos, amigos y compatriotas, uno por uno, a la hora de compartir nuestra fe. Necesitamos concentrar nuestros esfuerzos en presentar a Jesucristo, enseñando quién es y qué representa. No tenemos que decir a los demás que están equivocados. Simplemente presentémosles a Jesús y permitamos que él mismo se encargue de transmitir sus verdades y conocimientos. Entonces, y solo entonces, podremos esperar volver a afirmar que somos "una nación conforme a Dios".

Preguntas para profundizar

- ¿Alguna vez ha escuchado la expresión "se le han subido los humos a la cabeza"? Eso es lo que le ocurrió a David. Se convirtió en rey y decidió que podía hacer lo que quisiera. Luego tuvo que pagar por sus horribles errores (pecados). ¿Usted o alguien que conoce ha tenido una experiencia similar?
- ¿Por qué cree usted que Dios no respondió a la oración de David para que su hijo pequeño viviera? David entendió y no culpó a Dios por la muerte de su hijo. ¿Puede usted aprender de esto conforme va descubriendo cómo orar y escuchar la respuesta de Dios a sus oraciones?
- ¿Por qué Dios perdonó tanto a David después de que rompiera dos de los diez mandamientos? ¿No debería David haber sido más consciente de ello? ¿Fue su castigo lo suficientemente severo? Sabemos de muchos otros en los tiempos bíblicos que fueron condenados a muerte por delitos menores.
- ¿Qué opina de las decisiones que Estados Unidos y muchas otras naciones del mundo están tomando con respecto a la exigencia de dejar a Dios fuera de nuestras acciones públicas?
- Como cristianos, ¿cuál es nuestra mejor respuesta ante las leyes de nuestro país que no nos gustan o con las que no estamos de acuerdo?

Para estudio adicional

1. Romanos 12:3. "[Yo, Pablo] Digo, pues, por la gracia que me es dada, a cada cual que está entre vosotros, que no tenga más alto concepto de sí que el que debe tener, sino que piense de sí con cordura, conforme a la medida de fe que Dios repartió a cada uno".
2. 1 Corintios 5:5. Pablo dijo: "Tal sea entregado a Satanás para destrucción de la carne, a fin de que el espíritu sea salvo en el día del Señor Jesús".

3. Las Escrituras demuestran que debemos pagar las consecuencias de nuestros pecados:
   a. Isaías 59:2.
   b. Proverbios 11:31.
   c. Gálatas 6:7-8.
4. Mateo 7:7. "Pedid, y se os dará; buscad, y hallaréis; llamad, y se os abrirá".
5. 2 Crónicas 7:14. "Si se humillare mi pueblo, sobre el cual mi nombre es invocado, y oraren, y| buscaren mi rostro, y se convirtieren de sus malos caminos; entonces yo oiré desde los cielos, y perdonaré sus pecados, y sanaré su tierra".
6. Hebreos 8:12. "Porque seré propicio a sus injusticias, Y nunca más me acordaré de sus pecados y de sus iniquidades". (Nota: el autor de Hebreos está citando el libro de Jeremías que habla sobre una época futura en Israel).
7. Esta es una cita de un servicio de comunión en el Himnario Metodista Unido, página 26.

3

Consecuencias de los pecados de David

2 Samuel 13-14

[Advertencia: Le recomiendo que primero lea esta historia para decidir si es apropiado compartir este mensaje en un entorno familiar, ya que tiene que ver con algunos actos sexuales e inmorales cometidos por los hijos adultos de David. Decidí incluir la historia porque enseña algunas lecciones valiosas sobre cómo no comportarse. Además, considero que esta historia puede brindar la oportunidad de abordar un tema que podría ser difícil de tratar con los adolescentes de la familia, pero esta conversación puede no ser adecuada para los preadolescentes].

En la última historia, descubrimos que David se sintió demasiado confiado con su poder y su estilo de vida. Los reyes a menudo se creían con derecho y podían tomar o hacer lo que quisieran; sin embargo, Dios esperaba mucho más de David. Pero David era humano y eligió ser desobediente de manera inusual cuando no resistió la tentación de la belleza de Betsabé. En consecuencia, David cometió adulterio y luego asesinó al esposo de Betsabé para encubrir su pecado. Inesperadamente, a David se le permitió continuar como rey, y permaneció en el favor de Dios. Considero que a David se le permitió seguir siendo rey porque estaba muy arrepentido. Una vez más, descubrimos que Dios es misericordioso y perdonador, pero David tuvo que sufrir las consecuencias de sus acciones.

Amnón, hijo de David, no puede controlar sus sentimientos

La Biblia nos da rápidamente un ejemplo de los conflictos en la vida de David que Natán profetizó. El hijo de David, Absalón, tuvo una hermosa hermana llamada Tamar, y su medio hermano Amnón estaba obsesionado con ella. Amnón estaba muy frustrado porque no podía actuar según sus sentimientos porque Tamar era su hermanastra, y no era apropiado. Amnón tenía un amigo íntimo y primo llamado Jonadab, quien ideó un plan retorcido para que Amnón pudiera estar a solas con Tamar. Sugirió que Amnón fingiera estar enfermo y pidiera a su padre que permitiera a Tamar atenderlo.

Así que, a petición de Amnón, David envió a Tamar a la casa de Amnón para que lo cuidara. Amnón le pidió a Tamar que le llevara la comida a su habitación, y luego ordenó a todos los demás que se fueran. Después intentó seducir a Tamar diciéndole: "Ven, acuéstate conmigo, hermana mía". Ella respondió: No, hermano mío, no me hagas violencia, pues esto es algo tan vergonzoso. No solo quedaré marcada de por vida, sino que tú serás como uno de los perversos de Israel por realizar un acto tan despreciable.

Tamar incluso sugirió que le pidieran a su padre que les permitiera casarse, cualquier cosa para cambiar el rumbo que él buscaba. Sin embargo, Amnón no la escuchó, sino que sometió a Tamar y la obligó a meterse en su cama. Después, la culpa lo abrumó, pero en lugar de sentir remordimiento, se desquitó con Tamar y la envió lejos.

Estaba tan disgustado con sus acciones que eligió desquitarse con la persona cuya decisión lo llevó a actuar según sus sentimientos. Por supuesto, ella no había hecho nada malo. Ella le suplicó: "¡Por favor, no! Enviarme lejos es una desgracia mayor que las otras que me has hecho". De acuerdo con la ley de Moisés, las relaciones sexuales prematrimoniales (incluida la violación) obligaban al hombre a casarse con la mujer y a pagar una dote, aun cuando el padre podía rechazar el matrimonio[1]. Sin embargo, Amnón no quiso escuchar y la echó de su habitación.

No sabemos si Dios permitió la participación directa de Satanás en las acciones de Amnón o si la carne pecadora de la naturaleza humana tuvo toda la culpa. En cualquier caso, las fuerzas malignas estaban celebrando la perturbación del orden y la armonía que se estaba produciendo en la familia de Dios. Más adelante en este tomo veremos que hay una batalla continua entre Dios y Satanás y sus fuerzas del mal sobre la familia escogida.

En esta época, una joven y bella virgen de la familia real se consideraba un bien preciado. El matrimonio le daba al novio acceso al rey y le daba prestigio en toda la nación. Sin embargo, aunque no haya sido su elección ni su culpa, Tamar ya no era

virgen, por lo que ya no era considerada un bien preciado para ningún hombre. Sería tratada como una desgracia entre las mujeres. Por muy injusto que fuera esto, era la forma en que se veían las cosas entre los israelitas en aquellos tiempos.

Tamar salió devastada de la habitación de Amnón. Se puso cenizas sobre su cabeza y se rasgó sus vestiduras reales, lo que significaba que ya no era una hija virgen del rey. Absalón descubrió lo que había hecho Amnón e invitó a Tamar a vivir en su casa. Absalón la consoló y, por el momento, se guardó su ira. Asimismo, David se enteró de lo sucedido y también se enfadó mucho, pero no hizo nada.

Un mensaje para nuestro tiempo

Esta es la segunda historia consecutiva que describe acciones sexuales inapropiadas llevadas a cabo entre el pueblo de Dios. David violó una de las leyes más sagradas de Dios cuando cometió adulterio. Esta vez fue el hijo de David, Amnón, quien pecó gravemente al violar a su hermana. ¿Le sorprende encontrar estas historias en la Palabra de Dios? La Biblia habla más de sexo de lo que muchos cristianos imaginan o reconocen, así que no pienso que Dios quiera que ignoremos el tema.

No hace mucho tiempo que hablar de sexo era un tabú, y en muchos círculos cristianos sigue siendo un tema que se evita con frecuencia. Pero el mundo no evita el tema. Así pues, los mensajes pecaminosos que nuestra sociedad ofrece a través de los medios de comunicación y de entretenimiento pueden ser los únicos mensajes que nuestros hijos escuchan sobre este tema delicado. Esta falta de guía puede ser muy confusa para los adolescentes, ya que el mensaje del mundo no es en absoluto el mensaje que Dios quiso dar. Sin embargo, la Palabra de Dios puede servir de guía clara sobre este tema si la buscamos.

¿Qué guía y orientación nos da la Palabra de Dios sobre el sexo? Dios nos enseña en Génesis 2 que creó el sexo para algo más que la procreación: "El varón dejará a su padre y a su madre y se unirá a su mujer mediante la unión en matrimonio, y los dos se convertirán en una sola carne"[2]. En el placer de unirnos como una sola carne, creamos una nueva persona. Luego, más adelante en la Palabra de Dios, el hombre más sabio del mundo explicó el gozo y la pasión de las actividades sexuales en Cantar de los Cantares[3].

El matrimonio fue creado para ser honrado con un voto sagrado entre un hombre y una mujer. De hecho, el matrimonio es tan sagrado que la relación entre esposo y esposa se compara con la de Jesús y la iglesia[4]. Ambas relaciones son bendecidas y deben ser respetadas, no deben romperse. Esto ayuda a explicar por qué el adulterio se menciona a menudo como algo detestable para Dios.

Los seres humanos hemos optado por hacer un mal uso y abusar del gozo del sexo presente en la creación de Dios. A lo largo de la historia, los hombres se han visto abrumados con demasiada frecuencia por sus deseos sexuales. Incluso David, un hombre devoto de Dios, permitió que su pasión controlara lo mismo que pasó toda una vida protegiendo: el camino de Dios. Su única noche de lujuria provocó una severa ruptura con Dios y lo llevó a cometer delitos aún peores: la mentira, el engaño, el asesinato y toda una vida de conflictos dentro de su familia. Y como lo demostró Amnón, una vez que la pasión se apaga con el acto sexual, el efecto posterior puede traer aún más daño[5]. Muchas veces, la culpa de un hombre puede ser abrumadora y causarle ira. Puede estar enfadado consigo mismo, pero con demasiada frecuencia descarga su ira en la otra persona, como hizo Amnón con Tamar.

En 2017, los estadounidenses se vieron inundados de denuncias sobre acoso sexual cometidas por hombres con poder del espectáculo, la política y los medios de comunicación. Es abrumadora la cantidad de hombres en posiciones de influencia que se han aprovechado de su condición en las últimas décadas. Uno no puede dejar de preguntarse cuántos otros casos han quedado sin denunciar.

Por lo tanto, ¿cómo se relaciona todo esto con nosotros? Desde luego, la mayoría de los hombres no llegan al extremo de violar o incluso acosar, pero podemos aprender de la historia de Amnón a controlar nuestras acciones, sobre todo cuando nuestros sentimientos sexuales nos tientan a hacer el mal. En primer lugar, decida que hará el compromiso de honrar el plan de Dios y esperar hasta el matrimonio para tener relaciones sexuales. En segundo lugar, no se ponga en una situación que pueda tentarle a actuar de una manera que sabe que a Dios no le agrada. Puede utilizar esta historia como una oportunidad para profundizar en este tema con su familia, sobre todo con sus hijos adolescentes. Muéstrese abierto y dispuesto a conversar y explorar las diferencias entre los sentimientos y las actitudes de los hombres y las mujeres.

Es importante darse cuenta de que el amor es lo que se da, no lo que se recibe. Cuando esperamos al matrimonio para experimentar el gozo del sexo que Dios creó para nuestro placer, nuestro galardón será una vida sexual maravillosa y satisfactoria, ya que así es como Dios quiso que fuera[6].

¿Qué pasó con Amnón y Absalón?

Absalón odiaba a Amnón por haber violado a su hermana. Pero, sorprendentemente, no habló con Amnón sobre su hermana, sino que se tomó su tiempo y esperó dos años antes de buscar venganza. Decidió hacer una fiesta e invitó a toda la casa real. David no asistió, pero cedió a la insistencia de Absalón de que Amnón se uniera a la fiesta.

El plan de Absalón era emborrachar a Amnón en la fiesta, y una vez que estuviera demasiado ebrio para defenderse, Absalón ordenaría a sus siervos que mataran a Amnón. Les dijo a los siervos que no tuvieran miedo porque él los protegería de cualquier castigo o consecuencia. A la hora señalada, los siervos llevaron a cabo el plan de Absalón y mataron a Amnón. Esto creó un caos en la fiesta, y todos los hijos de David huyeron por miedo a que alguien intentara destruir la familia y apoderarse del reino.

Primero se informó a David de que todos sus hijos habían sido asesinados. Pero Jonadab, primo y amigo de Amnón, hizo saber a David que este acto era estrictamente una venganza de Absalón por lo que Amnón había hecho a su hermana Tamar. Sin embargo, toda la casa real se encontraba en un estado de conmoción y dolor. Muchos de ellos fueron testigos del asesinato de Amnón, y los jóvenes hijos de David estaban  asustados por los acontecimientos que se produjeron. El rey y sus hijos lloraron juntos.

Absalón escapó y se refugió bajo el rey de Gesur, donde permaneció tres años. David guardó luto por la muerte de Amnón, y una vez que terminó de hacer el duelo por Amnón, lidió con el hecho de separarse de Absalón. Sin embargo, al mismo tiempo, a David le resultaba difícil perdonar a Absalón por haber matado a su hermano.

David paga por su falta de disciplina

David amaba profundamente, pero al parecer no entendía que la disciplina debe ir acompañada del amor que tenemos por nuestra familia. Si un padre ama de verdad a sus hijos, los disciplinará, y los hijos deben respetar a sus padres por la disciplina que imparten. De la misma manera, Dios también nos disciplina, porque nos ama y quiere que aprendamos lo que es correcto y cómo actuar correctamente[7]:

Es verdad que ninguna disciplina al presente parece ser causa de gozo, sino de tristeza; pero después da fruto apacible de justicia a los que en ella han sido ejercitados[8]. Para su desgracia, David no disciplinó a sus hijos. No castigó a Amnón cuando cometió su acto horrible contra Tamar, y David volvió a ser culpable por su falta de acción cuando Absalón ordenó a sus siervos que mataran a Amnón. Amaba a sus dos hijos y guardaba llanto por ellos, pero no sabía cómo perdonar o disciplinar. En las historias siguientes descubriremos que esto seguirá siendo un problema para David, y que lo pagaría muy caro.

Padres, ¿necesitan evaluar cómo disciplinan a sus hijos? Hijos, ¿necesitan entender y respetar mejor a sus padres por la disciplina y el castigo que dan? Todos debemos estar dispuestos a aceptar la disciplina que proviene de la corrección de Dios. Puede que estemos apenados por el momento, pero también podemos regocijarnos en el fruto pacífico de la justicia que surge gracias a la disciplina de nuestro Padre celestial.

Preguntas para profundizar

- ¿En qué se equivocó Amnón? ¿Cuál fue el error de Absalón? ¿Y el de David?
- Aunque puede ser difícil hablar de esto entre los miembros de la familia, creo que para los que tienen edad suficiente para entenderlo, es de gran ayuda compartir pensamientos, preocupaciones e incluso ciertos sentimientos respecto al sexo. Algunos pueden sentirse avergonzados por la plática, pero un diálogo sano y abierto puede resolver problemas del momento o incluso preparar y capacitar a los hijos para evitar problemas futuros.
- ¿Alguna vez ha pensado que la disciplina es injusta? ¿Después se dio cuenta de que sí es útil?
- ¿Considera que sus padres pueden tener una buena razón para no permitirle hacer algo, aunque usted piense que debería estar permitido? ¿Y Dios puede hacerlo? Él también puede disciplinarnos (a niños y adultos) por razones que no entendemos en el momento.

Para estudio adicional

1. Deuteronomio 22:23-29. "Cuando algún hombre hallare a una joven virgen que no fuere desposada, y la tomare y se acostare con ella, y fueren descubiertos; entonces el hombre que se acostó con ella dará al padre de la joven cincuenta piezas de plata, y ella será su mujer, por cuanto la humilló; no la podrá despedir en todos sus días".
2. Génesis 2:24. "Dejará el hombre a su padre y a su madre, y se unirá a su mujer, y serán una sola carne".
3. Cantar de los Cantares:
   a. 1:2. "¡Oh, si él me besara con besos de su boca! Porque mejores son tus amores que el vino".
   b. 4:5, 16. "Tus dos pechos, como gemelos de gacela [...] Venga mi amado a su huerto, y coma de su dulce fruta".
   c. 7:8-9. "Subiré a la palmera, Asiré sus ramas. Deja que tus pechos sean como racimos de vid, y el olor de tu boca como de manzanas, y tu paladar como el buen vino".
4. Efesios 5:25. "Maridos, amad a vuestras mujeres, así como Cristo amó a la iglesia, y se entregó a sí mismo por ella".
5. Versículos de las Escrituras que nos hablan sobre las consecuencias de los pecados sexuales:
   a. 1 Corintios 6:9-10. "¿No sabéis que los injustos no heredarán el reino de Dios? No erréis; ni los fornicarios, ni los idólatras, ni los adúlteros, ni los afeminados, ni los que se echan con varones, ni los ladrones, ni los avaros, ni los borrachos, ni los maldicientes, ni los estafadores, heredarán el reino de Dios"
   b. Proverbios 6:32. "El que comete adulterio es falto de entendimiento; corrompe

   su alma el que tal hace".

c. 1 Corintios 10:8. "Ni forniquemos, como algunos de ellos fornicaron, y cayeron [murieron] en un día veintitrés mil".

d. Judas 1:7. Los habitantes de Sodoma y Gomorra y las ciudades de su entorno que se entregaron a la inmoralidad burda y fueron tras cuerpos desconocidos son ejemplos del castigo del fuego eterno.

e. Apocalipsis 2:21-23. "Y le he dado [a la iglesia] tiempo para que se arrepienta, pero no quiere arrepentirse de su fornicación [pecado sexual]. He aquí, yo la arrojo en cama, y en gran tribulación a los que con ella adulteran, si no se arrepienten de las obras de ella. Y a sus hijos heriré de muerte, y todas las iglesias sabrán que yo soy el que escudriña la mente y el corazón; y os daré a cada uno según vuestras obras".

6. Proverbios 5:15-19. "Bebe el agua de tu misma cisterna [comparte tu amor solo con tu mujer]. ¿Se derramarán tus fuentes por las calles, y tus corrientes de aguas por las plazas? [tener relaciones sexuales con cualquiera] Sean para ti solo. Y no para los extraños contigo. Sea bendito tu manantial, y alégrate con la mujer de tu juventud [...] Sus caricias te satisfagan en todo tiempo, y en su amor recréate siempre".

7. Hebreos 12:4-10. Estamos llamados a disciplinar a nuestros hijos, al igual que Dios nos disciplina cuando lo necesitamos. Dios lo hace porque nos ama y quiere que crezcamos en la comprensión de lo que está bien y lo que está mal. Cualquier padre amoroso haría lo mismo.

8. Hebreos 12:11. Este versículo de las Escrituras explica la razón detrás de la disciplina: nuestro galardón de justicia proviene de ella.

4

Absalón, hijo de David, se apodera del reino: parte 1

2 Samuel 14-17

El corazón de David estaba dolido. En la historia anterior, su hija Tamar fue violada por su hermanastro Amnón. Absalón llamó a una de sus hijas Tamar para honrar a su hermana, quien nunca podría tener una familia debido a la maldad perpetrada por Amnón. Absalón no tenía otra familia, ya que todos sus hijos habían muerto. Todo se complicó aún más cuando Absalón, hermano de Tamar y hermanastro de Amnón, tomó cartas en el asunto e hizo matar a Amnón. Absalón huyó a un país vecino, es decir, fue desterrado de Israel, y pasaron tres años.

Joab interviene

Joab percibió que David quería que Absalón volviera, pero sabía que el regreso de Absalón tendría que ser iniciativa de David. Por lo menos, Joab necesitaba que David viera las cosas desde una perspectiva diferente. Para conseguir su objetivo, Joab envió a una mujer a David con una historia inventada sobre un problema dentro de su propia familia. Ella interpretó bien el papel postrándose ante el rey y llorando:

Oh, rey, ayuda. Mi esposo ha muerto, y mis dos hijos se han peleado entre sí. No había nadie para separarlos, y uno acabó matando al otro. Ahora mi familia me dice que mi hijo, que aún vive, debe ser condenado a muerte por su acción contra su hermano. Pero esto significará que no tendré a nadie que me cuide y que perderé la herencia de mi familia.

David le dijo a la viuda que se encargaría de la situación y que protegería a su hijo. También le dijo que si alguien le decía algo, debía llevar a esta persona ante él. La mujer pidió y recibió permiso para tener una última conversación con David. En un soliloquio maravilloso, le preguntó cómo podía ser tan amable y comprensivo con su situación y aún así no tener compasión por su propio hijo Absalón. Aquí está una parte de lo que dijo:

Porque de cierto morimos, y somos como aguas derramadas por tierra, que no pueden volver a recogerse; ni Dios quita la vida, sino que provee medios para no alejar de sí al desterrado.

David reconoció de inmediato que Joab la había puesto en esta farsa. La mujer le dijo que Joab esperaba que David pudiera ver sus circunstancias desde el punto de vista de otra persona y así darse cuenta de su necesidad de que Absalón regresara a casa. David llevó a Joab ante él, le agradeció su consideración y le dijo que enviara a buscar a Absalón.

Uno pensaría que esto sería el comienzo de un final feliz. Y debería haberlo sido, pero David seguía luchando por perdonar a Absalón. Estaba dividido entre el amor que sentía por Absalón y el odio que sentía al saber que Absalón había matado a Amnón. Si bien se le permitió a Absalón regresar a Jerusalén, David no le permitió estar en su presencia. Esto era muy frustrante para Absalón, y después de dos años, mandó llamar a Joab para que interviniera. Tras varios intentos fallidos de que Joab se reuniera con él, Absalón prendió fuego a los cultivos de Joab. Esta acción llamó la atención de Joab, quien por fin se presentó ante Absalón.

Absalón preguntó a Joab: "¿Con qué propósito me has hecho volver de Gesur? Me daría igual ser desterrado de nuevo que ser ignorado por mi padre aquí. Exijo verlo, y si decide matarme, que así sea". Joab hizo los arreglos, y cuando Absalón llegó ante David, se postró a los pies del rey. David lo perdonó.

David aún estaba aprendiendo a ser padre. Amaba profundamente a su familia, pero tenía problemas para juzgar cuándo y cómo castigar, cuándo perdonar y cómo olvidar. Como aprendimos en la última historia, la disciplina es un elemento importante en la formación de nuestros hijos. La falta de voluntad de David para perdonar no justifica las acciones de Absalón, pero sí debemos aprender a pedir la guía de Dios para ser buenos padres[1]. No siempre obtendremos una respuesta de manual. David debió haber hecho frente a Amnón cuando violó a su hermanastra, y no se debió permitir que Absalón se saliera con la suya al matar a su hermano. Estos errores le costarían a David y a su pueblo, los israelitas. ¿Acaso necesita usted examinar las incoherencias de sus acciones como padre?

Absalón se apodera del reino de David

El caso es que Absalón se sintió justificado al matar a su hermanastro y albergaba resentimiento por cómo lo trataba su padre. Absalón ideó un plan para apoderarse del reino de Israel y hacer pagar a su padre. Absalón utilizó su posición de príncipe y su buena apariencia para abrirse camino en los corazones del pueblo de Israel. La Biblia afirma que no había nadie en todo Israel que fuera tan apuesto como Absalón. Encima, queridas damas, tenía un cabello "para morirse". Se levantaba temprano en la mañana y se sentaba en la puerta de la ciudad donde se tramitaban todos los asuntos importantes del día, muy parecido a un tribunal de hoy. Si recuerda que en el tomo 2 de esta serie de libros, Booz, el tatarabuelo de Absalón, buscó a su pariente en la entrada de la ciudad para negociar los términos de la herencia de Noemí y asegurar a Rut como su esposa[2].

Mientras la gente iba llegando a la ciudad, Absalón entablaba relaciones con aquellos que eran notables e influyentes. Si alguien tenía problemas, Absalón encontraba la manera de resolverlos. Si alguien tenía una disputa con una persona menos importante, él se ponía del lado de la persona más influyente y les decía a estos hombres que si él era nombrado juez, con toda seguridad les haría justicia.

El plan de Absalón funcionó, pues consiguió robar los corazones de los israelitas. David había sido maravilloso con su pueblo y era un gran rey. En muchos sentidos, era su siervo; sin embargo, el pueblo mantenía una actitud egoísta de "¿qué has hecho por mí últimamente?". Miraban a David en su palacio, y sus corazones se volvían hacia la persona de la entrada de la ciudad que sintonizaba directamente con sus necesidades, o eso creían. En resumen, su egocentrismo se apoderó de ellos.

¿Logra entender cómo este egoísmo se aplica incluso hoy en día? Nosotros, como humanos, nunca hemos cambiado realmente. Seguimos buscando a alguien que se ponga de nuestra parte, que nos dé lo que nosotros creemos que es justo y equitativo. Y con demasiada frecuencia, nos dejamos engañar fácilmente por una persona muy atractiva, por lo que tendemos a honrar a dicha persona por su apariencia externa. Cuando el interés propio es nuestro modo de pensar, nos sentimos atraídos por la presentación hermosa de Satanás y caemos en su trampa. Es probable que perdamos lo que tenemos o lo que podríamos haber tenido[3].

David desconocía las intenciones de Absalón de apoderarse del reino. Absalón tardó unos años en conseguir suficiente apoyo para asegurarse el control. Cuando Absalón estuvo listo para hacer su jugada, le preguntó a David si él (Absalón) podía ir a Hebrón (el sitio donde David en un principio había establecido su capital). Absalón envió mensajeros por todo Israel, diciéndoles que cuando oyeran el sonido de la trompeta, estaba listo para que anunciaran a toda la nación que él (Absalón) era rey en Hebrón. Una vez que tuvo la confirmación de los líderes principales de las doce tribus y de Ahitofel, uno de los principales consejeros de David, de que estaban listos para apoyarlo, Absalón dio la orden de tocar las trompetas. Así de rápido, Absalón tomó el control de Israel.

El dominio de Absalón sobre el reino era tan fuerte que David no tuvo más remedio que abandonar Jerusalén. En el hecho de que David abandonara Jerusalén, podemos encontrar una imagen de Jesús. David se detuvo en las afueras de la ciudad, en el monte de los Olivos. Desde este lugar que tenía una vista de Jerusalén, lloró y, sin decir nada, elevó su pérdida hacia Dios. Sufrió de forma muy parecida a la de Jesús, quien reflexionó sobre el rechazo de su pueblo y oró durante la noche anterior a su arresto en el huerto de Getsemaní, también situado en el monte de los Olivos.

David necesitaba marcharse rápidamente antes de que un grupo de simpatizantes de Absalón decidiera atacarlo a él, a su familia y a todos los que le seguían siendo leales. El núcleo de los seguidores de David se quedó con él, incluidos los seiscientos hombres que habían estado con él desde sus días en el desierto cuando se escondía de Saúl. Por lo tanto, David no estaba indefenso; de hecho, tenía un ejército bastante formidable. Sin embargo, Absalón sorprendió a David con la guardia baja. Absalón había estado preparando tranquilamente su golpe, lo cual dejaba a David vulnerable; así pues, necesitaba tiempo para reunir sus tropas.

El plan de David

David era un soldado astuto y sabía responder de forma rápida. Pidió a sus sacerdotes, Sadoc y Abiatar, que se quedaran en Jerusalén y mantuvieran el Arca del Pacto con ellos para que Absalón pensara que tenía el apoyo de la orden religiosa. Los sacerdotes también podían ser sus espías y mantenerlo informado de lo que ocurría. Los hijos de estos sacerdotes podrían ser los mensajeros que mantuvieran a David al tanto de los planes de Absalón.

Además, cuando el amigo de David, Husai, descubrió que David tenía que huir, se apresuró a estar con él. A petición de David, Husai aceptó ir a Jerusalén y fingir ser consejero de Absalón. Husai era un hombre muy respetado, y Absalón estaría encantado de que desertara, ya que era conocido por ser un amigo especial del rey.

Absalón entró triunfalmente en Jerusalén y fue aclamado como nuevo rey de Israel. Pero necesitaba reevaluar enseguida su situación con David y acabar con cualquier intento que su padre hiciera para reconquistar su reino. Para asegurar el control, trajo a sus consejeros para que crearan una estrategia. El consejo de Ahitofel era tan valorado por David, y ahora por Absalón, que era como si viniera directamente de Dios. En primer lugar, Ahitofel aconsejó a Absalón que cohabitara con las diez concubinas de David, que se habían quedado para cuidar las casas de la familia real. Por lo general, las concubinas eran damas regaladas a un rey o tomadas por el rey en una victoria contra un país vecino. Vivían en uno de los palacios bajo la protección del rey. No tenían el mismo estatus que una esposa, pero seguían siendo tratadas como miembros de la familia real. Esta acción de Absalón le diría a la nación que no había vuelta atrás, ya que David nunca podría perdonar un acto tan amotinado e inmoral.

Además, Ahitofel aconsejó firmemente a Absalón que un ataque inmediato era crítico. David y sus hombres estarían desorganizados, cansados y agotados. Declaró que una vez que David fuera asesinado, el pueblo no tendría otra alternativa que aceptar a Absalón como rey, y la paz reinaría. Absalón y sus consejeros estaban encantados con este plan, pero antes de iniciar el plan de ataque, Absalón pidió la opinión de Husai. A Husai no le gustó el plan de Ahitofel. Le dijo a Absalón:

Tu padre es astuto, y sus vigorosos hombres de guerra son feroces y siempre están listos para la batalla. David es lo suficientemente inteligente como para esconderse, y la batalla solo significará que mucha gente morirá mientras tu padre escapa. Todo Israel te culpará por la muerte del pueblo. Y perderás su favor.

Por lo tanto, Husai sugirió que Absalón esperara y reuniera un ejército completo, llamando a gente de toda la nación para que se uniera a él. Esto aseguraría el trono y la paz para toda la nación. Así, Absalón tendría el control y abrumaría tanto a David y a su ejército que la victoria sería fácil. Cualquiera que eligiera seguir a David sería ejecutado para que no quedara ningún remanente que recuperara el reino de Absalón. Husai sabía que David necesitaba tiempo para reagruparse, y esta sugerencia le daría ese tiempo.

Absalón y sus consejeros decidieron que el consejo de Husai era mejor que el de Ahitofel, y afirmaron:

Porque Jehová había ordenado que el acertado consejo de Ahitofel se frustrara, para que hiciese venir el mal sobre Absalón.

Husai dio la noticia a Sadoc y Abiatar, los sacerdotes, quienes a su vez dieron el mensaje a sus hijos para que lo transmitieran a David. Alguien vio a los hijos de los sacerdotes salir de la ciudad y se lo comunicó a Absalón, pero una mujer los protegió escondiéndolos en un pozo. Ella les dijo a los hombres de Absalón que ya habían escapado y les dio direcciones equivocadas. Una vez que estos hombres se fueron, los hijos de los sacerdotes fueron a David con las noticias de Husai. David tenía ahora información de primera mano y podía prepararse para la batalla que se avecinaba. Mientras tanto, Ahitofel estaba tan angustiado porque Absalón había ignorado su consejo que se fue a su casa y se suicidó.

¿Cómo llegó David a esta situación? Si recuerda, Natán predijo que Dios castigaría a David por su pecado con Betsabé y el asesinato de Urías. Ahora David tenía que lidiar con esas consecuencias, pero Dios también había prometido que no le quitaría el reino a David. Por lo tanto, la esperanza de David se basaba en la promesa de Dios, tal como lo expresa la antigua alabanza evangélica: "Mi esperanza se basa en nada menos que la sangre y la justicia de Jesús"[4].

Si está atravesando un momento de tinieblas, busque respuestas en Jesús. Hasta que lo encuentre, vuelva a las cosas que sabe que son correctas y siga el camino lo mejor que pueda. Dios aparecerá en el momento adecuado: su momento adecuado.

Preguntas para profundizar

- ¿Alguna vez ha tenido alguien que le ayude como lo hizo Joab con David?
- David escuchó el mensaje que le envió Joab, pero ¿por qué se quedó corto en su perdón a Absalón? ¿Le ha dicho a alguien que lo perdona, aunque todavía le guarde rencor? ¿Por qué está mal?
- Absalón era muy apuesto y tenía una gran capacidad de persuasión. Además, le decía al pueblo lo que quería oír. Algunos de nuestros líderes políticos son así. ¿Cómo podemos mirar más allá de la apariencia externa y del lenguaje adulador?
- David había sido un gran rey. El pueblo de Israel nunca había vivido tan tranquilo y seguro. ¿Por qué cree que los israelitas se pusieron tan fácilmente en contra de David y se unieron a Absalón?
- ¿Se ve a sí mismo como un soldado del ejército de Jesús? Aunque puede ser difícil, un soldado debe mantener la concentración puesta en el enemigo y no preocuparse por los asuntos cotidianos de la vida. ¿Cómo cambia esto su percepción de lo que Dios espera de nosotros en esta vida? No significa que no debamos casarnos o tener hijos, sino que debemos enfocarnos en lo que Dios quiere que hagamos.

Para estudio adicional

1. Hebreos 12:4–11. Estamos llamados a disciplinar a nuestros hijos, así como Dios nos disciplina cuando lo necesitamos. Dios lo hace porque nos ama y quiere que crezcamos en nuestra comprensión de lo que está bien y lo que está mal. Cualquier padre amoroso haría lo mismo. "Ninguna disciplina al presente parece ser causa de gozo, sino de tristeza; pero después da fruto apacible de justicia a los que en ella han sido ejercitados".

2. Rut 4:1. Booz fue a las entradas de la ciudad para seguir el procedimiento legal y explicar a su pariente Rut la petición de Booz de tomarla como esposa.
3. 1 Corintios 6:1-8. Pablo explica que nosotros, como cristianos, no tenemos que llevar a los compañeros cristianos a los tribunales. Debemos ser capaces de manejar nuestras disputas entre nosotros y no confiar en un tribunal incrédulo para que tome decisiones por nosotros. Después de todo, se nos pedirá que juzguemos a los ángeles. Él afirma: "¿Por qué no sufrís más bien el agravio?".
4. Esta es la primera frase de la canción "My Hope Is Built" [Mi esperanza tiene una base], tomada del Himnario Metodista Unido, página 368.

5

Absalón, hijo de David, se apodera del reino: parte 2

2 Samuel 17-20

Cuando finalizábamos la última historia, Absalón se había apoderado del reino de David cuando una parte importante de Israel apoyaba su reivindicación del trono. David estaba huyendo, pero gracias al consejo de Husai, un espía que David puso en el campamento de Absalón, ahora David tenía tiempo de prepararse para la guerra civil que estaba a punto de comenzar.

David se prepara para la guerra

David y su séquito cruzaron el río Jordán y llegaron a un lugar llamado Mahanaim, el mismo lugar donde muchos años antes Jacob luchó con el ángel de Dios y sobrevivió. Ahora era un lugar donde David también sobreviviría. Un hombre que apoyaba a David, llamado Sobi, trajo comida y provisiones para el grupo, y David pudo reunir a su ejército, dirigido por sus primos Joab y Abisai y con Itai, quien ocupó el lugar de Asael. David estaba preparado para liderar a sus hombres en la batalla, pero sus líderes lo convencieron de no hacerlo: era demasiado valioso. Si lo mataban, la guerra habría terminado y Absalón tendría asegurado el trono. David consintió: "Yo haré lo que bien os parezca". Mientras el ejército se dirigía al campo de batalla, David dio instrucciones muy estrictas de que nadie debía quitarle la vida a Absalón, y todos sus hombres escucharon esta orden.

Durante la primera batalla, el ejército de David obtuvo una victoria decisiva. La batalla se extendió por todo el campo y por el gran bosque de Efraín. Murió más gente por el bosque denso con su maleza peligrosa que por la espada. Cuando Absalón trató de escapar en su mula, pasó por debajo de un gran roble. Su cabellera hermosa y frondosa quedó atrapada en las ramas del árbol; sin embargo, su mula siguió corriendo, dejando a Absalón colgando en el aire.

Uno de los hombres de Joab vio a Absalón colgado del árbol y se lo comunicó a Joab. Este reprendió al hombre por no haber matado a Absalón y le dijo al soldado que lo habría recompensado mucho. El hombre respondió: "He oído lo que te ha dicho nuestro rey, y yo no habría matado a Absalón ni por mil monedas de plata. Sin duda habría significado mi muerte, y tú no me habrías defendido". Joab temía que Absalón escapara. Y así como la muerte de David habría significado la victoria de Absalón, Joab sabía que la muerte de Absalón significaría la victoria de David.

Por lo tanto, Joab ordenó al soldado que lo llevara al lugar donde Absalón estaba colgado. Todavía estaba allí, colgado indefenso de las ramas gruesas. Desafiando la orden de David, Joab tomó tres lanzas y las clavó en el corazón de Absalón; asimismo, diez de los hombres de Joab que llevaban su armadura golpearon a Absalón. Con Absalón ya muerto, Joab tocó la trompeta, dando por terminada la batalla, pues no quería que murieran más israelitas.

El hijo de Sadoc, Ahimaas, solicitó permiso para comunicar al rey David la buena noticia de la victoria. Joab conocía muy bien al rey, así que le dijo a Ahimaas que David no reaccionaría en forma positiva cuando se enterara de que Absalón había sido asesinado. En consecuencia, Joab envió a otro mensajero para decirle a David que la guerra había terminado y que Absalón había muerto. Una vez que Ahimaas comprendió el punto de vista de Joab, decidió tomar un curso ligeramente diferente y expresó: "Todavía quiero darle un mensaje al rey". Joab estuvo de acuerdo. Ahimaas tomó un atajo y llegó primero al rey. Sabiamente le dio al rey noticias de la victoria, pero cuando David le preguntó por Absalón, Ahimaas dijo que se había ido antes de que le llegaran noticias sobre la suerte de Absalón. Justo después de completar su informe, el mensajero principal se presentó ante el rey y le comunicó el mensaje sobre la suerte de Absalón. No fue hasta más tarde que David se enteró de que Joab fue quien mató a Absalón.

David sufre la muerte de Absalón

David estaba profundamente afligido, exclamando: "¡Hijo mío Absalón, hijo mío, hijo mío Absalón! ¡Quién me diera que muriera yo en lugar de ti, Absalón, hijo mío, hijo mío!". Así pues, la victoria se convirtió en luto. La obsesión de David por proteger la vida de Absalón hizo que su propio ejército sintiera que había perdido la guerra. Joab estaba furioso y se lo manifestó a David:

Hoy has avergonzado a todos los que te salvaron la vida. ¿Cómo puedes mostrar amor a Absalón, quien llevó a cabo este acto de deshonra contra ti? Creo que te alegrarías si todos hubiéramos muerto y Absalón viviera. Ahora te digo que hables con amabilidad a tus siervos y los felicites por esta gran victoria; o te juro por el Señor Dios, que si no lo haces, esto será peor para ti que todo el mal de tu vida desde tu nacimiento hasta ahora.

Las acciones de David mostraron que le importaba más la vida de Absalón, quien lo había traicionado, que la de sus propios hombres, quienes lo habían protegido. No estaba mal que David se preocupara por la vida de Absalón. Sin embargo, la compasión que David tenía por su propio hijo parecía estar a expensas del pueblo que le había servido tan fielmente. ¿Dónde estaba ese amor por Absalón cuando David no le habló durante cinco años?

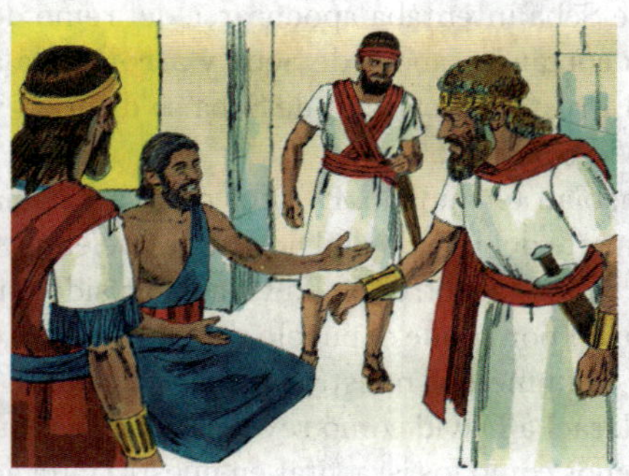

David escuchó el consejo de Joab. Mientras el ejército de David y sus amigos se sentían reconfortados por las alabanzas del rey, la nación en su conjunto seguía sumida en la confusión. ¿Estarían los israelitas dispuestos a perdonar y olvidar así como también a aceptar a David de nuevo en el trono? David envió a sus sumos sacerdotes, Sadoc y Abiatar, para recordar a los líderes de Judá que David era de la familia, ya que él también era de su tribu, por lo que ellos aceptaron. ¿Y las otras once tribus?

Se evita otra guerra

Una vez que David volvió a tener el control de Jerusalén, nombró a Amasa su nuevo comandante del ejército en una sabia jugada política para consolidar a todo Israel. Mientras tanto, un hombre "sin importancia" llamado Seba decidió aprovecharse del gran grupo de israelitas que no estaban dispuestos a devolver a David al trono. Reunió a estos hombres y acordaron convertir a Seba en su líder. David encargó a Amasa que capturara a Seba y llevara al resto de Israel de vuelta al reino.

Cuando Amasa no fue en busca de Seba tan rápido como Joab pensó que debía hacerlo, él y su hermano Abisai salieron a buscar a Seba. Cuando Amasa alcanzó al ejército de David, Joab agarró a Amasa por la barba y lo mató con su espada. Si recuerda, Joab también mató a Abner, el líder del ejército del hijo de Saúl, Is-boset, cuando David nombró a Abner comandante de su ejército. Joab no iba a dejar que otro ocupara su lugar de nuevo.

Es difícil explicar apropiadamente la crueldad de Joab o la apatía de David en dejar que Joab se saliera con la suya y realizara actos tan malvados. A pesar de la lealtad de Joab, David sabía que era una bala perdida y a veces demasiado despiadada; sin embargo, David nunca lo disciplinó correctamente ni lo relevó de sus responsabilidades militares. Al final, David se arrepentiría, y Dios acabaría haciendo pagar a Joab por sus transgresiones, pero eso es para otra historia.

Después de matar a Amasa, Joab y Abisai persiguieron a Seba. Llegaron a la ciudad donde Seba y sus hombres habían establecido su defensa. Mientras el ejército israelita se preparaba para atacar, una mujer sabia alertó a Joab para que descubriera lo que estaba sucediendo. Cuando se enteró de que Seba intentaba apoderarse del reino de David, llamó a los ancianos, que acordaron cortar la cabeza de Seba y arrojársela a Joab como compromiso de apoyo a David. El resto del ejército de Seba se disolvió y regresó a su casa, dispuesto a aceptar a David como rey.

Los días oscuros del reinado de David habían terminado. El Dios de la luz había vuelto. Una vez más, David era rey y gobernante del pueblo de Dios. ¿Por qué el pueblo de Israel se resistía en dejar que David volviera a su trono? La vida había sido tan maravillosa cuando David era su líder. La razón por la que el pueblo decidió resistirse a David no es fácil de explicar a menos que examinemos nuestras propias acciones.

Comparemos el apoyo inconsistente de Israel a David como rey con nuestra relación con Jesús, quien ahora es nuestro rey. Somos como los israelitas en nuestra falta de voluntad para dejar que el Rey Jesús sea nuestro gobernante. Sabemos que sus caminos y sus tiempos son los correctos, pero también buscamos lo que nos apetece, cuando lo queremos. Asimismo, nos resulta tan fácil enredarnos en los asuntos cotidianos de la vida[1] y permitir que nuestros propios deseos egoístas nos conduzcan por el camino equivocado y lleno de pecado. Si Pablo, un apóstol de Jesús y el autor de muchos libros en el Nuevo Testamento, puede luchar tan vigorosamente con el pecado[2], pues es evidente que nosotros también podemos hacerlo. Pero también podemos afirmar como él:

Gracias a Dios que, por medio de Jesucristo, nuestro Señor, nos hace libres[3]. Así como David se mostró dispuesto y con gratitud a recuperar al pueblo de Dios, Jesús está dispuesto a recuperarnos cuando nos humillamos y aceptamos seguirlo como nuestro Rey, Señor y Salvador. Si no ha aceptado a Jesús como su Salvador, ahora es el momento perfecto para orar por el perdón y pedirle que entre en su corazón. Si ya es un miembro de la familia de Dios, póngase de rodillas y pida perdón por haber elegido a menudo servir a otro amo, sea cual sea su "amo". Dios es misericordioso y perdona siempre.

Preguntas para profundizar

- ¿Por qué los consejeros de David no querían que fuera a la batalla con su ejército? Después de todo, David era su líder, y Dios indudablemente estaría con él. Si Dios hubiera querido que David fuera a la batalla, ¿cree que habría ido?
- Joab pudo percibir la debilidad en la reacción de David ante la muerte de Absalón. Podemos entender que la pérdida de un hijo es difícil, pero como rey, tenía sus súbditos y un ejército que buscaba su liderazgo. Después de todo, su hijo se había vuelto contra él. ¿Qué opina de este momento tan difícil en la vida de David? ¿Y sobre la reacción de David al respecto?
- ¿Se encuentra batallando para entender quién es realmente Jesús? O si ya ha aceptado a Jesús, ¿le resulta difícil mantener su vida centrada en él?

Para estudio adicional

1. 2 Timoteo 2:3-4. "Sufre penalidades como buen soldado de Jesucristo. Ninguno que milita se enreda en los negocios de la vida, a fin de agradar a aquel que lo tomó por soldado".
2. Romanos 7:15. "Porque lo que hago, no lo entiendo; pues no hago lo que quiero, sino lo que aborrezco, eso hago".
3. Romanos 7:24-25. "¿Quién me librará de este cuerpo de muerte? Gracias doy a Dios, por Jesucristo Señor nuestro".

6

Panorama general del reinado de David

2 Samuel 21-24

Con la muerte de Absalón y la amenaza de Seba abatida, David volvió a tener el control de su reino. Él y su familia regresaron a Jerusalén. Si bien hubo otra ocasión en que David permitió que su orgullo lo hiciera pecar, la paz y la seguridad prevalecieron en el reino de Israel por el resto de la vida de David.

Las cualidades de liderazgo de David

Podemos ver la solidez de las cualidades de liderazgo en David cuando evaluamos sus acciones a lo largo de su vida. David no iba a la batalla sin buscar el consejo y la aprobación de Dios. Todos los soldados de David recibían su parte del botín de la victoria. Fue leal a su rey y a su mejor amigo, Jonatán. Delegó la autoridad y permitió que sus líderes cumplieran con las labores asignadas. Esta última prueba con Absalón mostró más cualidades de su liderazgo.

Desde que Absalón tomó el poder, se dio cuenta rápidamente de que este tenía la ventaja, y David se retiró de Jerusalén. Buscó y escuchó el consejo sabio de Joab y de sus otros líderes militares para desarrollar tácticas contra Absalón. Envió a sus dos sacerdotes, Sadoc y Abiatar, y a su consejero especial, Husai, para que obtuvieran información crucial e influyeran en las malas decisiones de Absalón. Su historial de generosidad y compasión le otorgó la lealtad de los seiscientos hombres que habían estado con él desde los días en que tuvo que esconderse de Saúl.

David incluso perdonó a quienes no lo apoyaron, incluido Simei, quien lo había maldecido cuando David le había pedido ayuda durante su escape de Jerusalén. David decidió reconciliar las diferencias entre Mefi-boset, hijo de Jonatán, y Siba cuando surgió la disputa entre ellos sobre quién apoyaba a David durante el golpe de Absalón. Cuando la lucha concluye, llega el momento del perdón y la reconciliación. En la cruz, Jesús rogó a Dios que perdonara a los que lo acusaban, "porque no saben lo que hacen"[1]. La muerte y la resurrección de Jesús otorgan la vida eterna a todos los que se arrepienten y aceptan su sacrificio. A pesar de que hay personas que no merecen ser perdonadas, Dios nos llama a perdonar. Esto puede ser algo en lo que tenga que pensar, ya que suele ser algo muy difícil de hacer.

David nombró a Amasa, el comandante de Absalón, como jefe de su ejército para reunir a Israel, lo cual fue una jugada política sabia. Su objetivo era reconciliar y unir, primero a Judá porque era "familia" y luego al resto de Israel. También concedió recompensas a Barzilai, Sobi y Maquir, quienes por voluntad propia y amablemente habían subvencionado a David y sus partidarios.

Dios hará lo mismo con nosotros. Cuando estemos a su lado en los momentos difíciles, nos recompensará con gozo y misericordia[2]. Las pruebas y tribulaciones que sufrimos por causa de Jesús se convertirán en bendiciones cuando él regrese[3].

En busca de un buen final

Como ya compartí en una historia anterior, David, guiado por el Espíritu Santo, escogió Jerusalén para ser la capital de su reino. Esta Ciudad Santa era más que un simple lugar en la Tierra, pues es el lugar que Dios elegiría más tarde para que Jesús, nuestro Salvador, fuera sacrificado como un cordero sin mancha. Considero que Jerusalén es el lugar donde se cruzan el mundo de Dios y este mundo terrenal, si no es en la realidad, seguramente lo sea de forma metafórica. Aquí es el lugar donde Dios se sienta en su trono y observa nuestro mundo para ver todo lo que sucede.

Por muchos años, David anheló construir un templo: un lugar de adoración para servir al único Dios verdadero. Preparó planes muy detallados para este templo. Si bien David gastó una gran cantidad de tiempo y dinero en la construcción de sus palacios, quería una morada aún más prestigiosa para la casa de Dios. Seleccionó el lugar perfecto en la cima del monte, por encima de sus palacios. La ubicación del templo fue elegida para ser un lugar especial de honor para Dios. No por casualidad, la cima del monte que eligió David fue de forma muy probable el mismo lugar donde, muchos años atrás, Abraham se ofreció a sacrificar a su hijo Isaac. Muchos años después, Jesús sería colgado en una cruz en Jerusalén, no muy lejos de este mismo lugar.

Sin embargo, como David había sido un guerrero durante toda su vida e Israel nunca estuvo en plena paz con sus enemigos, Dios no autorizó a David que construyera el templo. Dios quería que el siguiente rey de Israel, el hijo de David, Salomón, lo construyera. El templo sería un lugar sagrado donde el pueblo vendría a adorar y honrar a Dios. Como se explicó anteriormente, el tabernáculo seguiría sirviendo como símbolo de la morada en la tierra de Dios hasta que se construyera el templo.

Los hombres valientes de David

David tuvo muchos partidarios que lo ayudaron a convertirse en un líder exitoso y en rey de Israel. La mayoría de ellos estuvieron con él durante el tiempo que se escondía en cuevas, luchaba en el desierto y viajaba a territorios extranjeros. Cuando David se convirtió en rey, se unieron a su ejército. Treinta jefes más siete hombres extraordinarios recibieron un reconocimiento especial de Dios. La Biblia identificó a este grupo como los "hombres valientes" de David.

¿Por qué Dios inspiraría al autor de 2 Samuel a destacar a estos hombres valientes? Son unos treinta los únicos cuyos nombres han sido "registrados", sin que se hayan mencionado sus hazañas. El reconocimiento es importante porque nos da ánimo y demuestra que Dios reconoce a los que han sido siervos fieles y han dado de sí mismos. Estos hombres estaban lejos de ser perfectos. De hecho, los que se mencionan en las historias anteriores le causaron problemas a David. Pero amaban a David, y pienso que, en su mayor parte, su intención era honrar a Dios. Así pues, son lo que el Nuevo Testamento llama santos porque eran creyentes[4].

Si bien los que también somos creyentes no estamos literalmente luchando contra enemigos físicos como estos hombres valientes, estamos en el campo de batalla de la vida, y es igualmente crucial para Dios que le sirvamos durante los desafíos que enfrentamos. Cuando lo hacemos, podemos esperar con ilusión que Dios nos incluya entre sus hombres valientes y anticipar sus galardones. Nuestros logros están en lo más profundo del corazón de Dios, y nuestros nombres están "registrados" en el Libro de la Vida de Dios, el cual se conserva para la eternidad[5].

¿Por qué David era el rey de Dios?

David era el rey de Dios para el pueblo de Israel. Sin embargo, según los últimos capítulos de 2 Samuel, parece que su reinado fue todo menos piadoso o sujeto al control de Dios. ¿Cómo podemos compaginar estas dos perspectivas opuestas del reinado de David y su relación con Dios? El reinado de David duró cuarenta años, por lo que las dificultades, indiscreciones y las secuelas resultantes se produjeron durante una pequeña parte de su reinado. La gran mayoría de su reinado estuvo centrado en Dios y fue fructífero para todo Israel, y por lo general el pueblo honró y adoró a Dios. De igual manera, Dios quiere lo mismo para nosotros.

Es importante que veamos estas historias desde la perspectiva de Dios.

Por ejemplo, el Nuevo Testamento nos cuenta que Lot, quien aparentemente tomaba todas las decisiones equivocadas, era un hombre justo[6] y que Abraham creía que Dios le entregaría milagrosamente el hijo prometido[7]. El Nuevo Testamento no menciona sus indiscreciones. Lo mismo ocurre con David. Aprendemos que Dios elevó a David para que fuera rey de Israel porque Dios lo encontró como un hombre conforme a su propio corazón, uno que deseaba hacer la voluntad de Dios[8]. El Nuevo Testamento habla de ellos desde la perspectiva de la eternidad, con todos los pecados pasados perdonados y olvidados a través del sacrificio ofrecido por Jesús cuando murió y resucitó. Dios hará lo mismo por nosotros si también elegimos a Jesús como nuestro Señor y Salvador.

Dios nunca abandonó a David pese a todas las dificultades de su vida, incluidos los años que pasó escondido y huyendo de Saúl. Y más adelante en la vida de David, Dios escogió quedarse con él, pese a que cometió terribles errores. A pesar de todo, Dios estuvo con David porque era un hombre conforme al corazón de Dios.

¿Por qué David era un hombre conforme al corazón de Dios? No porque haya tratado de hacer lo correcto, haya sido un hombre poderoso con grandes logros o porque haya sufrido mucho en sus muchos años como fugitivo. Más bien, fue porque el objetivo de David era tener a Dios en primer lugar en su vida. David reconoció a Dios como el único y verdadero Dios y le dio el honor y la reverencia que Dios espera de todos sus hijos. Aunque está claro que David no estaba exento de faltas significativas, se inclinó en arrepentimiento total una vez que fue confrontado por sus pecados. El clamor hermoso y sincero de David en el Salmo 51 es la evidencia más clara de sus sentimientos de angustia y su reconocimiento absoluto de su fracaso en servir a Dios de forma digna. Dios pudo ver el corazón de David y lo perdonó.

La fortaleza de David, y el ejemplo que nos deja, es que dependía de su relación con Dios. Contaba con que Dios lo amaba, y David, a su vez, amaba a Dios. De manera similar, como cristianos amamos a Dios porque él nos amó primero[9]. Dios reconoció que el corazón de David le era fiel.

El rey David estableció una norma, un ejemplo que nos es aplicable: servir a Dios y solo a Dios. Tanto si sufrimos por nuestros propios errores como si sufrimos por causa de Jesús, Dios estará con nosotros. Sea un hombre conforme al corazón de Dios, y cuando se equivoque, porque todos lo haremos, póngase de rodillas y arrepiéntase. La vida en la Tierra será mucho más gratificante si aceptamos que, a pesar del mal y el sufrimiento que nos rodea (que en parte es obra nuestra), Dios sigue teniendo el control y tiene planes para nosotros por toda la eternidad. Es entonces cuando podemos alabarle y estar agradecidos ante cualquier circunstancia[10]. Sus promesas de una vida fructífera y dichosa en la eternidad se cumplirán en última instancia gracias a Jesucristo, nuestro Señor y Salvador.

David era alguien único para un creyente del Antiguo Testamento en el sentido de que Dios le dio el Espíritu Santo para que viviera y permaneciera en él, del mismo modo que el Espíritu Santo nos ha sido dado a nosotros hoy. Esto se hizo posible para cada uno de nosotros gracias a la muerte de Jesús en la cruz y a su resurrección para salvarnos[11]. Dado que tanto David como los cristianos de hoy comparten el Espíritu Santo, la vida de David nos da una imagen de cómo debemos vivir. Jesús les respondió a los fariseos: "El reino de Dios no vendrá con advertencia, porque he aquí el reino de Dios está entre vosotros"[12]. Jesús les estaba diciendo, y ahora a nosotros, que espera que vivamos en el reino de Dios, o que nos dediquemos a lo que yo llamo "vivir en el reino".

Vivir en el reino es el proceso de vivir en la Tierra en medio de todos los momentos de gozo y tristeza que la vida nos ofrece, siguiendo las normas de Dios en lugar de vivir según los principios establecidos por la humanidad que han sido influenciados e incluso controlados por las fuerzas espirituales del mal en los lugares celestiales[13]. Si bien debemos soportar la realidad de vivir en este mundo terrenal gobernado por Satanás[14], Dios espera de nosotros que pongamos en práctica su camino en este mundo[15]. No debemos mirar las cosas que se ven, sino las que no se ven[16]. Todo esto significa ver la vida desde la perspectiva de Dios.

Exploraremos esta idea de vivir en el reino a lo largo del resto de las historias de este tomo. Tenemos que contemplar la vida de una manera muy diferente a la que enseña este mundo. Para ello, debemos conocer los caminos y las reglas de Dios para vivir la vida mientras estamos aquí en la Tierra. Estudiar la Palabra de Dios es una buena manera de empezar.

Preguntas para profundizar

- ¿Cómo reaccionaría si quisiera honrar a Dios de una manera especial (como pretendía David cuando quería construir un templo para Dios), para luego escuchar que Dios le dice que no?

- A pesar de que los "hombres valientes" de David no tenían todos un buen carácter moral, yo los he llamado santos. ¿Cómo puede ser esto cierto? ¿Es usted un santo? Si es así, ¿qué le hace serlo?

- En esta historia, compartí mi definición de un cristiano ideal para el Nuevo Testamento. ¿Cuál es la suya? ¿En qué se diferencian las definiciones?

- ¿Logra entender la ventaja de ser como David y poner a Dios en primer lugar, sabiendo que es el Dios único y verdadero?

Para estudio adicional

1. Lucas 23:34. "Padre, perdónalos, porque no saben lo que hacen".
2. Romanos 8:16-17. "El Espíritu mismo da testimonio a nuestro espíritu, de que somos hijos de Dios. Y si hijos, también herederos; herederos de Dios y coherederos con Cristo, si es que padecemos juntamente con él, para que juntamente con él seamos glorificados".
3. 1 Pedro 4:12-14. "Amados, no os sorprendáis del fuego de prueba que os ha sobrevenido, sino gozaos por cuanto sois participantes de los padecimientos de Cristo, para que también en la revelación de su gloria os gocéis con gran alegría. Si sois vituperados por el nombre de Cristo, sois bienaventurados, porque el glorioso Espíritu de Dios reposa sobre vosotros"
4. Aquellos que creen en Jesús son llamados santos:
   a. Romanos 1:7
   b. 1 Corintios 1:2
   c. 1 Corintios 6:2
5. Apocalipsis 20:12. "Y vi a los muertos, grandes y pequeños, de pie ante Dios; y los libros fueron abiertos, y otro libro fue abierto, el cual es el libro de la vida; y fueron juzgados los muertos por las cosas que estaban escritas en los libros, según sus obras".
6. 2 Pedro 2:7. Pedro menciona que Dios rescató al "justo" Lot.
7. Romanos 4:17-18. Abraham creyó que Dios le daría un hijo, aunque fuera imposible desde un punto de vista terrenal.
8. Hechos 13:22. Dios levantó a David para que fuera el rey de Israel, del cual Dios dio testimonio así: "He hallado a David, varón conforme a mi corazón, quien hará todo lo que yo quiero".
9. 1 Juan 4:19. "Nosotros le amamos a él, porque él nos amó primero".
10. Debemos ser agradecidos en todo:
    a. Efesios 5:20
    b. Colosenses 3:15-17
    c. 2 Tesalonicenses 1:3
    d. Filipenses 4:6

11. Juan 14:16; 16:13. "Y yo rogaré al Padre, y os dará otro Consolador (el Espíritu Santo), para que esté con vosotros para siempre. Cuando venga el Espíritu de verdad, él os guiará a toda la verdad".

12. Lucas 17:20-21. "El reino de Dios no vendrá con advertencia, ni dirán: Helo aquí, o helo allí; porque he aquí el reino de Dios está entre vosotros".

13. Efesios 6:12. "Porque no tenemos lucha contra sangre y carne (semejantes), sino contra principados, contra potestades, contra los gobernadores de las tinieblas de este siglo, contra huestes espirituales de maldad en las regiones celestes".

14. Juan 12:31; 14:30. "Ahora es el juicio de este mundo; ahora el príncipe de este mundo (el diablo) será echado fuera. Porque viene el príncipe de este mundo, y él nada tiene en mí (Jesús)".

15. Mateo 6:10. "Venga tu reino (de Dios). Hágase tu voluntad, como en el cielo, así también en la tierra".

16. 2 Corintios 4:18. "No mirando nosotros las cosas que se ven, sino las que no se ven; pues las cosas que se ven son temporales, pero las que no se ven son eternas".

7

Vivir en el reino

Salmos de David

Como hemos aprendido, David estaba lejos de ser perfecto; sin embargo, en la mayor parte de su reinado se caracterizó por vivir la vida que Dios quiere para todos nosotros.

Los múltiples talentos de David se manifiestan en su poesía y su música

David era un hombre con muchos dotes. En nuestro mundo actual se le llamaría una superestrella. David era guapo; un guerrero vigoroso y experto en el manejo de la espada, la flecha y la honda; un líder destacado (tanto en el ejército como en el gobierno),

justo y equitativo; y, además, era músico, poeta y compositor. Utilizó sus virtudes para contribuir a la obra de Dios. Pero su bien mayor era su corazón por Dios. Para David, servir y adorar a Dios era el centro de su ser.

David era optimista y casi siempre feliz. Sin embargo, también experimentó sentimientos de dolor, miedo y deseos de venganza. En todos los aspectos de su vida, buscó a Dios y encontró consuelo y refugio. A diferencia de cualquier otro patriarca del Antiguo Testamento, aparte de Moisés, David estaba lleno del Espíritu Santo y tenía el privilegio de comunicarse directamente con Dios, como lo podemos hacer nosotros hoy. Aprendió a escuchar la guía del Espíritu Santo (la mayoría de las veces). Y cuando no lo hacía, se arrepentía humildemente y buscaba con ahínco la reconciliación con Dios. Es un ejemplo a seguir para el cristiano de hoy.

Las historias anteriores de David mostraron cómo debemos vivir la vida cristiana. Sin embargo, hay un nivel de comprensión aún más profundo que podemos obtener al leer y explorar sus escritos registrados en el libro de Salmos. Estos salmos nos dan una nueva perspectiva de un creyente que tenía el Espíritu Santo morando en él para guiarle en la vida. Evidencian cómo solemos reaccionar y responder a las tribulaciones y tristezas de la vida con muestras de frustración, dolor, aflicción e incluso ira. No obstante, David convirtió estas emociones en actos de alabanza. Es más, los Salmos revelan la fortaleza que obtenemos gracias a un corazón arrepentido, y nuestro amor, honor y devoción por Dios y el gozo que uno experimenta al vivir una vida piadosa: vivir en el reino al estilo de David.

Así como el alimento reconforta el cuerpo, los salmos son "alimento" que reconfortan el alma.

El gozo está ligado a una correcta relación con Dios

Salmo 23. Jehová es mi pastor; nada me faltará. En lugares de delicados pastos me hará descansar; junto a aguas de reposo me pastoreará. Confortará mi alma; me guiará por sendas de justicia por amor de su nombre. Aunque ande en valle de sombra de muerte, no temeré mal alguno, porque tú estarás conmigo; tu vara y tu cayado me infundirán aliento. Aderezas mesa delante de mí en presencia de mis angustiadores; unges mi cabeza con aceite; mi copa está rebosando. Ciertamente el bien y la misericordia me seguirán todos los días de mi vida, y en la casa de Jehová moraré por largos días.

Siempre tendremos lo que necesitamos si/cuando nos sometemos a la guía de Dios. Dios espera que descansemos y meditemos con Él cada día en un tiempo de silencio. Dios nos muestra el camino correcto si decidimos seguirlo. Podemos manejar todas las dificultades de la vida si confiamos en Dios para que nos muestre cómo hacerlo. Dios nos mantendrá a salvo e incluso nos permitirá brillar ante nuestros enemigos. Podemos vivir con la confianza de que Dios tiene el control y que nos proveerá más allá de lo que podamos imaginar para siempre.

Salmo 27:4. Una cosa he demandado a Jehová, esta buscaré; que esté yo en la casa

de Jehová todos los días de mi vida, para contemplar la hermosura de Jehová, y para inquirir en su templo.

Debemos tener presente que Dios y sus caminos deben ser la prioridad en nuestra vida, mantener una actitud de adoración y honor ante Dios, y reconocer el privilegio de estar en su presencia. Esta ha sido mi oración personal, y así como David pidió, yo también pido que Dios me ayude a buscar sus caminos y que mi relación con Él sea firme todos los días de mi vida. Y al mismo tiempo, reconozco que es mi responsabilidad "buscar" continuamente el favor de Dios y ser un gozo para Él (es decir, que sea un hombre conforme al corazón de Dios).

Salmo 28:7. Jehová es mi fortaleza y mi escudo; en él confió mi corazón, y fui ayudado, por lo que se gozó mi corazón.

Podemos confiar en que Dios nos protegerá y, por lo tanto, no necesitamos estar ansiosos por nada, sino que podemos dejar que el júbilo llene nuestros corazones y vidas.

Salmo 100:1-5. Cantad alegres a Dios, habitantes de toda la tierra. Servid a Jehová con alegría; venid ante su presencia con regocijo. Reconoced que Jehová es Dios; Él nos hizo, y no nosotros a nosotros mismos; pueblo suyo somos, y ovejas de su prado. Entrad por sus puertas con acción de gracias, por sus atrios con alabanza; alabadle, bendecid su nombre. Porque Jehová es bueno; para siempre es su misericordia, y su verdad por todas las generaciones.

Cante alabanzas a Dios todo el tiempo y reconozca que Dios es quien nos hizo, y por lo tanto, le debemos nuestra lealtad; agradezca todo lo que nos ha dado; sepa que Él está ahí para nosotros en todo momento. El gozo y la felicidad no son lo mismo; ciertos momentos de la vida pueden quitarnos la felicidad temporalmente, pero el gozo puede permanecer si Dios está con nosotros, y así, sabemos que "todo" estará bien al final.

Salmo 116:1-2. Amo a Jehová, pues ha oído mi voz y mis súplicas; porque ha inclinado a mí su oído; por tanto, le invocaré en todos mis días.

Podemos acudir a Dios por cualquier necesidad que tengamos, y Él nos escuchará y responderá mientras sigamos con vida.

Saber que Dios está cerca en medio de la angustia, la preocupación y el miedo

Salmo 27:1-3, 7-8. Jehová es mi luz y mi salvación; ¿de quién temeré? Jehová es la fortaleza de mi vida; ¿de quién he de atemorizarme? Cuando se juntaron contra mí los malignos, mis angustiadores y mis enemigos, para comer mis carnes, ellos tropezaron y cayeron. Aunque un ejército acampe contra mí, no temerá mi corazón; aunque contra mí se levante guerra, yo estaré confiado. Oye, oh Jehová, mi voz con que a ti clamo; ten misericordia de mí, y respóndeme. Mi corazón ha dicho de ti: Buscad mi rostro. Tu rostro buscaré, oh Jehová.

David dependía de Dios para todo, y sabía que Dios lo protegería de todos los que se le oponían. Buscar a Dios con todo su corazón era una prioridad. Y lo mismo para nosotros, ya que con Dios de nuestro lado, no hay nada que temer: solo tenemos que ponerlo en primer lugar en nuestra vida.

Salmo 37:1-11. No te impacientes a causa de los malignos, ni tengas envidia de los que hacen iniquidad. Porque como hierba serán pronto cortados, y como la hierba verde se secarán. Confía en Jehová, y haz el bien; y habitarás en la tierra, y te apacentarás de la verdad. Deléitate asimismo en Jehová, y él te concederá las peticiones de tu corazón. Encomienda a Jehová tu camino, y confía en él; y él hará. Exhibirá tu justicia como la luz, y tu derecho como el mediodía. Guarda silencio ante Jehová, y espera en él. No te alteres con motivo del que prospera en su camino, por el hombre que hace maldades. Deja la ira, y desecha el enojo; no te excites en manera alguna a hacer lo malo. Porque los malignos serán destruidos, pero los que esperan en Jehová, ellos heredarán la tierra. Pues de aquí a poco no existirá el malo; observarás su lugar, y no estará allí. Pero los mansos heredarán la tierra, y se recrearán con abundancia de paz.

Dios sabe lo que queremos y necesitamos, y está dispuesto a darnos los deseos de nuestro corazón si nuestro corazón está plenamente entregado a Él. No debemos preocuparnos por los impíos cuando parece que prosperan. Ellos serán desenmascarados en el tiempo de Dios. Nuestro enojo y preocupación solo nos llevan a hacer el mal. En lugar de ello, debemos esperar pacientemente en Dios, y en el tiempo de Dios, viviremos en abundancia y prosperidad.

Salmo 118:5, 16-18. Desde la angustia invoqué a JAH, y me respondió JAH. La diestra de Jehová es sublime; la diestra de Jehová hace valentías. No moriré, sino que viviré, y contaré las obras de JAH. Me castigó gravemente JAH, mas no me entregó a la muerte.

Cuando nos enfrentamos a problemas e incluso a una mala salud, puede ser por culpa nuestra. Sin embargo, debemos saber que Dios nos escucha y nos salvará (a su manera). Ante la ayuda de Dios, nuestra respuesta es contar a todo el mundo las maravillas del Señor.

Salmo 121. Alzaré mis ojos a los montes; ¿de dónde vendrá mi socorro? Mi socorro viene de Jehová, que hizo los cielos y la tierra. No dará tu pie al resbaladero, ni se dormirá el que te guarda. Jehová te guardará de todo mal. Jehová guardará tu salida y tu entrada desde ahora y para siempre.

Cuando nos encontramos en apuros y no sabemos a dónde acudir, debemos mirar a Dios. Él está ahí para sostenernos. Dios nos guardará y estará con cada uno de nuestros pasos para siempre.

Salmos del corazón arrepentido de David

Salmo 38. Jehová, no me reprendas en tu furor, ni me castigues en tu ira. Porque tus saetas cayeron sobre mí, y sobre mí ha descendido tu mano. Porque mis iniquidades se han agravado sobre mi cabeza; como carga pesada se han agravado sobre mí. Hieden y supuran mis llagas, a causa de mi locura. Ando enlutado todo el día. Gimo a causa de la conmoción de mi corazón. Señor, delante de ti están todos mis deseos por tanto, confesaré mi maldad, y me contristaré por mi pecado. No me desampares, oh Jehová; Dios mío, no te alejes de mí. Apresúrate a ayudarme, oh Señor, mi salvación.

David se había equivocado tanto y se humillaba ante Dios, sabiendo que merecía ser castigado. Sus pecados se habían salido de control, y ahora estaba arrepentido, y no arrepentido de haber sido atrapado, sino arrepentido de haberse equivocado tanto. Este es el verdadero arrepentimiento. No solo le rogó a Dios que lo rescatara, sino que permaneciera con él. Qué manera tan maravillosa de apartarse de los pecados y buscar la ayuda de Dios.

Salmo 51. Ten piedad de mí, oh Dios, conforme a tu misericordia; conforme a la multitud de tus piedades borra mis rebeliones. Porque yo reconozco mis rebeliones, y mi pecado está siempre delante de mí. Contra ti, contra ti solo he pecado, y he hecho lo malo delante de tus ojos; para que seas reconocido justo en tu palabra, y tenido por puro en tu juicio [...] Purifícame con hisopo, y seré limpio; lávame, y seré más blanco que la nieve. Crea en mí, oh Dios, un corazón limpio, y renueva un espíritu recto dentro de mí. No me eches de delante de ti, y no quites de mí tu santo Espíritu. Vuélveme el gozo de tu salvación, y espíritu noble me sustente. Entonces enseñaré a los transgresores tus caminos, y los pecadores se convertirán a ti. Porque no quieres sacrificio, que yo lo daría; no quieres holocausto. Los sacrificios de Dios son el espíritu quebrantado; al corazón contrito y humillado no despreciarás tú, oh Dios.

¡Qué hermosa forma de confesar, arrepentirse y buscar el perdón de Dios! David entendía la necesidad de que Dios lo corrigiera y al mismo tiempo clamaba por su misericordia (perdón inmerecido). David se postró sobre su rostro ante Dios, confesó sus pecados y buscó el perdón de Dios. Estaba avergonzado y se lamentaba por todo lo que había hecho mal. David estaba dispuesto a recibir cualquier castigo de Dios, excepto quitarle el Espíritu Santo (es decir, el propio Dios). Una vez que Dios lo perdonara, David sabía que estaría totalmente limpio (renovado). Así, su relación con Dios sería restaurada, y podría salir como un hombre cambiado, elevando cánticos de alabanzas a Dios y contándoselo al mundo para que ellos también conocieran al Dios maravilloso.

Estos extractos de Salmos nos han dado una idea de lo que es vivir en el reino. David nos aporta un ejemplo maravilloso de cómo debe vivir un "cristiano del Nuevo Testamento" en este mundo. Los Salmos expresan claramente el amor de David por Dios con todo su corazón. David adoraba a Dios, le servía y dependía de Él todos los días. Cuando su lado humano tomaba el control momentáneo de sus acciones, respondía al instante con un arrepentimiento absoluto y estaba dispuesto a aceptar su castigo. Así, una vez más, volvía su mirada hacia Dios para que lo ayudara a volver a vivir en el reino.

Ahora, debemos estar listos para seguir avanzando en una vida controlada por nuestro Padre. En las próximas historias, Salomón nos mostrará los grandes beneficios de vivir en el reino y nos dará más información sobre cómo vivir de la manera en que Dios nos ha llamado a vivir.

Preguntas para profundizar

- ¿Está tratando de vivir conforme a las normas y principios de Dios (vivir en el reino)?
- ¿Cuáles son algunas de las formas en que nuestra sociedad y nuestros gobiernos son contrarios a los caminos de Dios?
- Comparta cómo puede tener gozo aun cuando no esté feliz.
- ¿Hay momentos en los que tenga miedo? ¿Cómo puede Dios ayudarlo a superar su miedo?
- ¿Logra entender cómo Dios amó a David incluso cuando cometió errores horribles?

Para estudio adicional

El objetivo de este capítulo es presentar cómo David derrama su corazón a través de los salmos que escribió. Es por esto que los únicos pasajes de las Escrituras que se registran aquí son las citas de los salmos de David.

Por lo tanto, las citas aisladas del libro de Salmos que se enumeran en el mensaje no se repiten aquí. Vuelva a leer cada salmo con detenimiento para entender mejor cómo podemos honrar a Dios y a la vez manejar la frustración que supone esta vida como lo hizo el siervo de Dios, David.

8

Salmos mesiánicos

Como he venido compartiendo a lo largo de esta serie de libros, Dios reveló su plan de salvación y la venida de Jesús a través de las historias del Antiguo Testamento. Las revelaciones han incluido profecías sobre el nacimiento, el ministerio, la muerte y la resurrección de Jesús que nos llevan a la redención a todos los que creemos. Algunas de ellas han sido sombras o siluetas que necesitaban ser aclaradas y explicadas, mientras que otras han sido retratos bastante claros. Además de las historias, el libro de Salmos presenta algunas de las profecías más vívidas y maravillosas de la vida y la muerte de Jesús.

Ya hemos aprendido que David conocía y hablaba del Salvador venidero, conocido por los israelitas como el Mesías. Es por esto que los salmos que hacen referencia a Jesús se denominan salmos mesiánicos. De hecho, son muchos los citados en el Nuevo Testamento.

Estos salmos aluden directamente a acontecimientos significativos de la vida de Jesús y nos presentan su propósito de venir como hombre, e incluso, profetizan su segunda venida. En los mensajes siguientes, he resumido algunas de las profecías más conocidas.

Nacimiento

Salmo 2:7. Mi hijo eres tú; yo te engendré hoy. Pídeme, y te daré por herencia las naciones.

Dios envió a su hijo prometido, su "hijo unigénito", para que se hiciera humano y nos salvara, convirtiéndose así en nuestro rey (Juan 1:14; 3:16; Filipenses 2:5-11).

Salmo 8:5. Y el hijo del hombre, le has hecho poco menor que los ángeles.

El autor de Hebreos (2:9-18) nos dice que este salmo era una promesa de que Dios enviaría a Jesús para convertirse en un hombre que nos salvaría.

Domingo de Ramos

Salmo 118:22, 26. La piedra que desecharon los edificadores ha venido a ser cabeza del ángulo. Bendito el que viene en el nombre de Jehová.

El autor de Mateo cita estos versículos como parte de la entrada triunfal de Jesús en Jerusalén el Domingo de Ramos (Mateo 21:9, 42).

Traición

Salmo 41:9. Aun el hombre de mi paz, en quien yo confiaba, el que de mi pan comía, alzó contra mí el calcañar.

Durante la última cena, Jesús compartió que "la mano del que me entrega está conmigo en la mesa [...] Uno de los doce discípulos llamado Judas lo besó y Jesús declaró: Judas, ¿con un beso entregas al Hijo del Hombre?" (Lucas 22:21, 47).

Juicio

Salmo 35:11. Se levantan testigos malvados; de lo que no sé me preguntan.

Durante el juicio de Jesús ante el tribunal del Sanedrín, algunos se levantaron y dieron este falso testimonio contra él (Marcos 14:57).

Salmo 40:13-14. Quieras, oh Jehová, librarme; Jehová, apresúrate a socorrerme. Sean avergonzados y confundidos a una los que buscan mi vida para destruirla. Vuelvan atrás y avergüéncense los que mi mal desean.

El autor de Hebreos nos revela que Jesús ofreció voluntariamente su cuerpo como sacrificio vivo (Hebreos 10:5-10), y el sacerdote y los ancianos se burlaron de Jesús y le gritaron mientras colgaba de la cruz: "A otros salvó, a sí mismo no se puede salvar" (Mateo 27:42). Y entonces Jesús pidió al Padre que los perdonara, porque no sabían lo que hacían (Lucas 23:34).

Crucifixión

Salmo 22. Este salmo contiene las señales más reconocibles de la crucifixión:

Dios mío, Dios mío, ¿por qué me has desamparado? (versículo 1).

Jesús pronunció estas palabras cuando estaba muriendo en la cruz (Mateo 27:46). Todos los que me ven me escarnecen; estiran la boca, menean la cabeza, diciendo:

Se encomendó a Jehová; líbrele él (versículos 7-9).

Las personas se burlaban e insultaban a Jesús y decían estas palabras mientras veían a Jesús morir en la cruz (Lucas 23:35).

Me ha cercado cuadrilla de malignos; horadaron mis manos y mis pies (versículo 16).Los romanos clavaron las manos y los pies de Jesús en la cruz (Juan 20:27).Repartieron entre sí mis vestidos, y sobre mi ropa echaron suertes (versículo 18). Cuando lo crucificaron, se repartieron sus ropas echando suertes (Mateo 27:35).

Salmo 34:20. Él guarda todos sus huesos; ni uno de ellos será quebrantado. El guardia pensaba romperle las piernas a Jesús, pero decidió no hacerlo al ver que ya estaba muerto (Juan 19:32-33, 36). Salmo 69:21. Me pusieron además hiel por comida, y en mi sed me dieron a beber vinagre. Estas son otras descripciones más de los Salmos que posteriormente se hicieron realidad cuando Jesús fue crucificado en la cruz (Mateo 27:34).

Resurrección

Salmo 16:10. Porque no dejarás mi alma en el Seol, ni permitirás que tu santo vea corrupción.

Hechos 2:25-32 y Hechos 13:34-37 citan estos versículos para relacionarlos con la muerte y resurrección de Jesús.

Ascensión

Salmo 68:1, 18. Levántese Dios, sean esparcidos sus enemigos, y huyan de su presencia los que le aborrecen [...] Subiste a lo alto, cautivaste la cautividad, tomaste dones para los hombres, y también para los rebeldes, para que habite entre ellos JAH Dios.

Este salmo habla de la resurrección y la ascensión de Jesús. Además, se hace mención a Él en Hechos 1:9-11.

Segunda venida

Salmo 24:7. Y alzaos vosotras, puertas eternas, y entrará el Rey de gloria.

Este salmo hace referencia a la segunda venida de Jesús, tal como se describe en 1 Tesalonicenses 4:16, según el cual Jesús descenderá del cielo con un grito, con la voz del arcángel y con la trompeta de Dios. Según 2 Pedro 1:11, Dios abrirá ampliamente las puertas del cielo para que entremos en el reino eterno de Dios y de Jesús.

Salmo 45:6-7. Tu trono, oh Dios, es eterno y para siempre; cetro de justicia es el cetro de tu reino. Has amado la justicia y aborrecido la maldad; por tanto, te ungió Dios, el Dios tuyo, con óleo de alegría más que a tus compañeros.

El autor de Hebreos citó estos versículos haciendo referencia al reino de Jesús (Hebreos 1:8-9).

Salmo 110:4. Juró Jehová, y no se arrepentirá: Tú eres sacerdote para siempre según el orden de Melquisedec.

El autor de Hebreos relaciona este versículo con el hecho de que Jesús es un sacerdote de un orden nuevo y superior del sacerdocio de Dios: el orden de Melquisedec, sacerdote a quien Abraham hizo su sacrificio muchos años atrás (Hebreos 5:6).

Preguntas para profundizar

- ¿Por qué cree que hay tantos ejemplos de la vida de Jesús en estos salmos mesiánicos?
- ¿Cuál de las referencias a Jesús le impacta más?
- ¿La gran cantidad de ejemplos que existe le ayuda a entender que el plan de Dios
era enviar a Jesús para salvarnos mucho antes de que Él (Jesús) viniera en forma
de hombre?

Para estudio adicional

Nota: En este capítulo no se repiten los pasajes del Antiguo y del Nuevo Testamento
citados previamente.

9

El reinado de David termina y Salomón es ungido

1 Reyes 1-2

Mientras David yacía en su lecho de muerte, Adonías, hijo de David con su esposa Haguit, conspiró con su familia y amigos para tomar el reino. Sin embargo, años antes, Dios le había hablado a David sobre su sucesor en el reino. Para sorpresa de todos, Dios eligió a Salomón. ¡Qué Dios tan asombroso tenemos! Eligió dar sus bendiciones a Salomón, permitiéndole a él y a sus descendientes establecerse en el trono de David para siempre. Salomón era el hijo de David con Betsabé, y el nombramiento de Salomón como rey es una evidencia sumamente clara de que Dios puede perdonar a cualquier persona sin importar lo que haga. Así como Dios lo hizo con David, puede tomar cualquier acto desagradable que cometamos y convertirlo en un testimonio eterno de su fidelidad y amor por nosotros. Desde luego, esto no nos da una excusa para actuar de manera indigna, pero ¿no es maravilloso saber que Dios nos resguarda cuando nos arrepentimos genuinamente como lo hizo David?

Si bien era de conocimiento general que Salomón fue el elegido por David para ser el próximo rey, no había hecho una declaración oficial. Por esta razón, Adonías se apresuró en hacer los preparativos para su propia coronación; sin embargo, nadie le había dicho a David lo que estaba haciendo. Adonías se rodeó de funcionarios clave del gabinete de David. Así, Joab, comandante en jefe del ejército de David, y Abiatar, uno de los sumos sacerdotes y consejero principal de David, aceptaron unirse a Adonías en sus planes. Tener al líder militar y al sumo sacerdote en su bando le dio a Adonías un frente formidable que sería difícil de superar.

Como siguiente paso en su demanda, Adonías organizó una gran celebración. Sacrificó ovejas y bueyes cerca del manantial de agua en las afueras de Jerusalén. Además, para representar el establecimiento de su reino, Adonías invitó a todos los funcionarios reales, incluidos todos los hijos de David, excepto Salomón. Natán, el profeta de Dios y consejero de David, y los hombres valientes de David no asistieron a la ceremonia.

Con tantos funcionarios asistiendo a tal exhibición pública, Salomón probablemente habría perdido la oportunidad de ocupar el trono después de David. Y para asegurar

aún más el reino, Adonías planeó matar a Salomón. Sin embargo, Natán no se quedó quieto. Le dijo a Betsabé que le explicara a David lo que Adonías estaba haciendo. Natán aceptó seguirla y confirmar lo que estaba sucediendo. A fin de contrarrestar los planes de Adonías, David debía declarar rey a Salomón inmediatamente.

Betsabé solicitó y recibió una audiencia con el rey David y le dijo: Los ojos de todo Israel están puestos en ti para que les digas quién se sentará en el trono. Y a menos que hagas algo inmediatamente, Salomón será perjudicado, y Adonías será rey.

Mientras ella seguía hablando, Natán entró y verificó la historia de Betsabé. Continuó: "¿Has avalado esta ceremonia para Adonías y no me lo has dicho?". David llamó entonces a Natán y a Betsabé para que dieran un paso al frente, y declaró:

Ciertamente, como he prometido por el Señor Dios, tu hijo Salomón será rey después de mí. Y así lo haré hoy.

Con el fin de garantizar que Salomón fuera rey, David acordó celebrar una ceremonia inmediatamente. Así, Salomón no tendría que esperar a que David muriera.

Salomón sucede a David como rey

David llamó a Sadoc, el otro sumo sacerdote que no asistió a la ceremonia de Adonías, y le indicó que dejara que Salomón se montase en la mula de David por la calle principal de Jerusalén: un mensaje que significaría que era rey. Luego David dio instrucciones para que Sadoc tocara las trompetas y se uniera a Natán para ungirlo, expresando: "Viva el rey Salomón".

Después, Salomón se sentaría en el trono de David, cumpliendo el deseo de este: "Será rey en mi lugar tanto para Judá como para Israel". Salomón fue puesto por Dios. El trono de Dios se estableció a través de David, y sus planes eran que Jesús viniera de la descendencia de David. Así, el reino de David se establecería para siempre[1].

Adonías escuchó el ruido de la ciudad. Interrumpió su celebración para preguntar a qué se debía toda esa conmoción. Esperando que fueran buenas noticias, quedó desolado cuando se enteró de que David había nombrado a Salomón como rey y este había ocupado su lugar en el trono de David. Adonías tenía miedo de lo que Salomón pudiera hacer, por lo que fue de inmediato al lugar dedicado a la seguridad y se sujetó a "los cuernos del altar". Allí le pidió a Salomón que no lo matara. Salomón le prometió que estaría a salvo si se comprometía a honrarlo como rey.

Cuando se acercaba la hora final de David, llamó a Salomón ante él y le encargó que siguiera los mandamientos de Dios y todo lo que estaba escrito en la ley de Moisés. Si Salomón era obediente al encargo de David y andaba por la senda de Dios con todo su corazón y su alma, Dios sería fiel en cumplir su promesa de que un descendiente de David y Salomón se sentaría en el trono de Israel. Sadoc se convirtió en el sumo sacerdote de Salomón, y Benaía, uno de los hombres valientes de David, se convirtió en el comandante de su ejército.

David quería que Salomón "limpiara la casa". Ordenó a Salomón que matara a Joab por sus innumerables actos violentos que incluían el asesinato de Absalón y de los dos generales, Abner y Amasa, y por supuesto, por su más reciente desobediencia al escoger a Adonías en lugar de a Salomón. Ya antes, David había preferido pasar por alto la naturaleza violenta y destructiva de Joab.

Para terminar de aclarar los cabos sueltos, Salomón decidió exiliar a Abiatar por haber elegido apoyar a Adonías. No lo mandó matar porque había servido fielmente a su padre y al sacerdocio, incluso cuando Absalón se apoderó del reino por poco tiempo. David también quería que Salomón recompensara a Barzilai por su acto de bondad al proveerle comida cuando huyó de Absalón. Simei, quien antes había preferido apoyar a Absalón, aceptó quedarse en Jerusalén de por vida y fue asesinado tres años después cuando Simei rompió su voto.

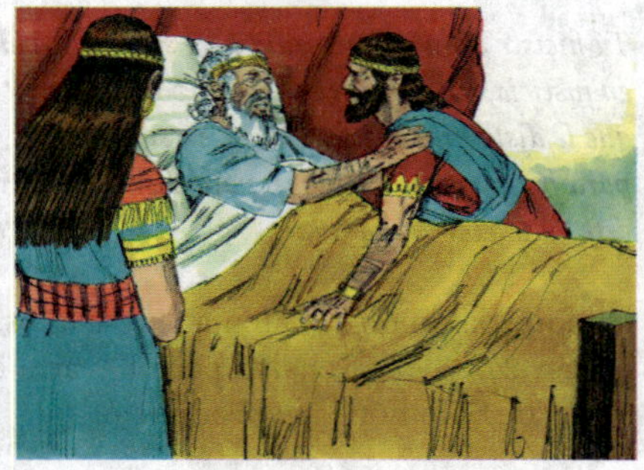

El reinado de Salomón no se estableció por completo hasta que fue capaz de aplastar el sutil pero casi efectivo intento de Adonías de arrebatarle el reino. Adonías solicitó una audiencia con Betsabé. Hizo lo que parecía ser una petición muy inocente para casarse con la virgen Abisag, encargada del cuidado íntimo y personal de David en sus últimos días. Salomón supo al instante que ese matrimonio le daría a Adonías la posibilidad de reclamar el trono de David. Salomón llamó a Adonías ante él, diciéndole que había violado su acuerdo y lo hizo matar.

¿Por qué hubo tanta controversia y desafíos respecto al trono? ¿Cómo podemos dar sentido a estos acontecimientos conflictivos y a las actividades que realizó el pueblo de Dios? ¿Y por qué razón David habría de vengarse de sus enemigos? Él sabía, por toda una vida de servicio a Dios, que este cobraría su propia venganza. Más adelante aprenderemos que Salomón era un hombre de paz, por lo que ¿cómo pudo consentir tales actos de violencia?

Para un mejor entendimiento, debemos saber que la cultura de la época del Antiguo Testamento era muy diferente a la que vivimos hoy en día. Es difícil para nosotros comprender que sus actos de violencia eran una forma de vida. Sin tales actos de violencia, el reino de Dios no habría logrado mantenerse seguro. Asimismo, Salomón necesitaba que haya paz para que los israelitas puedan servir a Dios conforme a cómo Él los había escogido para esto. Sin embargo, nada de lo que yo pueda decir explicará la constante injusticia y los actos pecaminosos cometidos por la humanidad. Pero es a través de estas historias, de estos pasajes de las Escrituras, que vemos la realidad de quiénes somos y por qué los humanos necesitamos que un Dios misericordioso y perdonador venga a reconciliarnos con su camino y únicamente con su camino.

A Salomón se le concede un deseo

El reino de Israel estaba ahora establecido bajo el gobierno de Salomón. Él amaba al Señor y caminaba siguiendo los estatutos de su padre, David. El día que Salomón fue a Gabaón para hacer una ofrenda al Señor, Dios se le apareció en sueños y le dijo: "Te concederé un deseo".

Salomón se mostró muy agradecido y declaró:

Tú hiciste gran misericordia a tu siervo David mi padre, porque él anduvo delante de ti en verdad, en justicia, y con rectitud de corazón para contigo; y tú le has reservado esta tu gran misericordia, en que le diste hijo que se sentase en su trono; y yo soy joven. Da, pues, a tu siervo corazón entendido para juzgar a tu pueblo, y para discernir entre lo bueno y lo malo; porque ¿quién podrá gobernar este tu pueblo tan grande?

Aunque Salomón solo tenía veinte años, demostró una gran madurez al pedir a Dios un corazón comprensivo para llevar a cabo sus deberes como rey. Dios concedió el deseo de Salomón y se pronunció:

Porque has demandado esto, y no pediste para ti muchos días, ni pediste para ti riquezas, ni pediste la vida de tus enemigos, sino que demandaste para ti inteligencia para oír juicio, he aquí lo he hecho conforme a tus palabras; he aquí que te he dado corazón sabio y entendido, tanto que no ha habido antes de ti otro como tú, ni después de ti se levantará otro como tú. Y aun también te he dado las cosas que no pediste, riquezas y gloria, de tal manera que entre los reyes ninguno haya como tú en todos tus días. Y si anduvieres en mis caminos, guardando mis estatutos y mis mandamientos, como anduvo David tu padre, yo alargaré tus días.

Salomón despertó de su sueño y se puso delante del Arca del Pacto y adoró a Dios con holocaustos y ofrendas de paz.

Me doy cuenta de que esto de conceder un deseo suena mucho a cuento de hadas. ¿Es real? El hecho de que parezca poco creíble no significa que debamos burlarnos y decidir que no puede ser cierto o dudar de todo lo que dice la Biblia. Dios es omnipotente y amoroso, así que debemos aceptar que hay cosas maravillosas que hará por nosotros. Dios quería que Israel tuviera todas las oportunidades para seguir sus mandamientos y adorarle de la manera que le complaciera. De hecho, cuando el pueblo de Israel lo hizo, la nación tuvo éxito.

Al igual que Salomón, cuando le pedimos a Dios que nos dé fuerza y sabiduría para hacer lo que quiere que hagamos, nos la dará y en abundancia[2]. ¿Está dispuesto a hacer precisamente lo que Dios quiere que haga? Si no está seguro del plan de Dios para usted, pregúntele. ¡Él se lo dirá! Busque y encontrará; pida y se le dará[3]. Esto no es un cuento de hadas. Cuando uno va por el buen camino con Dios, todo es posible[4].

Desde entonces, Israel estaba siguiendo a Dios correctamente. Salomón gobernaba con sabiduría, justicia y rectitud. Israel estaba bajo la protección de Dios conforme a los principios que él estableció en el reino de Dios: "vivir en el reino".

Con Salomón firme al mando, la paz reinó y el pueblo sirvió a Dios como nunca antes lo había hecho. El tabernáculo sería sustituido por un templo magnífico. La sabiduría de Salomón se convirtió en una luz brillante para el mundo, un faro de verdad y rectitud.

Preguntas para profundizar

- ¿Por qué hubo una guerra antes de que cada rey asumiera el poder? ¿Podría ser porque siguieron sus propios instintos en lugar de buscar la respuesta de Dios?
- Con demasiada frecuencia, cuando las personas intentan resolver un desacuerdo, este termina en una pelea. ¿Por qué cree que esto es así?
- Si se le concediera un deseo como el de Salomón, ¿cuál sería?

Para estudio adicional

1. Salomón fue el rey escogido, pero fue Jesús quien sería el descendiente que heredaría el trono del rey David para siempre:
   a. 1 Crónicas 28:4-5. Salomón declaró: "Porque a Judá escogió por caudillo, y de la casa de Judá a la familia de mi padre; y de entre los hijos de mi padre se agradó de mí para ponerme por rey sobre todo Israel". David expresó: "De entre todos mis hijos, eligió a mi hijo Salomón para que se siente en el trono del reino de Jehová sobre Israel".
   b. Salmo 89:3-4. El Señor declara: "Hice pacto con mi escogido; juré a David mi siervo, diciendo: Para siempre confirmaré tu descendencia, y edificaré tu trono por todas las generaciones".
   c. Romanos 1:1-4. Dios había prometido con antelación, por medio de sus profetas, que su Hijo, nacido de un descendiente de David según la sangre, sería declarado Hijo de Dios.
2. Juan 10:10. "Yo (Jesús) he venido para que tengan (los creyentes) vida, y para que la tengan en abundancia".
3. Mateo 7:7. "Pedid, y se os dará; buscad, y hallaréis; llamad, y se os abrirá".
4. Mateo 19:26. "Para los hombres esto es imposible; mas para Dios todo es posible".

10

Salomón reina en Israel con sabiduría y justicia

1 Reyes 3-10

Como se mencionó anteriormente, David, a través de su vida y sus escritos (Salmos), introdujo el concepto que yo llamo vivir en el reino. Salomón fue capaz de llevar esto al siguiente paso, ya que condujo al pueblo a seguir los mandamientos de Dios y a vivir la vida conforme a los principios y normas de Dios. Así, Salomón, gracias a la sabiduría que Dios le impartió, cumplió la oración del padrenuestro de Jesús al hacer la voluntad de Dios en la Tierra como en el cielo (vivir en el reino)[1].

Salomón construye el templo

Salomón dedicó la primera parte de su reinado a construir el templo sagrado de Dios. Aunque David diseñó el templo, Dios no le permitió construirlo porque era un guerrero, y Dios quería que el hijo de David (Salomón) construyera el templo durante su reinado de paz.

Este libro no describe en detalle la estructura y el significado espiritual de las edificaciones primorosas del templo, ni tampoco de las esculturas magníficas y los accesorios preciosos. Sin embargo, quiero hacer énfasis en la importancia del templo. Su propósito era honrar y dar tributo a Dios. El templo era el lugar donde la familia escogida iba a encontrarse con Dios y donde los sacerdotes presentaban sus sacrificios y ofrendas, y hacían peticiones por el pueblo. Con el templo, Israel procuraba exhibir la gloria y la majestuosidad de su Dios. Era su lugar de ostentación, su orgullo y su disfrute.

Además, el templo era un recordatorio de quién es Dios y de cómo había permanecido con ellos. El lugar santísimo era un sitio dentro del templo donde se colocaba el Arca del Pacto. Era territorio sagrado. Solo un sumo sacerdote podía entrar en esta sala sagrada dentro del templo, e incluso entonces, el sacerdote elegido entraba solo una vez al año. El Arca estaba custodiada por dos querubines tallados (ángeles) cuyas alas se extendían a todo el ancho de este santuario interior. Como podrá recordar, el Arca albergaba:

- Las tablas de piedra con los diez mandamientos escritos en ellas.
- Un fragmento de maná que Dios proveyó a los israelitas durante cada día de sus cuarenta años de peregrinación en el desierto.
- La vara de Aarón que floreció, estableciendo así a su familia como los sumos sacerdotes.

Incluso cuando los israelitas decidieron alejarse de Dios, el templo seguía siendo el centro de todo lo que representaba su reino. Solo cuando les fue arrebatado muchos años después, comprendieron de una vez por todas que era a Dios a quien debían adorar y no al templo en sí. Fue entonces que surgió el verdadero significado del templo como lugar para honrar y adorar a su Dios.

Cuando el templo estuvo terminado, Salomón dirigió al pueblo en una gloriosa celebración y adoración, dando todo el honor a Dios. Pienso que Dios estaba disfrutando de las festividades desde su trono celestial en Sion con vista a Jerusalén. Los ángeles del cielo se regocijaban con Él[2]. Fue una celebración como pocas.

Salomón demuestra su justicia

La capacidad de Salomón para discernir la verdad fue puesta a prueba desde un principio. Le trajeron a dos mujeres para que resolviera un problema que sus consejeros no eran capaces de juzgar. Las mujeres vivían en la misma casa con niños recién nacidos, y ninguna de ellas tenía ya esposos. En el transcurso de la noche, una de las mujeres se revolcó en su cama y asfixió a su bebé. Cuando descubrió su trágica pérdida, cambió a los bebés mientras su compañera de cuarto aún dormía. Cuando la otra mujer se despertó, supo enseguida que el bebé que estaba en su cama no era suyo. Clamó por justicia y, en última instancia, las dos mujeres fueron llevadas ante Salomón para resolver el asunto.

Tras escuchar la versión de cada mujer, Solomon se tomó un momento para evaluar la situación. Está claro que las pruebas de ADN no estaban disponibles hace muchos años. Ordenó que le trajeran una espada para poder dividir al bebé por la mitad. El rey ordenó que sus consejeros dieran la mitad a cada mujer. Una de las mujeres dijo: "Sí, partidlo". La otra mujer estaba muy preocupada porque el niño iba a ser asesinado. La mujer exclamó: "¡Ah, señor mío! Dad a esta el niño vivo, y no lo matéis". Después de oír esto, Salomón comentó: "Dad a aquella el hijo vivo, y no lo matéis; ella es su madre". La verdadera madre estaba más preocupada en que el bebé viviera que en un juicio justo.

Cuando Israel escuchó cómo Salomón manejó esta situación, temieron al rey, pues vieron que la sabiduría de Dios estaba en él para administrar la justicia. La Biblia dice: "Era mayor la sabiduría de Salomón que la de todos los orientales, y que toda la sabiduría de los egipcios. Aun fue más sabio que todos los hombres; y fue conocido entre todas las naciones de alrededor". Salomón no solo era sabio a la hora de juzgar las disputas entre su pueblo, sino que también supo aprovechar sus

puntos fuertes y los de su nación para realizar intercambios y alianzas estratégicas. Esto lo enriqueció más que cualquier otro rey de su tiempo, y sus súbditos también se beneficiaron en gran medida. Construyó cuatro palacios en lugares estratégicos dentro de Israel, ya que cada uno era un punto de control en las rutas comerciales entre Oriente y Occidente. La paz y la prosperidad reinaban en Israel.

Al igual que Dios dio a Salomón, Dios ha dado a los cristianos palabras de sabiduría y conocimiento[3] para el bien común del cuerpo de Cristo (la iglesia universal). Así, por medio del Espíritu Santo, disponemos de una sabiduría que está fuera de este mundo (del mundo de Dios) para que podamos conocer las cosas que Dios nos ha dado[4]. De esta forma, Dios nos enseña directamente para que no nos dejemos engañar por este mundo[5]. Por lo tanto, estos y otros "dones" valiosos que Dios nos provee, debemos aprovecharlos cuando nos enfrentamos a las pruebas y tribulaciones de la vida[6].

La gente venía de todo el mundo que se conocía por aquella época en busca de la sabiduría de Salomón. La Biblia registra una de esas visitas. La reina de Sabá viajó 1,200 millas en camello para visitar a Salomón y saber por sí misma si este hombre era realmente tan sabio como todo el mundo decía. Llegó a Jerusalén con un gran contingente que llevaba especias, oro y piedras preciosas. Cuando llegó a Salomón, le habló de todo lo que tenía en su corazón. Miró, escuchó y observó todo lo que ocurría durante su visita, incluyendo los sabios consejos, el conocimiento y la comprensión de Salomón; las casas que construía; la comida que le ofrecían para comer; los asientos de sus siervos; la atención de sus camareros y su vestimenta; sus coperos; y la escalera por la que subía a la casa del Señor. A raíz de esto, "ya no le quedaba espíritu"; es decir, se vio obligada a aceptar que él era realmente el hombre más sabio que había existido. Ella declaró al rey:

Y dijo al rey: Verdad es lo que oí en mi tierra de tus cosas y de tu sabiduría; pero yo no lo creía, hasta que he venido, y mis ojos han visto que ni aun se me dijo la mitad; es mayor tu sabiduría y bien, que la fama que yo había oído. Bienaventurados tus hombres, que están continuamente delante de ti, y oyen tu sabiduría. Jehová tu Dios sea bendito, que se agradó de ti para ponerte en el trono de Israel; te ha puesto por rey, para que hagas derecho y justicia.

Salomón y la reina de Sabá intercambiaron muchos regalos lujosos. El rey Salomón le dio todo lo que su corazón deseaba. Y ella regresó a su tierra, asombrada y convencida de todo lo que había encontrado.

Salomón, en su condición de rey sabio y benévolo, es una imagen de lo que será la vida cuando Jesús regrese y gobierne la Tierra por mil años (después de vencer a Satanás y sus fuerzas malignas, tanto terrenales como ángeles). Este período de mil años en que Jesús gobernará la Tierra se conoce como el milenio.

Salomón personifica la sabiduría

La sabiduría de Salomón quedó demostrada en tres libros de la Biblia: Proverbios, Cantar de los Cantares y Eclesiastés. Estos libros, aún mejor que los ejemplos anteriores, nos dan un factor "sorpresa" sobre la verdadera sabiduría de Salomón. En el transcurso de este capítulo y de los dos siguientes, presentaré una idea de la sabiduría de Salomón que, si se tiene en cuenta, puede cambiar para siempre nuestras vidas para la gloria de Dios y nuestro propio bien.

Los primeros nueve capítulos de Proverbios son en conjunto una alegoría que personifica la sabiduría. En los párrafos que siguen hay extractos de estos versículos que no solo transmiten la comprensión y el conocimiento únicos de Salomón, sino también la profundidad de la sabiduría de Dios y cómo podemos utilizar su sabiduría para vivir bajo el poder y la protección de nuestro Padre celestial.

El tema de estos nueve capítulos es: El principio de la sabiduría es el temor de Jehová; los insensatos desprecian la sabiduría y la enseñanza (Proverbios 1:7).

Nota: Temer no significa "tener miedo"; significa ser humilde y reverente (alguien que adora y respeta).

Gracias a los versículos aprendemos el origen de la Sabiduría personificada:

Jehová me poseía [Sabiduría] en el principio, Ya de antiguo, antes de sus obras. Eternamente tuve el principado, desde el principio, antes de la tierra. Con él [Dios] estaba yo ordenándolo todo, y era su delicia de día en día, teniendo solaz delante de él en todo tiempo. (Proverbios 8:22-23, 30)

También se nos advierte que busquemos y prestemos atención al consejo de la Sabiduría:

La sabiduría clama en las calles, alza su voz en las plazas; [...] ¿Hasta cuándo, oh simples, amaréis la simpleza, [...] Mas el que me [sabiduría] oyere, habitará confiadamente y vivirá tranquilo, sin temor del mal. Si como a la plata la buscares, y la escudriñares como a tesoros, entonces entenderás el temor de Jehová, y hallarás el conocimiento de Dios. [...] Cuando la sabiduría entrare en tu corazón, y la ciencia fuere grata a tu alma, la discreción te guardará; te preservará la inteligencia, para librarte del mal camino. (Proverbios 1:20-22, 33; 2:4-5, 10-11)

Dios, a través de las palabras de Salomón, nos está diciendo que su sabiduría (la de Dios) está a nuestra disposición, solo si nos tomamos el tiempo de escuchar.

Los siguientes versículos de estos primeros nueve capítulos de Proverbios tienen un significado importante para guiar nuestra vida:

Proverbios 3:9-10. Honra a Jehová con tus bienes [el diezmo de Dios o el 10% de nuestros ingresos], y con las primicias de todos tus frutos [dinero extra que le da a Dios por encima del diezmo]; y serán llenos tus graneros con abundancia, y tus lagares rebosarán de mosto.

Jesús confirmó esta afirmación cuando señaló:

"Dad, y se os dará; medida buena, apretada, remecida y rebosando; porque con la misma medida con que medís (al dar a los demás), os volverán a medir".

Proverbios 3:14. Porque su ganancia [de la Sabiduría] es mejor que la ganancia de la plata, y sus frutos más que el oro fino.

La eternidad con Dios tiene más beneficios y recompensas que las posesiones materiales en esta vida. ¿Dedica más tiempo y esfuerzo a ganar dinero o a cumplir sus propios deseos que a buscar a Dios y su sabiduría?

Proverbios 3:3, 27-28. Nunca se aparten de ti la misericordia y la verdad; átalas a tu cuello, escríbelas en la tabla de tu corazón. No te niegues a hacer el bien a quien es debido, cuando tuvieres poder para hacerlo. No digas a tu prójimo: Anda, y vuelve, y mañana te daré, cuando tienes contigo qué darle.

Poner a los demás en primer lugar va de la mano con amar al prójimo como a uno mismo; es el camino de Dios, y cuando uno sigue su camino, al final será el más beneficiado.

Proverbios 4:14. No entres por la vereda de los impíos, ni vayas por el camino de los malos.

Las tentaciones que vienen con los placeres son difíciles de resistir, pero sucumbir a ellas nos lleva por un camino de destrucción y por la senda que el diablo nos ha fijado.

Proverbios 5:3-4, 15, 18-20. Porque los labios de la mujer extraña destilan miel, y su paladar es más blando que el aceite; mas su fin es amargo como el ajenjo, agudo como espada de dos filos. Bebe el agua de tu misma cisterna [no tomes de otros lo que no es tuyo, en este caso, la mujer de otro hombre]. Y alégrate con la mujer de tu juventud, sus caricias te satisfagan en todo tiempo, y en su amor recréate siempre. ¿Y por qué, hijo mío, andarás ciego con la mujer ajena, y abrazarás el seno de la extraña?

Salomón nos advierte sobre los peligros de la lujuria y de unirse en adulterio. También nos confirma que un hombre y una mujer era el plan de Dios para la humanidad.

Proverbios 6:1-3. Si salieres fiador por tu amigo, haz esto entonces; ve a humillarte y a quitarte el fiador lo antes posible, ya que es probable que se te vuelva en contra.

El consejo financiero de Salomón nos recuerda que endeudar nuestros bienes por otra persona no es sabio. Una persona no necesita endeudar los bienes de otra persona a menos que sea económicamente vulnerable. Para garantizar la deuda de otra persona hay que saber que es probable que se pierdan los bienes endeudados.

Proverbios 6:6-11. Perezoso, ¿cuándo te levantarás de tu sueño? Ve a la hormiga, mira sus caminos. Así vendrá tu necesidad como caminante, y tu pobreza como hombre armado.

Esta vida requiere que trabajemos y seamos productivos. Todo lo que no sea eso será culpa nuestra y muchas veces nos llevará a problemas innecesarios en esta vida.

Proverbios 6:16-19. Seis cosas aborrece Jehová, y aun siete abomina su alma: Los ojos altivos, la lengua mentirosa, las manos derramadoras de sangre inocente, el corazón que maquina pensamientos inicuos, los pies presurosos para correr al mal, el testigo falso que habla mentiras, y el que siembra discordia entre hermanos.

Las siete cosas que Dios odia están relacionadas con nuestra interacción con los demás seres humanos.

Un día, cuando jugaba al fútbol americano en el instituto, estábamos animándonos unos a otros y le di una palmada en su trasero a uno de mis compañeros, diciéndole:

"Evitemos que este tipo consiga el primer down". El entrenamiento terminó poco después. Mientras estábamos en los vestuarios, este compañero empezó a pelearse conmigo; yo no tenía ni idea de por qué. Todo el equipo estaba pendiente de lo que ocurría. Aunque yo no era conocido por retroceder en una discusión, no vi ninguna razón para pelear, así que me negué a hacerlo. Sabía que todos pensarían que era débil, pero me mantuve firme y me fui. Mientras me dirigía a casa, este compañero me siguió, continuando con los golpes e intentando que me peleara.

Mientras me alejaba, me preocupaba lo que todo el mundo diría al día siguiente en el colegio. Lloré todo el camino a casa y traté de entender por qué él quería pelear. Pensé que, sin querer, le había dado una palmada mucho más fuerte de lo que creía. Al día siguiente me disculpé y pudimos arreglar el asunto. Curiosamente, nadie volvió a decir nada al respecto, y yo pude seguir manteniendo mi posición de líder del equipo. Por lo tanto, creo que Dios honró mi convicción de permanecer en paz con mi amigo.

Para concluir esta sección sobre la sabiduría, aquí hay algunos mandamientos de Proverbios 3:5-6, 4:5-6 y 20-23 si queremos tener sabiduría y vivir bajo la protección de Dios.

Fíate de Jehová de todo tu corazón, y no te apoyes en tu propia prudencia. Reconócelo en todos tus caminos, y él enderezará tus veredas.
Adquiere sabiduría, adquiere inteligencia;
No te olvides ni te apartes de las razones de [la Sabiduría de] mi boca;
No la dejes [la Sabiduría], y ella te guardará; amala, y te conservará.
Hijo mío, está atento a mis palabras. No se aparten de tus ojos; porque son vida a los que las hallan, y medicina a todo su cuerpo. Sobre toda cosa guardada, guarda tu corazón; porque de él mana la vida.

¡Qué lecciones tan maravillosas nos dio Salomón y qué beneficios tan asombrosos obtendremos al seguir los consejos de la "Sabiduría"! La sabiduría de Salomón venía de Dios, al igual que la nuestra, y si podemos aprender a prestar atención a estas palabras, las bendiciones vendrán a nosotros en todas las cosas que elijamos hacer. Confía en estas palabras a pesar de lo que este mundo trata de enseñarnos. Así, estarás preparado para recibir las bendiciones de Dios cuando un día le escuche decir: "Bien hecho, mi buen y fiel servidor; entre en el reino de Dios"[8].

Preguntas para profundizar

- Dividir a un bebé por la mitad nos parece extremo. ¿Se da cuenta de que Salomón no tenía intención de llevar a cabo tal acto? Dios a veces nos pone las cosas delante para despertarnos. ¿Logra entender la sabiduría que hay en el hecho de proponer algo descabellado?

- ¿Alguna vez le ha llegado una idea o un pensamiento particular que le ha parecido extraordinario y no sabía de dónde venía? ¿Podría haber sido una palabra de sabiduría de Dios?

- Explique la frase "temor del Señor". ¿Debe tener miedo de Dios? ¿Debe respetarlo y adorarlo?

- ¿Por qué el consejo de la Sabiduría nos dice que demos a los demás (incluido nuestro dinero) y nos advierte de que no nos dejemos atrapar por la búsqueda de oro (dinero)?

- ¿Qué significa "fíate de Jehová de todo tu corazón, y no te apoyes en tu propia prudencia"?

Para estudio adicional

1. Mateo 6:9-10. Jesús enseñó: "Vosotros, pues, oraréis así: Padre nuestro que estás en los cielos, santificado sea tu nombre. Venga tu reino. Hágase tu voluntad, como en el cielo, así también en la tierra".

2. Lucas 15:7, 10. Jesús compartió que habrá más gozo en el cielo y en la presencia de los ángeles por un pecador que se arrepiente que por noventa y nueve justos que no necesitan arrepentirse.

3. 1 Corintios 12:7-8. "Pero a cada uno le es dada la manifestación del Espíritu para provecho. Porque a este es dada por el Espíritu palabra de sabiduría; a otro, palabra de ciencia según el mismo Espíritu".

4. 1 Corintios 2:7, 12. "Mas hablamos sabiduría de Dios en misterio, la sabiduría oculta, la cual Dios predestinó antes de los siglos para nuestra gloria. Y nosotros no hemos recibido el espíritu del mundo, sino el Espíritu que proviene de Dios, para que sepamos lo que Dios nos ha concedido".

5. 1 Juan 2:26-27. "Os he escrito esto sobre los que os engañan. Pero la unción que vosotros recibisteis de él [el Espíritu Santo] permanece en vosotros, y no tenéis necesidad de que nadie os enseñe; así como la unción misma os enseña todas las cosas".

6. Los dones de Dios para nosotros durante las pruebas y tribulaciones de la vida:
   a. Romanos 12:6. "De manera que, teniendo diferentes dones, según la gracia que nos es dada, úsese conforme a la medida".
   b. 1 Corintios 7:7. "Cada uno tiene su propio don de Dios".

7. Lucas 6:38. "Dad, y se os dará; medida buena, apretada, remecida y rebosando darán en vuestro regazo; porque con la misma medida con que medís, os volverán a medir".
8. Mateo 25:21. "Y su señor le dijo: Bien, buen siervo y fiel; sobre poco has sido fiel, sobre mucho te pondré; entra en el gozo de tu señor".

Nota: Las citas aisladas de Proverbios que se mencionan en el mensaje no se repiten aquí.

11

Palabras de sabiduría de Salomón: parte 1

Proverbios 10-29

En la historia anterior, destaqué las lecciones que nos deja Salomón de los primeros nueve capítulos de Proverbios sobre la sabiduría y cómo podemos llegar a ser sabios. Las siguientes dos historias comparten algunos proverbios de Salomón, que se encuentran en Proverbios 10-29. Si los salmos son alimento reconfortante para el alma, los proverbios de Salomón son "carne y papas" para las necesidades básicas de la vida. Comparten lecciones prácticas sobre cómo actuar y cómo no actuar en los asuntos y situaciones cotidianas de la vida. Muchas de ellas han sido pasadas por alto o ignoradas porque nuestra naturaleza egoísta ha distorsionado nuestros procesos de pensamiento. Hemos aprendido cuáles son los caminos de este mundo y cuáles son los caminos de Dios. Estos mensajes reconfiguran nuestras mentes y nos dan una visión; nos enseñan una mejor manera de sobrevivir en esta difícil vida en la Tierra al vivir conforme a los caminos de Dios, es decir, vivir en el reino.

En todo el libro de los Proverbios aparecen proverbios similares y relacionados. Por lo tanto, para aprovechar todo el potencial de los mensajes de Salomón, he recopilado y agrupado los más significativos en ocho categorías.

Hay poder en las palabras que expresamos

Salomón nos enseñó que debemos tener cuidado con las palabras que decimos. Explicó que la palabra correcta puede darle la victoria, mientras que la palabra equivocada puede llevar a problemas y dificultades para la persona que la emite y para la persona que la recibe.

Cuida tus palabras: La muerte y la vida están en poder de la lengua, y el que la ama comerá de sus frutos (Proverbios 18:21). El que guarda su boca y su lengua, su alma guarda de angustias (Proverbios 21:23). El que canta canciones al corazón afligido es como el que quita la ropa en tiempo de frío, o el que sobre el jabón echa vinagre (Proverbios 25:20). [Cuando la palabra correcta se utiliza en las circunstancias correctas, trae gozo y consuelo a la persona]. En las muchas palabras no falta pecado; mas el que refrena sus labios es prudente (Proverbios 10:19). Como escoria de plata echada sobre el tiesto son los labios lisonjeros y el corazón malo (Proverbios 26:23). [Salomón advierte que se deben evitar los chismes]. ¿Has visto hombre ligero en sus palabras? Más esperanza hay del necio que de él. (Proverbios 29:20).

Las palabras amables sanan: La congoja en el corazón del hombre lo abate; mas la buena palabra lo alegra (Proverbios 12:25). Panal de miel son los dichos suaves; suavidad al alma y medicina para los huesos (Proverbios 16:24). Manzana de oro con figuras de plata es la palabra dicha como conviene. Como zarcillo de oro y joyel de oro fino es el que reprende al sabio que tiene oído dócil (Proverbios 25:11-12).

El testimonio debe ser verdadero: No seas sin causa testigo contra tu prójimo, y no lisonjees con tus labios. No digas: Como me hizo, así le haré; daré el pago al hombre según su obra (Proverbios 24:28-29). [Básicamente, esta es la regla de oro. Jesús nos dijo: "Todas las cosas que queráis que los hombres hagan con vosotros, así también haced vosotros con ellos"]. El que reprende al hombre, hallará después mayor gracia que el que lisonjea con la lengua (Proverbios 28:23).

¡Imagínese cuánta diferencia habría si siguiéramos el consejo de Salomón sobre las palabras que expresamos!

La necedad/ingenuidad y la pereza es una forma de pensar errónea

Salomón no tenía mucha simpatía por los necios ni por los perezosos.

Los necios creen que el hombre es el que más sabe: El camino del necio es derecho en su opinión; mas el que obedece al consejo es sabio (Proverbios 12:15). Hay camino que al hombre le parece derecho; pero su fin es camino de muerte (Proverbios 14:12). [Esta idea guarda relación con el capítulo 10 del tomo 2, respecto al peligro de que los hombres hagan lo que es correcto a sus propios ojos]. El necio da rienda suelta a toda su ira, mas el sabio al fin la sosiega (Proverbios 29:11). Nunca respondas al necio de acuerdo con su necedad, para que no seas tú también como él (Proverbios 26:4).

¿Has visto hombre sabio en su propia opinión? Más esperanza hay del necio que de él (Proverbios 26:12).

La pereza es un camino hacia la pobreza: La pereza hace caer en profundo sueño, y el alma negligente padecerá hambre (Proverbios 19:15). [Ser perezoso e inactivo apaga los sentidos de una persona. Así, le hace dormir todo el tiempo y, sin ganarse la vida, pasará hambre].

Ser prudente frente a ser ingenuo: El simple todo lo cree; mas el avisado mira bien sus pasos (Proverbios 14:15). Los simples heredarán necedad; mas los prudentes se coronarán de sabiduría (Proverbios 14:18). El avisado ve el mal y se esconde; mas los simples pasan y reciben el daño (Proverbios 22:3). [Salomón hizo que fuera fácil decidir quién quisieras ser: prudente o ingenuo].

Demasiado vino o amor por la comida es peligroso

A través de varios proverbios contundentes, Salomón advirtió a sus lectores sobre los peligros de beber demasiado para aquellos que caen en la trampa de entregarse a un exceso de vino. Esto implica cualquier tipo de alcohol. También hay que tener en cuenta que comer en exceso o no comer y dar demasiada importancia o anhelar la comida también puede ser un problema.

La adicción al vino es devastadora para todos los afectados:

(a) ¿Para quién será el ay? ¿Para quién el dolor? ¿Para quién las rencillas? ¿Para quién las quejas? ¿Para quién las heridas en balde? ¿Para quién lo amoratado de los ojos? Para los que se detienen mucho en el vino, para los que van buscando la mistura (Proverbios 23:29-30). [Salomón desveló los resultados destructivos de una persona adicta al vino].

(b) No mires al vino cuando rojea, cuando resplandece su color en la copa. Se entra suavemente; mas al fin como serpiente morderá, y como áspid dará dolor. Tus ojos mirarán cosas extrañas, y tu corazón hablará perversidades. Serás como el que yace en medio del mar, o como el que está en la punta de un mastelero (Proverbios 23:31-34). [El exceso de alcohol hace que una persona pierda el control de sus acciones].

(c) Y dirás: Me hirieron, mas no me dolió; me azotaron, mas no lo sentí; cuando despertare, aún lo volveré a buscar (Proverbios 23:35). [Una persona tan consumida por el vino ya no se preocupa de sí misma ni de lo que le ocurre; solo quiere otro trago].

El vino y la afición por la comida pueden ocasionar malas decisiones en reuniones importantes: Cuando te sientes a comer con algún señor, considera bien lo que está delante de ti, y pon cuchillo a tu garganta, si tienes gran apetito. No codicies sus manjares delicados, porque es pan engañoso (Proverbios 23:1-3). El vino es escarnecedor, la sidra alborotadora, y cualquiera que por ellos yerra no es sabio (Proverbios 20:1). [Debemos ser precavidos en las reuniones importantes, ya que el anfitrión puede agasajar con motivos ocultos. Controle a toda costa su apetito y su deseo de beber vino, porque apagará sus sentidos y su capacidad de pensar con claridad. La buena hospitalidad puede tener un propósito siniestro].

Un exceso de vino o de comida puede consumir todos los aspectos de su vida: No estés con los bebedores de vino, ni con los comedores de carne; porque el bebedor y el comilón empobrecerán, y el sueño hará vestir vestidos rotos (Proverbios 23:20-21). [Es decir, lo dejará sin un centavo]. Hombre necesitado será el que ama el deleite, y el que ama el vino y los ungüentos no se enriquecerá (Proverbios 21:17). [Un adicto al vino es propenso, incluso está destinado, a perder todo lo que tiene: su riqueza material y su familia].

Elegir entre la justicia y el mal

Salomón tenía mucho que decir sobre el contraste entre la justicia y el mal, por lo que advirtió a sus lectores que tuvieran cuidado al elegir el camino fácil, ya que muchas veces es un camino hacia el mal y la destrucción. También señala los beneficios de ser piadoso/justo. Explicó lo importante que es nuestra reputación, así como la forma en que tratamos a nuestros semejantes, sobre todo a los pobres, a los ingenuos o a los que no pueden valerse por sí mismos. Dios sopesa nuestros motivos y acciones y, en última instancia, juzgará a cada uno de nosotros según sus principios sobre el bien y el mal.

Hacer lo que es correcto frente a hacer el mal:

(a) El que camina en integridad anda confiado; mas el que pervierte sus caminos será quebrantado (Proverbios 10:9). Lo que el impío teme, eso le vendrá; pero a los justos les será dado lo que desean (Proverbios 10:24).

(b) El peso falso es abominación a Jehová; mas la pesa cabal le agrada (Proverbios 11:1). Peso y balanzas justas son de Jehová; obra suya son todas las pesas de la bolsa (Proverbios 16:11). El que encubre sus pecados no prosperará; mas el que los confiesa y se aparta alcanzará misericordia (Proverbios 28:13). [El punto es, ¿es usted justo y honesto en el trato con los demás? Al final, los que hacen el bien serán honrados y los que hacen el mal serán juzgados como corresponde].

(c) No digas: Yo me vengaré; espera a Jehová, y él te salvará (Proverbios 20:22). [No tome venganza de otra persona que le ha hecho mal, pues Dios se lo devolverá a su debido tiempo]

Defender lo que es correcto (convertirse en un hombre de Dios):

(a) De más estima es el buen nombre que las muchas riquezas, y la buena fama más que la plata y el oro (Proverbios 22:1). Riquezas, honra y vida son la remuneración de la humildad y del temor de Jehová (Proverbios 22:4). [Este concepto se enfatiza en el Nuevo Testamento].

(b) Quita las escorias de la plata, y saldrá alhaja al fundidor (Proverbios 25:4). [Este proverbio guarda relación con el Salmo 12 que, en esencia, afirma: "Así como la plata se refina siete veces para ser pura", nosotros también debemos pasar por el fuego para limpiar las impurezas (el pecado) de nuestras vidas. Una vez eliminadas las impurezas, tenemos algo de valor].

(c) El que aparta su oído para no oír la ley [los mandamientos de Dios], su oración también es abominable (Proverbios 28:9). Todo camino del hombre es recto en su propia opinión; pero Jehová pesa los corazones (Proverbios 21:2).

(d) Como el que enloquece, y echa llamas y saetas y muerte, tal es el hombre que engaña a su amigo, y dice: Ciertamente lo hice por broma (Proverbios 26:18-19). No te entremetas con los malignos, ni tengas envidia de los impíos; porque para el malo no habrá buen fin, y la lámpara de los impíos será apagada (Proverbios 24:19-20).

(e) El Seol y el Abadón [los lugares de los muertos] nunca se sacian; así los ojos del hombre nunca están satisfechos (Proverbios 27:20). [Los hombres son más visuales y se sienten atraídos por las cosas bellas. Este versículo también se aplica a la codicia de cualquier cosa que no sea suya].

(f) Si fueres flojo en el día de trabajo, tu fuerza será reducida. Porque siete veces cae el justo, y vuelve a levantarse; mas los impíos caerán en el mal (Proverbios 24:10, 16).

Aprender a utilizar de forma correcta la riqueza que Dios da:

(a) El que aumenta sus riquezas con usura y crecido interés, para aquel que se compadece de los pobres las aumenta (Proverbios 28:8). [La ley de Moisés impedía cobrar altas tasas de interés, y aquí Salomón le está diciendo al lector que tanto el hombre que cobra una tasa de interés injusta como la persona que tiene más misericordia al dar a los demás, sobre todo a los pobres, serán en última instancia juzgados por Dios. ¿Cuál de los dos quiere ser?].

(b) A Jehová presta el que da al pobre, y el bien que ha hecho, [Dios] se lo volverá a pagar (Proverbios 19:17). El ojo misericordioso será bendito, porque dio de su pan al indigente (Proverbios 22:9). El que cierra su oído al clamor del pobre, también él clamará, y no será oído (Proverbios 21:13).

(c) Conoce el justo la causa de los pobres; mas el impío no entiende sabiduría (Proverbios 29:7).

Preguntas para profundizar

- ¿Por qué es importante cuidar las palabras? ¿Hay poder en las palabras que pronuncia Dios? ¿Realmente cree que hay poder en las palabras que usted expresa?
- La Biblia no declara que sea malo beber alcohol. Pero está bastante claro que el exceso de alcohol en un momento dado no solo es peligroso, sino que también va en contra de los principios de Dios. ¿Por qué?
- ¿Cómo puede plantar mantenerse para ser un "hombre de Dios"?

Para estudio adicional

El objetivo de este capítulo es presentar cómo Salomón derrama su sabiduría a través de los proverbios que escribió para enseñarnos cómo actuar, reaccionar y vivir una vida mejor aquí en la Tierra. Por lo tanto, los pasajes de las Escrituras registrados aquí son las citas de Proverbios.

Así pues, las citas aisladas de Proverbios que se enumeran en el mensaje no se repiten aquí. Vuelva a leer cada una con detenimiento para aprovechar al máximo la sabiduría que Dios nos ofrece por medio de su siervo Salomón.

12
Palabras de sabiduría de Salomón: parte 2

Proverbios 10-29

Continuando con las lecciones de Proverbios, Salomón enseña cuáles son los beneficios de buscar un consejo sabio; el gozo de que las familias trabajen juntas y aprendan a respetarse mutuamente; a cómo lidiar con el enojo, las frustraciones con otras personas, los desafíos de la vida y las discusiones dentro de nuestro propio hogar; y, por último, a cómo lograr una vida mejor para uno mismo.

Los consejos sabios son una bendición y un beneficio para quienes están dispuestos a escuchar

Salomón creía que buscar y seguir el consejo de asesores sabios es fundamental para llevar una vida de éxito.

Busque el consejo sabio: No aprovecharán las riquezas en el día de la ira; mas la justicia librará de muerte (Proverbios 11:4). El que ama la instrucción ama la sabiduría; mas el que aborrece la reprensión es ignorante (Proverbios 12:1). Ciertamente la soberbia concebirá contienda; mas con los avisados está la sabiduría (Proverbios 13:10). Porque con ingenio harás la guerra, y en la multitud de consejeros está la victoria

(Proverbios 24:6). Hierro con hierro se aguza; y así el hombre aguza el rostro de su amigo (Proverbios 27:17).

A más años y experiencia, más sabiduría: Corona de honra es la vejez que se halla en el camino de justicia. La gloria de los jóvenes es su fuerza, y la hermosura de los ancianos es su vejez (Proverbios 16:31; 20:29). Escucha el consejo, y recibe la corrección, para que seas sabio en tu vejez (Proverbios 19:20).

Aconseje a sus amigos con amor: El ungüento y el perfume alegran el corazón, y el cordial consejo del amigo, al hombre (Proverbios 27:9). El hombre que tiene amigos ha de mostrarse amigo; y amigo hay más unido que un hermano (Proverbios 18:24).

Antes de emitir un juicio, escuche a todas las partes: Justo parece el primero que aboga por su causa; pero viene su adversario, y le descubre (Proverbios 18:17). [Recuerde que debe escuchar las dos caras de la historia antes de tomar una decisión o dar su opinión. Toda historia tiene tres caras: la suya, la de la otra persona y la verdad]. Hacer acepción de personas en el juicio no es bueno (Proverbios 24:23). Porque si dijeres: Ciertamente no lo supimos, ¿acaso no lo entenderá el que pesa los corazones? El que mira por tu alma, él lo conocerá, y dará al hombre según sus obras (Proverbios 24:12). [La excusa de la ignorancia no es aceptable ni fingir la ignorancia lo es; el juicio vendrá].

Involucre al Señor en sus planes: Muchos pensamientos hay en el corazón del hombre; mas el consejo de Jehová permanecerá (Proverbios 19:21). [Es decir, escuche a Dios]. Los pensamientos del diligente ciertamente tienden a la abundancia; mas todo el que se apresura alocadamente, de cierto va a la pobreza (Proverbios 21:5). Con sabiduría se edificará la casa, y con prudencia se afirmará; y con ciencia se llenarán las cámaras de todo bien preciado y agradable (Proverbios 24:3-4). [La sabiduría, el entendimiento y el conocimiento tienen cada uno una diferencia indistinta, pero significativa, respecto a cómo los utilizamos en nuestras vidas. En este pasaje, la sabiduría es el fundamento de la verdad; el entendimiento es el proceso de aplicar la verdad; y el conocimiento permite que la verdad penetre en nuestro propio ser. Las tres provienen de Dios].

Sea consciente de su situación; sea prudente con su propio dinero: No te alabes delante del rey, ni estés en el lugar de los grandes; porque mejor es que se te diga: Sube acá, y no que seas humillado delante del príncipe a quien han mirado tus ojos (Proverbios 25:6-7). [Esto es algo parecido a lo que expresó Jesús cuando dijo: "Siéntate en la parte de atrás de la sala en un banquete para que no te pidan que te muevas y te humillen; y a su vez, al sentarte en la parte de atrás, puedes ser llamado a pasar al frente como una forma de ser honrado"]. Alábete el extraño, y no tu propia boca;

el ajeno, y no los labios tuyos (Proverbios 27:2). El rico se enseñorea de los pobres, y el que toma prestado es siervo del que presta (Proverbios 22:7). [Un ejemplo es el uso excesivo de las tarjetas de crédito en el mundo actual]. No seas de aquellos que se comprometen, ni de los que salen por fiadores de deudas. Si no tuvieres para pagar, ¿por qué han de quitar tu cama de debajo de ti? (Proverbs 22:26-27).

Relaciones entre padres e hijos

Aunque no parece que Salomón haya hecho un buen trabajo con sus propios hijos (al menos no con Roboam, su hijo que era el siguiente en la línea de sucesión para ser rey), tenía algunos consejos excelentes para la crianza de los hijos y las relaciones entre padres e hijos.

Para los padres: Castiga a tu hijo en tanto que hay esperanza; mas no se apresure tu alma para destruirlo (Proverbios 19:18). Instruye al niño en su camino, y aun cuando fuere viejo no se apartará de él (Proverbios 22:6). El que detiene el castigo, a su hijo aborrece; mas el que lo ama, desde temprano lo corrige (Proverbios 13:24). La vara y la corrección dan sabiduría; mas el muchacho consentido avergonzará a su madre. Corrige a tu hijo, y te dará descanso, y dará alegría a tu alma (Proverbios 29:15, 17). [Me doy cuenta de que gran parte de la aplicación de los azotes (el uso de la vara) no se respalda en muchas de las sociedades de hoy en día. Hay lugares donde los padres pueden ser sentenciados en los tribunales por azotar a un niño, y los sistemas escolares ya no pueden ejercer ningún tipo de castigo corporal. Pero no puedo dejar de pensar que esta es una razón importante por la que tenemos tales problemas de disciplina actualmente; y esto no solo por la falta de azotes, sino por una verdadera carencia de importancia en la disciplina estricta. Ahora bien, debemos entender de forma clara que nada de lo que dice Salomón aprueba el abuso o cualquier daño a un niño ni los azotes excesivos].

Para los hijos: El hijo sabio recibe el consejo del padre; mas el burlador no escucha las represiones (Proverbios 13:1). Al que maldice a su padre o a su madre, se le apagará su lámpara en oscuridad tenebrosa (Proverbios 20:20). [Surgirán problemas, y la protección de Dios podría desaparecer]. Los bienes que se adquieren de prisa al principio, no serán al final bendecidos (Proverbios 20:21). [Demasiado dinero, demasiado rápido, o a una edad demasiado temprana, será la ruina de muchos jóvenes]. Oye a tu padre, a aquel que te engendró; y cuando tu madre envejeciere, no la menosprecies (Proverbios 23:22). [Es decir, cuide de su madre]. El que guarda la ley es hijo prudente; mas el que es compañero de glotones avergüenza a su padre (Proverbios

28:7). [Demasiada importancia al placer arruinará a una persona y avergüenza a sus padres].

Manejo de la ira/problemas de la vida/conflictos

La vida trae consigo circunstancias que generan problemas para los cuales no estamos preparados, y esto despierta la ira en nosotros y provoca conflictos, sobre todo en la familia. Salomón nos enseñó a manejar estos problemas.

La ira trae dificultades: El que tarda en airarse es grande de entendimiento; mas el que es impaciente de espíritu enaltece la necedad (Proverbios 14:29). El que comienza la discordia es como quien suelta las aguas; deja, pues, la contienda, antes que se enrede (Proverbios 17:14). Mejor es el que tarda en airarse que el fuerte; y el que se enseñorea de su espíritu, que el que toma una ciudad (Proverbios 16:32). El hermano ofendido es más tenaz que una ciudad fuerte, y las contiendas de los hermanos son como cerrojos de alcázar (Proverbios 18:19). No te entremetas con el iracundo, ni te acompañes con el hombre de enojos, no sea que aprendas sus maneras, y tomes lazo para tu alma (Proverbios 22:24-25). El carbón para brasas, y la leña para el fuego; y el hombre rencilloso para encender contienda (Proverbios 26:21).

Los celos roban la paz: Cruel es la ira, e impetuoso el furor; mas ¿quién podrá sostenerse delante de la envidia? (Proverbios 27:4). [Los celos pueden ser peores que la ira o el enojo].

Resuelva los conflictos familiares antes de que empiecen: Mejor es vivir en un rincón del terrado que con mujer rencillosa en casa espaciosa. Dolor es para su padre el hijo necio, y gotera continua las contiendas de la mujer (Proverbios 21:9, 19:13). [Un hogar es mucho más feliz cuando la familia se une y, como dice el dicho estadounidense: "Si mamá no es feliz, nadie es feliz"].

Construir una vida mejor para uno mismo

Hay valores básicos que Salomón remarcó para construir una vida mejor mientras vivimos en las difíciles circunstancias que ofrece este mundo. Además, Salomón nos animó a aprender el sentido común en nuestra vida cotidiana. Si el sentido común no es algo natural para usted, preste atención a los consejos que dio.

Tenga cuidado porque la riqueza puede perderse repentinamente: No te afanes por hacerte rico; sé prudente, y desiste. ¿Has de poner tus ojos en las riquezas, siendo ningunas? Porque se harán alas como alas de águila, y volarán al cielo (Proverbios 23:4-5). [Si confía en las riquezas, estas pueden desaparecer repentinamente, ya que las riquezas son pasajeras y efímeras].

Tenga cuidado de quién recibe favores: No comas pan con el avaro, ni codicies sus manjares; porque cual es su pensamiento en su corazón, tal es él. Come y bebe, te dirá; mas su corazón no está contigo. Vomitarás la parte que comiste, y perderás tus suaves palabras (Proverbios 23:6-8). [Un maestro sabio advierte que no hay que recibir favores de un anfitrión egoísta y/o deshonesto; porque, de no ser así, un precio muy alto y desagradable deberá ser pagado].

Trate a todos por igual (ricos o pobres; con poder o de bajos recursos): Hacer acepción de personas no es bueno; hasta por un bocado de pan prevaricará el hombre (Proverbios 28:21). No dejes a tu amigo, ni al amigo de tu padre; ni vayas a la casa de tu hermano en el día de tu aflicción. Mejor es el vecino cerca que el hermano lejos (Proverbios 27:10).

Los sobornos pueden ser beneficiosos o perjudiciales: Piedra preciosa es el soborno para el que lo practica; adondequiera que se vuelve, halla prosperidad. La dádiva en secreto calma el furor, y el don en el seno, la fuerte ira (Proverbios 17:8, 21:14). [Hay sobornos buenos y sobornos malos; uno bueno busca ser un gesto de halago y, aunque pueda ayudar a obtener una ventaja, no se hace de manera perjudicial para quien lo recibe y, en última instancia, los beneficia a ambos. Ver también Proverbios 17:23; Proverbios 21:14].

Sea generoso con los necesitados: El que da al pobre no tendrá pobreza; mas el que aparta sus ojos tendrá muchas maldiciones (Proverbios 28:27). Si el que te aborrece tuviere hambre, dale de comer pan, y si tuviere sed, dale de beber agua; porque ascuas amontonarás sobre su cabeza, y Jehová te lo pagará (Proverbios 25:21-22). [Con este versículo, un escritor del Nuevo Testamento, Pablo, nos sugiere que no tomemos venganza de un mal que nos hayan hecho, sino que dejemos que sea el Señor quien cobre la venganza por nosotros].

Solo Dios conoce el futuro: No te jactes del día de mañana; porque no sabes qué dará de sí el día (Proverbios 27:1). El temor del hombre pondrá lazo; mas el que confía en Jehová será exaltado (Proverbios 29:25). Del hombre son las disposiciones del corazón; mas de Jehová es la respuesta de la lengua. Todos los caminos del hombre son limpios en su propia opinión; pero Jehová pesa los espíritus. Encomienda a Jehová tus obras, y tus pensamientos serán afirmados. Todas las cosas ha hecho Jehová para sí mismo, y aun al impío para el día malo (Proverbios 16:1-4). [El hombre puede hacer planes espléndidos, pero la prueba verdadera es lo que hace con Dios como juez].

Preguntas para profundizar

* ¿Se acuerda de algún momento en el que haya creído saber más que sus padres y luego haya aprendido que eran ellos los que tenían razón?

- Para los padres: ¿Se han tomado el tiempo de escuchar realmente a sus hijos? Para los hijos: ¿Están dispuestos a confiar en los consejos de sus padres porque puede valer la pena seguir sus experiencias y su sabiduría?
- Después de leer estos proverbios, ¿cómo puede construir una vida mejor para usted y su familia?

Para estudio adicional

El objetivo de este capítulo es presentar cómo Salomón derrama su sabiduría a través de los proverbios que escribió para enseñarnos cómo actuar, reaccionar y vivir una vida mejor aquí en la Tierra. Por lo tanto, los pasajes de las Escrituras registrados aquí son las citas de Proverbios.

Así pues, las citas aisladas de Proverbios que se enumeran en el mensaje no se repiten aquí. Vuelva a leer cada una con detenimiento para aprovechar al máximo la sabiduría que Dios nos ofrece por medio de su siervo Salomón.

13

Los últimos años de Salomón y la división del reino

1 Reyes 11-14

La fama de Salomón llegó a todo el mundo conocido en ese entonces. Su sabiduría y visión para los negocios permitieron que su reino siguiera creciendo y prosperando junto con él. Pero por muy sabio y temeroso de Dios que fuera durante la mayor parte de su vida, Salomón dejó que un defecto de su carácter interfiriera con sus responsabilidades como siervo de Dios y rey de Israel.

Salomón flaquea por la influencia de sus esposas extranjeras

Cuando Salomón hizo la paz con los reinos circundantes, tomó esposas de sus familias reales. En el capítulo 1, comentamos por qué Dios permitió que David tuviera muchas esposas, lo cual fue una desviación de la norma de Dios según la cual un hombre debe tener una sola esposa[1]. En el caso de Salomón, esta desviación se convirtió en un defecto, el cual hizo que Dios le quitara su protección. Salomón eligió honrar a sus esposas y construir ídolos que representaban a los dioses que ellas traían de sus

países de origen. Además, no solo los construyó para su beneficio, sino que también adoró a sus dioses con ellas.

¿Por qué un hombre tan sabio y tan cercano al único Dios verdadero violaría los dos primeros principios de los mandamientos de Dios: no tener dioses ajenos delante de Yahveh (Dios) y no tener ídolos ni hacer imágenes esculpidas? Todo parece indicar que se debió a su deseo de complacer a sus esposas.

Sin embargo, también podemos aprender de su libro de Eclesiastés que Salomón se sintió frustrado por todas las cosas que sucedían en el mundo cuando declaró que todo es vanidad, o mejor entendido "todo es inútil". Escribió: "No importa lo que hagas, no puedes evitar que ocurran cosas malas"[2]. En su sabiduría y capacidad de discernimiento, vio el mal y las frustraciones de la vida.

Salomón quedó perplejo: aunque un hombre fuera una buena persona y un trabajador esforzado, no podía superar todo lo malo que le pudiera ocurrir. Por lo visto, le frustraba no tener control sobre las circunstancias de la vida. Incluso Salomón tenía problemas para encontrar la felicidad y la plenitud, pese a tener todas las riquezas y el poder que la vida podía ofrecerle. Ya al final del Eclesiastés, concluye con gran acierto: "Todo está en manos de Dios", y a nosotros nos queda poner nuestra confianza y fe en Él[3]. Dios es el único que puede hacer que todo esto tenga sentido. Una vez que nosotros, como humanos, aprendemos que no podemos superar por nosotros mismos nuestra naturaleza pecaminosa[4], se nos abre el camino para aceptar a Jesús, el Hijo de Dios, como nuestro salvador[5].

Debido a la fuerte relación de Salomón con Dios y a su protección, cualquiera que tuviera algún rencor contra Israel se había mantenido al margen. Sin embargo, ahora que Salomón había decepcionado a Dios con su adoración a otros dioses, ya no gozaba de la protección plena que Dios le había concedido durante gran parte de sus años como rey.

Además, el Señor levantó a un adversario contra Salomón llamado Hadad, que era de la línea real de Edom. Años antes, Joab, comandante en jefe del ejército de David, había llevado su victoria sobre Edom demasiado lejos, ya que mató a todos los varones excepto a Hadad y a algunos otros que escaparon a Egipto. Hadad gozó del favor del faraón, quien le dio en matrimonio a la hermana de su esposa. Tras la muerte de David y la caída en desgracia de Salomón, obtuvo el permiso del faraón para regresar a Canaán y reinó sobre Aram. Luego se convirtió en una molestia para Salomón.

Dios levantó otro adversario: un hombre llamado Rezón, cuya familia había sido prácticamente destruida en una batalla contra David y sus hombres. Cuando la debilidad de Salomón se manifestó, Rezón tomó el control de una parte del norte de Israel y se convirtió en el rey de Damasco.

El plan de Dios para los demás gobernantes de Israel

Sin embargo, fue Jeroboam quien acabaría con el dominio de Salomón sobre su reino. Jeroboam era siervo de Salomón y un guerrero valiente. Cuando Salomón vio lo esforzado que era, lo nombró encargado de los trabajos forzados de la casa de José (es decir, de las tribus de Efraín y Manasés). Un día, mientras Jeroboam realizaba sus tareas, el profeta Ahías tomó un manto nuevo, lo cortó en doce pedazos y le dijo a Jeroboam que tomara diez pedazos. Entonces Dios dijo a través de Ahías:

He aquí que arrancaré el reino de las manos de Salomón y te daré 10 tribus que serán conocidas como el reino del norte. [Nota: estas diez tribus suelen referirse a Israel]. Pero por amor a mi siervo David, y por amor a Jerusalén, dejaré a Judá para los descendientes de David.

Salomón y su pueblo me han abandonado y han adorado a otros dioses y diosas, y no han caminado por mis caminos haciendo lo que es correcto a mis ojos, como hizo su padre David. Sin embargo, no le quitaré todo el reino, sino que seguirá gobernando todo Israel por el resto de su vida por amor a mi siervo David. Pero quitaré el reino de la mano de su hijo y te daré diez tribus.

Además, Dios le prometió a Jeroboam que si escuchaba todo lo que Él (Dios) le mandaba y andaba en sus caminos como lo había hecho David, estaría con él así como había estado con su siervo David.

Es muy interesante observar que Dios no prometió a Jeroboam que sus descendientes gobernarían para siempre, pues esa promesa estaba reservada solo para los descendientes de David. Dios no había olvidado su plan para la humanidad de enviar un salvador a través de la estirpe de David, por lo que el mensaje de Dios concluyó de la siguiente manera: "Y yo afligiré a la descendencia de David a causa de estos actos de Salomón, mas no para siempre".

Por consiguiente, los descendientes de Salomón se quedarían con dos tribus, Judá y Benjamín, que pasarían a ser conocidas como el reino del sur, pero que en su mayoría se referían al reino de Judá. A estas alturas, Benjamín, debido a su reducida extensión, y Judá se habían consolidado.

Cuando Salomón supo acerca de la profecía de Ahías (al parecer, los reyes siempre se enteran de este tipo de información), trató de dar muerte a Jeroboam. Pero Jeroboam escapó a Egipto y permaneció allí hasta la muerte de Salomón.

Roboam y Jeroboam gobiernan mal

Es lamentable que, en general, el reinado de Salomón haya terminado así. Roboam, hijo de Salomón, ocupó su lugar como rey de Israel. Roboam era malcriado y no estaba preparado para hacerse cargo de un reino tan fuerte y próspero. Aunque era lo suficientemente inteligente como para buscar el consejo de otros, no siempre hizo caso a los mejores consejos, y esto lo llevó a su caída. Los consejeros de Salomón advirtieron a Roboam que era hora de suavizar las reglas estrictas que Salomón había puesto en marcha para construir los palacios y el templo. Estos consejeros dijeron que era el momento de dar un respiro a sus súbditos y gobernar con más apacibilidad. Pero Roboam buscó entonces el consejo de sus compañeros, y estos le recomendaron hacer todo lo contrario:

Así, dirás al pueblo: "Decís, 'mi padre hizo pesado nuestro yugo, ¡ahora yo debería hacerlo más ligero para vosotros!'". Pero yo os digo: "Mi dedo meñique es más grueso que los lomos de mi padre".

Roboam eligió seguir el consejo de sus compañeros. Esta mala decisión abrió la puerta para que Jeroboam regresara de Egipto. Como se había profetizado, se hizo cargo del reino del norte, y una guerra civil estaba a punto de estallar. Sin embargo, Dios intervino cuando envió un profeta a Roboam para decirle: "Ni peleéis contra vuestros hermanos los hijos de Israel; volveos cada uno a su casa". Así, Roboam optó por escuchar a Dios. Como aprenderemos más adelante en esta historia, fue una de las últimas veces que siguió el consejo de Dios.

Por desgracia, Jeroboam permitió que su miedo a perder el control de sus súbditos se impusiera sobre su compromiso con Dios. El pueblo estaba atado a Jerusalén, ya que el templo seguía siendo el centro de adoración y era sagrado para todo Israel. Por lo tanto, en lugar de buscar a Dios, optó por hacer caso a sus consejeros y construyó dos becerros de oro, y dijo:

"Bastante habéis subido a Jerusalén; he aquí tus dioses, traídos de la tierra de Egipto". Los súbditos de Jeroboam aceptaron su oferta. ¿Por qué es tan fácil para nosotros dejarnos atrapar por complacer a los demás e ignorar lo que es correcto y olvidar al que nos dio la vida?

A pesar de que iba en contra de todo lo que Dios les había enseñado, los israelitas nunca se desprendieron de los becerros de oro que sus antepasados adoraron desde que Moisés recibió los diez mandamientos[6]. Por lo tanto, Jeroboam estableció un centro de adoración en Betel y otro en Dan de modo que fuera conveniente hacer peregrinaciones para los que vivían en diferentes partes de Israel. Estos ídolos se convirtieron en un pecado para el pueblo.

Cuando Dios vio lo que Jeroboam había hecho, envió a un profeta para que le transmitiera su descontento. Jeroboam temía que este mensaje se extendiera por todo su pueblo, así que intentó que mataran al profeta. Cuando Jeroboam intentó capturar al profeta, la mano de Jeroboam quedó paralizada, y el altar con los becerros de oro se partió y se convirtió en cenizas. Jeroboam le dijo al varón de Dios: "Te pido que ores ante Dios para que mi mano me sea restaurada". El profeta oró por la mano de Jeroboam, y Dios accedió a sanarlo.

Por lo tanto, Jeroboam quiso honrar al varón de Dios y le pidió que se quedara un tiempo y aceptara sus bendiciones y recompensas. Pero Dios había dado al profeta instrucciones específicas de regresar directamente a su casa, así que partió inmediatamente. Sin embargo, Jeroboam y su súbdito siguieron adorando a otros dioses.

Conocer las expectativas de Dios para sus profetas

Una vez más, la Biblia presenta un hecho difícil de explicar. En su recorrido a casa, el profeta se encontró con un profeta anciano que lo animó a quedarse con él. A pesar de las instrucciones de Dios de regresar directamente a casa, cedió cuando el profeta anciano le dijo que un ángel le había hablado. Lo triste es que se trataba de una mentira que engañó al varón de Dios. Como castigo por desobedecer a Dios, hizo que un león matara al profeta en su viaje a casa. El profeta anciano se sintió tan mal por su mentira que eligió ser enterrado en la misma tumba que este varón de Dios.

Nosotros también debemos aprender a seguir las instrucciones de Dios en lugar de buscar el favor de los hombres[7]. Nos cuesta ver las cosas desde la perspectiva de Dios. Cuando Dios nos envía a una misión, debemos seguir todas sus instrucciones. Seguramente pensaríamos que el profeta anciano era el que debía ser castigado. Sin embargo, no podemos determinar el castigo impuesto por Dios a otra persona. Debemos centrarnos en lo que Dios nos dicta y seguir sus caminos, así como dejar que Dios se ocupe de los demás a su tiempo y a su manera. El profeta debió haber consultado a Dios antes de quedarse con el profeta anciano.

Mientras comparto con más detalle en historias posteriores, considero que Satanás y sus fuerzas malignas de los lugares celestiales[8] participaron activamente como autores de estas artimañas. Algunas de estas historias nos darán una mejor idea de este mundo invisible del que no somos tan conscientes como deberíamos. Basta con decir que necesitamos prestar más atención al hecho de que el diablo quiere matarnos, robarnos y destruirnos; y por el contrario, Jesús vino a darnos vida y a darla en abundancia[9]. Por desgracia, el diablo gana algunas de las batallas. Pero al final, gracias a Jesús, los que decidan unirse a Él (incluido este varón de Dios) saldrán victoriosos[10], porque Él ha ganado la guerra.

Mientras sucedía esto en el reino del norte, regresemos a lo que ocurría en Judá. Aunque Roboam obedeció a Dios cuando recibió la orden de no ir a la batalla contra Jeroboam, hizo muy poco para complacer a Dios. La Biblia señala que Judá hizo lo malo ante los ojos de Dios, y provocaron en Él (Dios) celos más que todos sus padres antes de ellos.

Construyeron centros de adoración en "lugares altos" y erigieron cojines sagrados e ídolos en cada colina elevada. La construcción de centros de adoración en lugares altos era una reminiscencia de la época en el Génesis cuando la gente construyó la torre de Babel en un esfuerzo por alcanzar a Dios y llegar a ser como Él. Además, el pueblo hizo conforme a todas las abominaciones de las naciones vecinas. Como puede recordar de muchas de las historias en el tomo 2 de esta serie, Dios instruyó a los israelitas para que destruyeran por completo a estas naciones porque sabía que si no lo hacían, comenzarían a seguir sus malos caminos. Como había sucedido antes, una vez más la preocupación de Dios se hizo realidad.

Esta historia de los dos reinos fue el comienzo de una larga historia de decepciones y acciones horribles cometidas por el pueblo escogido por Dios. La idea de vivir en el reino se perdió. Todos los reyes del reino del norte que reinaron, y la mayoría de la gente que vivía allí, optaron por servir a otros dioses, y al hacerlo, se alejaron cada vez más de los mandamientos de Dios. Y aunque habría buenos reyes de los descendientes de Roboam que servirían a Dios, Judá no seguiría con constancia el camino que Dios les trazó. Aun así, las historias que siguen nos revelan importantes lecciones que pueden ayudarnos a vivir mejor las dificultades a las que nos enfrentamos. Veremos la destrucción que planean las fuerzas del mal desde el reino celestial y que debemos evitar. Pero al mismo tiempo, podemos experimentar la puerta que Dios dejó abierta para revelar sus provisiones, una puerta cuyo acceso está al alcance de los que deciden seguirlo.

Ojalá podamos aprender de estas historias cómo servir y cómo no servir a Dios gracias a los que eligieron seguir sus caminos y a los que no lo hicieron. Ojalá también podamos darnos cuenta de que servir a Dios y seguir su camino nos beneficiará y nos dará honor y gloria en la eternidad con el Padre, el Hijo y el Espíritu Santo.

Preguntas para profundizar

- Al casarse con mujeres de otras naciones, Salomón se aseguró de estar en paz con sus vecinos. ¿Fue esto algo sabio? ¿Por qué sí o por qué no?

- Dios le prometió a Jeroboam que sería rey de Israel. ¿Por qué cree que se apartó de Dios y estableció los ídolos del becerro de oro para sus súbditos? ¿De qué manera nos hemos alejado intencionadamente de lo que sabemos que es correcto y hemos desobedecido a Dios?

- El varón de Dios fue engañado de gravedad por otro profeta que creía saber más. ¿Cómo podemos evitar ser engañados por un amigo cristiano bien intencionado cuando cree que ha escuchado a Dios? La respuesta no es fácil porque estamos llamados a escuchar los sabios consejos de los demás.

Para estudio adicional

1. Génesis 2:24. "Por tanto, dejará el hombre a su padre y a su madre, y se unirá a su mujer, y serán una sola carne".
2. Mateo 5:45. "Para que seáis hijos de vuestro Padre que está en los cielos, que hace salir su sol sobre malos y buenos, y que hace llover sobre justos e injustos".
3. Eclesiastés 12:13-14. "El fin de todo el discurso oído es este: Teme a Dios, y guarda sus mandamientos; porque esto es el todo del hombre. Porque Dios traerá toda obra a juicio, juntamente con toda cosa encubierta, sea buena o sea mala".
4. Romanos 3:10. "Como está escrito: No hay justo, ni aun uno".
5. Juan 3:16. "Porque de tal manera amó Dios al mundo, que ha dado a su Hijo unigénito, para que todo aquel que en él cree, no se pierda, mas tenga vida eterna".
6. Éxodo 32:1-3, 7-14. Los israelitas se cansaron de esperar a Moisés cuando estaba en la montaña recibiendo los diez mandamientos. Convencieron a Aarón de que hiciera una imagen de un becerro de oro (un dios egipcio) para adorarla en lugar de a Dios. La ira de Dios fue tan grande que planeó destruirlos a todos. Moisés intervino y Dios accedió a seguir cooperando con el pueblo.
7. 1 Tesalonicenses 2:4. "Sino que según fuimos aprobados por Dios para que se nos confiase el evangelio, así hablamos; no como para agradar a los hombres, sino a Dios, que prueba nuestros corazones".
8. Efesios 6:12. "Porque no tenemos lucha contra sangre y carne, sino contra principados, contra potestades, contra los gobernadores de las tinieblas de este siglo, contra huestes espirituales de maldad en las regiones celestes".
9. Juan 10:10. "El ladrón no viene sino para hurtar y matar y destruir; yo he venido para que tengan vida, y para que la tengan en abundancia".
10. 1 Corintios 15:55-57. "¿Dónde está, oh muerte, tu aguijón? ¿Dónde, oh sepulcro, tu victoria? Ya que el aguijón de la muerte es el pecado, y el poder del pecado, la ley. Mas gracias sean dadas a Dios, que nos da la victoria por medio de nuestro Señor Jesucristo".

14

Israel, un reino dividido; los profetas responden en nombre de Dios

1 Reyes 13-16 y 2 Crónicas 13-16

De la última historia, aprendimos que Jeroboam, rey del reino del norte (Israel), reconoció la autoridad de Dios. Invocó a Dios en busca de ayuda cuando la necesitaba. Sin embargo, no estaba dispuesto a que Dios fuera su único Dios. Por ejemplo, a pesar de que Dios sanó su mano, Jeroboam no se arrepintió, ni se apartó de sus malos caminos. La Biblia no cuenta ni da una explicación simple de por qué un hombre puede ser tan desobediente a la única persona (Dios) que le facilitó el camino para ser rey. Además, ¿por qué Dios permitió que el hijo y el nieto de Jeroboam fueran reyes de su pueblo cuando prefirieron seguir los caminos pecaminosos de su padre? Ahora debería quedar claro que no somos capaces de ver las cosas desde la perspectiva de Dios y no debemos juzgar las cosas que no podemos entender.

El nieto de Jeroboam era un rey tan malo que sus líderes militares lo mataron, y luego se enfrentaron por el control del reino del norte. Omri, uno de los líderes más fuertes, prevaleció y se convirtió en rey. Sin embargo, fue menos obediente a Dios que quienes lo precedieron. Muchos de los habitantes del reino del norte siguieron el camino pecaminoso de sus reyes. Debido a las decisiones que estos israelitas

tomaron, se perdió cualquier posibilidad de que Israel eligiera vivir bajo los principios y normas que Dios estableció (vivir en el reino).

Saber cómo el pueblo sirvió a Dios y cómo no lo hizo puede ser de utilidad para clarificar la cuestión. Durante todo este tiempo y durante cada generación que siguió, los reyes del reino del norte continuaron reconociendo a Dios como el Dios de Israel. Y cuando estaban en problemas, clamaban a Él por ayuda. Sin embargo, creían que las otras naciones también tenían dioses. Los reyes y el pueblo se dejaban influenciar fácilmente por sus vecinos paganos y elegían adorar a esos dioses, violando así el primero de los diez mandamientos: no tener dioses ajenos. El pueblo se dejaba tentar con demasiada facilidad por las ceremonias que incluían los servicios de adoración de estos otros dioses, porque estas ceremonias estaban llenas de actividades placenteras pero pecaminosas. El destino de la nación, y en particular de estas diez tribus del norte, estaría condenado por su incapacidad de ignorar a los dioses ajenos, así como su incapacidad de honrar y obedecer al verdadero Dios.

Dios habría dado a los israelitas mucho más que los placeres temporales que recibían de las ceremonias de adoración de estos dioses ajenos. Por lo tanto, ¿por qué no estaban dispuestos a seguir al mismo Dios que se aseguraba de proveerles cuidados? Al leer estas historias, no parece tener mucho sentido. Sin embargo, a los humanos nos gusta tener el control, y no nos gusta que nos digan cómo tenemos que vivir. Estamos cegados por nuestra propia falta de visión y egoísmo, y la naturaleza pecaminosa que heredamos de la primera pareja, Adán y Eva, es la que toma el control. ¿Puede identificar momentos en su vida en los que hizo lo que quería sabiendo que estaba mal o ni siquiera se molestó en pensar si Dios estaría complacido o molesto?

Asa lleva a Judá de vuelta a Dios

Si bien los israelitas del reino del sur (Judá) no estaban en armonía con Dios todo el tiempo, no habían abandonado a Dios, y por momentos intentaban verdaderamente seguir los planes de Dios para ellos. Veamos cómo le iba a Judá.

Después de la muerte de Roboam, su hijo Abías asumió el cargo de rey en Judá,

pero fue inconsistente en su servicio a Dios y solo reinó durante tres años. Por suerte para Judá, el hijo de Abías, Asa, hizo que los corazones del pueblo se volvieran a Dios. Asa reinó durante cuarenta y un años y en su mayor parte hizo lo que era correcto a los ojos del Señor, como David. Eliminó a los hombres que practicaban la prostitución y quitó los ídolos que habían hecho su padre y su abuelo. Incluso destituyó a su madre de su posición como reina madre porque hizo una imagen horrible de la diosa, Asera (probablemente una imagen sexual vulgar).

Durante una de las batallas más exitosas contra los etíopes, Asa invocó a Dios en busca de ayuda:
Señor, no hay nadie fuera de ti que nos ayude en la batalla contra el poderoso enemigo; no tenemos fuerzas sin ti; ayúdanos, oh Señor, confiamos en ti y en tu nombre. Oh Señor, tú eres nuestro Dios; que ningún hombre prevalezca contra ti.

No será hasta historias posteriores donde "vemos" cómo Dios envió ayuda desde su mundo celestial, pero Dios honró la petición de Asa y con su ejército de ángeles venció a los etíopes. Aunque no se nos dan detalles, Dios intercedió en un primer momento sin la ayuda del ejército de Judá. Gracias a esto, Judá pudo completar la victoria y llevarse a casa todas las riquezas de los etíopes. Esta es la primera mención que se hace sobre la ayuda de Dios con sus fuerzas celestiales. Aprenderemos más en los próximos capítulos.

Después de la victoria, Dios envió al profeta Azarías para que le compartiera a Asa lo que nosotros, como cristianos, debemos tomar en serio y encomendar a nuestro Padre:
Asa y todo Judá y Benjamín: Jehová estará con vosotros, si vosotros estuviereis con él; y si le buscareis, será hallado de vosotros; mas si le dejareis, él también os dejará.

El profeta siguió compartiendo que Israel había estado muchos años sin acudir a Dios, pero cuando en su angustia lo buscaron, les permitió encontrarlo. El profeta concluyó su mensaje con: *"Pero esforzaos vosotros, y no desfallezcan vuestras manos, pues hay recompensa para vuestra obra"*.

Cuando Asa escuchó estas palabras, se animó y continuó su búsqueda para corregir los malos caminos que quedaban de los reyes anteriores a él. Estos gestos de Asa se extendieron por todo Israel, por lo que aquellos quienes seguían siendo obedientes y aún adoraban a Dios en el reino del norte comenzaron a emigrar a Judá. El pueblo se unió en un pacto para buscar al Señor con todo su corazón y su alma. Hubo un gran regocijo, y el Señor les dio un descanso de sus enemigos.

En la vejez de Asa, desarrolló una grave enfermedad en los pies. Por desgracia, prefirió confiar en los remedios de los médicos en lugar de pedirle a Dios que lo ayudara. Una vez más, Asa no buscó a Dios y pidió la ayuda de un país vecino. Dios se molestó con Asa por su falta de voluntad de confiar en Dios.

Estos ejemplos muestran lo difícil que es caminar según la fe y no según la vista. ¿Cuántas veces buscamos la ayuda de los médicos para resolver nuestras dificultades sin buscar a Dios? Desde luego, no estoy sugiriendo que no acudamos a los doctores. De hecho, recomiendo que utilicemos todos los recursos del mundo disponibles, porque a lo largo de los años Dios nos ha ayudado a desarrollar una comprensión mucho mejor de lo que podemos hacer para curar enfermedades y dolencias. Sin embargo, lo que quiero decir es que nuestra fe debe estar puesta en Dios, no en el hombre. Dios quiere que invoquemos la ayuda de su mundo, la cual puede superar el orden natural de este mundo terrenal. Pero debemos creer que el mundo invisible existe y clamar con fe por la ayuda de Dios[1].

Espero que una historia personal mía nos ayude a aprender cuándo y cómo depender de Dios. Hace treinta y cinco años, tenía un problema serio con un diente. Después de varios intentos fallidos de corregir el problema, mi dentista dijo que la única alternativa era extraer el diente. No quería perder un diente importante a una edad tan temprana. En ese momento Dios me había estado enseñando que mi creencia (mi fe) era un factor determinante para que Dios respondiera a mi petición[2]. Mi grupo de estudio bíblico semanal dijo que debíamos orar específicamente para que mi infección se curara. Para mi asombro, la infección desapareció y mi diente no volvió a darme problemas.

Un día, veinticinco años después, la infección volvió a aparecer. Para entonces, los implantes dentales ya eran algo común y sentí que Dios me guiaba a pedirle a mi hermano, quien es cirujano oral, un implante dental. Así que, en una ocasión confié en la oración para sanarme, y en otra seguí una cura hecha por el hombre. A mi juicio, ambas cosas son fruto de la guía de Dios. A veces espera que pidamos con fe y confiemos en que Él se encargará de la petición personalmente, y otras veces nos hace seguir los caminos que la humanidad ha desarrollado para conseguir la cura. Si bien hay muchos factores que influyen en el hecho de que Dios responda o no a las peticiones de una oración, la respuesta correcta es orar, escuchar a Dios y seguir su guía.

Asa sería recompensado por los muchos años que sirvió a Dios, pero también es un recordatorio para nosotros de que debemos reconsiderar nuestras decisiones cuando seamos tentados a buscar los caminos terrenales en lugar de los caminos de Dios.

Los ojos de Dios buscan corazones completamente suyos

En esta historia de Asa, la Biblia nos dio un mensaje, que se encuentra en 2 Crónicas 16:9, el cual debería servir como una visión que todos debemos mantener delante de nosotros al vivir aquí en la Tierra.

Porque los ojos de Jehová contemplan toda la tierra, para mostrar su poder a favor de los que tienen corazón perfecto para con él.

Esto, de un modo casi abrumador, me recuerda que Dios está observando todo lo que hacemos y está dispuesto a "apoyarnos firmemente". Él no observa lo que parecemos por fuera, sino que mira hacia adentro para ver nuestros motivos reales. Cuando empiezo a elegir una acción que es egoísta, me pongo a pensar en los ojos del Señor observándome, y eso me hace reflexionar. ¿Están los ojos de Dios examinando y comprobando que su "corazón" es completamente suyo?

Preguntas para profundizar

- ¿Por qué permitió Dios que los reyes perversos siguieran gobernando en el reino del norte?
- ¿Esta historia le da una nueva perspectiva sobre orar a Dios por sanación?
- ¿Qué se imagina si ve que los ojos de Dios examinan la Tierra y en especial su corazón?

Para estudio adicional

1. Hebreos 11:6. "Pero sin fe es imposible agradar a Dios; porque es necesario que el que se acerca a Dios crea que le hay, y que es galardonador de los que le buscan".
2. Nuestra fe determina si nuestra oración es atendida o no:
   a. Marcos 11:22-23. Jesús dijo: "Tened fe en Dios. Porque de cierto os digo que cualquiera que dijere a este monte: Quítate y échate en el mar, y no dudare en su corazón, sino creyere que será hecho lo que dice, lo que diga le será hecho".
   b. Mateo 9:2, 6. "Y sucedió que le trajeron un paralítico, tendido sobre una cama; y al ver Jesús la fe de ellos, dijo al paralítico: Ten ánimo, hijo; tus pecados te son perdonados [...] Levántate, toma tu cama, y vete a tu casa".
   c. Mateo 9:26. "Entonces les tocó los ojos, diciendo: Conforme a vuestra fe os sea hecho".
   d. Lucas 8:48. "Y él le dijo: Hija, tu fe te ha salvado; ve en paz".

15

Aprender a utilizar las provisiones de Dios

1 y 2 Reyes y 2 Crónicas

El estado de Israel había entrado en una nueva era como nación. El reino se había dividido y ya no era uno solo. Como señalé en las historias anteriores, el reino del norte nunca tendría un rey que honrara y sirviera a Dios como es debido. Y aunque veremos que el reino del sur (Judá) hizo esfuerzos ocasionales e incluso nobles para servir a Dios de la manera en que Él los llamó para ello, constantemente tropezaban y no cumplían con su destino señalado por Dios; algunos eran totalmente irreverentes e irrespetuosos. Cuando uno considera que esta "familia escogida" había sido testigo de tantos milagros hechos por Dios, quien siempre cumplió sus promesas, surge la pregunta: "¿Por qué fueron insolentes y rebeldes?".

Otra dimensión mundana

¿Qué llevó a Israel a ser tan desobediente, sobre todo porque estas acciones inapropiadas solían conducir a grandes desastres? Y, de paso, ¿por qué nos alejamos tanto de la senda establecida por Dios? Menos mal que Dios estaba ahí para ayudar a los israelitas (y a nosotros) a superar estos fracasos. ¿Cómo se desarrolla todo esto? Quiero hacer una pausa en el relato de las historias para:

- Presentar y aportar los antecedentes de un reino celestial.
- Aclarar conceptos erróneos sobre este ámbito.
- Compartir lo que estaba sucediendo en este mundo aislado y cómo nos afecta (a los humanos).
- Explicar cómo el pueblo escogido pudo haber evitado sus propias desgracias.
- Mostrar cómo podemos evitar los mismos problemas.

El panorama general

Para empezar, las Escrituras sostienen la existencia de un mundo espiritual, una dimensión apartada, también conocida como reino celestial, que no podemos ver y que supervisa y afecta directamente lo que hacemos aquí en la Tierra.

Dios gobierna desde su trono celestial con muchos ángeles súbditos que lo rodean y lo honran. Luego está Satanás (el diablo) y sus fuerzas demoníacas, que también viven en este mundo invisible y están dispuestos a interrumpir todos los planes de Dios. Como no podemos ver este mundo espiritual, es natural que seamos escépticos de su existencia. Satanás ha creado un dominio de las tinieblas que utiliza para asustarnos y controlarnos. Y tenemos que ser conscientes de que su dominio tiene un poder significativo. Satanás creó este dominio de las tinieblas para evitar que veamos a través de Dios. Pienso que esta es la razón por la que tenemos miedo a la oscuridad, porque nos separa de Dios. Por eso, Dios envió a su hijo, Jesús, para que fuera nuestra Luz y nos sacara de las tinieblas y nos llevara a su reino[1].

La aclaración de conceptos erróneos

El dominio de las tinieblas no es el infierno, y Satanás no es quien gobierna el infierno, ni reside allí en la actualidad. Para explicarlo mejor, nosotros (el mundo y la mayoría de los cristianos) usamos el término infierno para referirnos "al" lugar de castigo; sin embargo, según las Escrituras, hay un lugar de castigo temporal, y en un futuro habrá un lugar permanente.

Pero retrocedamos para tener una perspectiva más completa. Las Escrituras se refieren al lugar de los muertos como Seol (la palabra del Antiguo Testamento en hebreo) y como Hades (la palabra del Nuevo Testamento en griego). Ambos hacen referencia al mismo lugar. Y a veces el Seol/Hades recibe el nombre de centro de la Tierra. La versión Reina Valera de la Biblia traduce estas palabras como "infierno" tanto en el Antiguo como en el Nuevo Testamento. Hemos malinterpretado esta palabra para que signifique solamente un lugar de castigo; pero no siempre tiene este significado. Tanto los que confiaban en Dios como los que no, iban al lugar de los muertos (Seol/Hades) cuando morían. Este era un lugar temporal para todos.

Seguro que ha oído hablar del Hades, el lugar de los muertos según la mitología griega. El mito y la realidad muchas veces se superponen, ya que debe haber elementos de verdad para engañarnos. Aquí está la verdad del Nuevo Testamento: hay dos divisiones en este lugar para los muertos, las cuales son un hogar de paraíso y un lugar de castigo, separados por un gran abismo que nadie puede cruzar. Jesús (en Lucas) ofreció más detalles sobre el Hades/Seol que en cualquier otra parte de la Biblia cuando dijo que un hombre honrado con Dios murió y fue al seno de Abraham (el Paraíso) para ser consolado y estar a salvo, mientras que el hombre rico que vivió la vida de forma egoísta sin tener en cuenta a Dios también fue al Hades, pero a una sección aparte donde soportó tormentos y sufrimientos continuos[2].

La Biblia nos cuenta que después de la muerte de Jesús, descendió al Hades[3]. Cuando resucitó, se llevó al cielo a los creyentes que habían muerto antes que Él[4]. Hoy en día, los creyentes que mueren van al cielo[5], dejando vacía la porción del Paraíso (el seno de Abraham). Un día heredaremos nuestros cuerpos nuevos y glorificados, pero eso tendrá que esperar hasta que Jesús vuelva[6]. Hasta ese día, nuestros espíritus van con Jesús.

Nuestra morada eterna se describe mejor en el libro del Apocalipsis. Los creyentes cuyos nombres están escritos en el Libro de la Vida pasan la eternidad en el cielo con Dios y Jesús para vivir en armonía y amor unos con otros. Aquellos cuyos nombres no están escritos en el Libro de la Vida (los incrédulos) son arrojados al lago de fuego junto con la muerte y el Hades[7]. Este lago de fuego, también referido en los Evangelios como el infierno y el fuego eterno o imperecedero, será creado con el propósito del castigo eterno con el llanto y el crujir de dientes[8]. Como saben los cristianos fieles, Dios no envía a nadie al infierno. Las personas toman la decisión por sí mismas cuando prefieren no aceptar el don de la gracia de Dios a través de Jesús. Todo esto sucederá después de que Jesús vuelva a reclamar la Tierra en el "fin de los tiempos", cuando llegue el día del juicio final[9]. Hasta que se cree el nuevo lugar de castigo, los incrédulos siguen yendo al Seol/Hades después de morir.

La idea de que Satanás es el gobernante del infierno (ya sea el Hades o el lago de fuego) es una de las creencias más erróneas, aunque frecuentemente aceptadas, sobre la religión cristiana. En realidad, Satanás es quien gobierna la Tierra por ahora[10]. No es, como se suele representar, un demonio rojo con cuernos, ni va por ahí llevando una horca, y no es el verdugo de Dios que castiga a la gente en el infierno.

Satanás fue creado como un ser angelical magnífico (un querubín). Era uno de los mejores que tenía Dios hasta que decidió que quería apoderarse del trono de Dios[11], y así fue como dio inicio la guerra entre Dios y Satanás. Cuando se gane la victoria, Dios arrojará a Satanás y a sus ángeles al lago de fuego como lugar de castigo eterno[12]. Mientras tanto, Satanás no quiere que sepamos que él es el gobernante de nuestro mundo (la Tierra) porque entonces sabremos que es nuestro enemigo. Quiere que pensemos que Dios es el culpable de todo el mal que existe aquí en la Tierra. Entonces, Satanás se aprovecha del hecho de que muchos creen, incluso muchos cristianos, que él no es real. Esto le da una ventaja para hacer que la gente caiga en su trampa.

La participación humana

Durante la creación, Dios dio a Adán la autoridad para gobernar toda la Tierra. Satanás (el diablo) se convirtió en el gobernante de la Tierra cuando Adán y Eva cayeron en su trampa y comieron el fruto sin respetar las instrucciones de Dios. A raíz de esto, Adán le dio inadvertidamente el control a la serpiente (el diablo). Debido a su pecado, Adán y Eva se vieron obligados a abandonar el "paraíso del huerto" y a vivir en un mundo con pruebas y tribulaciones. Así, todos los humanos se volvieron vulnerables a sus propias debilidades y pecados cuando obtuvieron el conocimiento del bien y del mal, y con este conocimiento, las tentaciones son demasiado difíciles de resistir.

Y ahora, con Satanás en control, fue capaz de cambiar el orden natural de nuestro mundo que Dios creó. Así mismo, nuestros pecados también cambiaron los planes originales de Dios para nosotros. El sistema mundial resultante en el que vivimos es contrario a Dios y a su mundo. Aunque por fuera parece lo mismo, Satanás ha tergiversado el propósito original de Dios con el objetivo de que nos parezca correcto; y como consecuencia, decidimos no escuchar a Dios y sus planes para nosotros. Nuestra naturaleza pecaminosa se une a Satanás en sus planes para destruir todo lo que Dios creó, lo cual irónicamente podría llevarnos a nuestra propia destrucción. El objetivo de Satanás es matar, robar y destruir[13].

Felizmente, Dios ideó un plan para salvarnos. Eligió a una familia para que fuera su pueblo. Esta familia creyó en el plan de Dios, y esa creencia se les acreditó como justicia[14]. Esta familia se convirtió en una gran nación, y fue a través de esta familia/nación que todas las familias (todas las naciones del mundo) serán bendecidas[15]. Esta familia, conocida como el pueblo escogido de Dios, iba a mostrar al mundo la forma en que todos debían vivir como un reino apartado aquí en la Tierra (vivir en el reino bajo los principios y normas de Dios, que eran muy diferentes a los establecidos por los hombres que estaban influenciados por el diablo). De este modo, si la familia siguiera estos principios (tal y como se indicaba en la ley de Moisés), estarían a salvo bajo la protección de Dios. No sería una vida sin dificultades, pero siempre tendrían el cuidado amoroso de Dios.

Cuando flaqueamos, Dios también nos llama a volver a Él. Dios nos ha mostrado el camino, pero debemos verlo desde su perspectiva y seguir su camino recto y estrecho, incluso cuando no nos parezca natural[16]. Los israelitas no pudieron seguir la senda de Dios, y nosotros tampoco podemos, incluso cuando tenemos buenas intenciones. ¿Cuáles son nuestras opciones?

Jesús provee el "camino"

Ante este panorama, resulta maravilloso saber que, para el desastre que hemos creado, Jesús ha provisto una salida: el regalo gratuito de la vida eterna a través de su muerte y resurrección. Solo tenemos que creer, aceptar y recibir este regalo inmerecido. Hasta que llegue ese día, Dios vela sin cesar por nosotros y nos anima a seguir sus caminos. Y para que quede claro, tenemos acceso a la Luz (Jesús) que reside en este mundo apartado y celestial para desenmascarar las tinieblas[17]. Pero para recibir plenamente esta Luz, necesitamos conocer el poder y los beneficios que Dios, en Jesús, puede otorgarnos conforme vamos aprendiendo a acceder a sus provisiones. Ahora bien, nos guste o no, estamos llamados a ser los soldados de primera línea que llevan a cabo los planes de nuestro Dios y su ejército de ángeles[18] que viven en la dimensión aparte. A veces luchamos para el enemigo sin siquiera saberlo. Así que tenga cuidado con la forma en que toma sus decisiones, porque sus elecciones y acciones dictan de qué lado está. ¿Se está sumando al ejército de Dios o al del diablo?

¿Por qué no vemos que ocurra?

Es importante reconocer que la mayoría de las veces Dios obra en segundo plano (y Satanás lo hace también); es decir, no vemos a los ángeles actuar o que se produzca algún fenómeno sobrenatural. Pero el hecho de que no "vemos" no significa que Dios no esté obrando o proveyendo sus recursos o que Satanás no esté intentando atraparnos. Es por esto que el Nuevo Testamento enfatiza la importancia de caminar por fe y no por vista[19]. Por fe, sabemos que Dios nos escucha y responderá. Después de su muerte y resurrección, Jesús envió al Espíritu Santo, a través del cual los "creyentes" tienen acceso directo a Dios; por lo tanto, ahora Dios interviene más a menudo por medio de los creyentes, ya que pueden saber que el ejército de Dios está listo para ayudar. Dios quiere que vivamos y aprendamos en el mundo que creó para nosotros. Después de desarrollar las herramientas necesarias, las cuales se descubren en las pruebas de esta vida, le seremos útiles para la eternidad. Para ayudarnos a construir nuestra fe, las historias siguientes de este tomo nos darán una idea (a veces visual) del mundo de Dios.

Lo que nos espera en las próximas historias

Uno de los objetivos principales de las historias siguientes es identificar las actividades que se desarrollan en este mundo espiritual y la interacción con nuestro mundo. Estas historias destacan cómo podemos disponer de los recursos de Dios derivados de su reino celestial. Si estamos dispuestos a aceptar y creer estos mensajes, aprenderemos lecciones muy valiosas sobre:

- El plan de Dios para nosotros y su ayuda al proveernos de recursos celestiales.
- Cómo hacer frente a las fuerzas del mal que interfieren y se aprovechan de nuestras debilidades.
- El hecho de "ver" por fe nuestras victorias ante las luchas cotidianas de la vida y nuestro futuro con Dios en la eternidad.

Confiamos en que ahora pueda aceptar esta premisa de que formamos parte de un mundo más grande e invisible. Dios nos ha llamado a unirnos a Él para derrotar a su (nuestro) enemigo. Si nos mantenemos en armonía con Dios, nos dará ayuda en los servicios que nos pida (nuestro ministerio) y nos guiará en las dificultades a las que nos enfrentemos.

Hasta ahora, las historias del Antiguo Testamento han mostrado que Dios interviene e influye en los acontecimientos de este mundo sin que la gente sea testigo de cómo lo ha hecho. Sabemos que el mundo de Dios está ahí, pero no sabemos qué aspecto puede tener. Cuando los ángeles de Dios ayudaron a los israelitas, aparecieron en forma humana. Además, las intervenciones fueron iniciadas por el mismo Dios. En la siguiente serie de historias, Dios presentará una nueva forma de relacionarnos con Él y con sus fuerzas angelicales. Los profetas clamaban por la ayuda de Dios, y Él respondía enviando sus recursos para darles guía y auxilio en función de las necesidades que tenían. En un principio, los milagros ocurrían sin evidencia visual. Sin embargo, conforme se va desarrollando cada historia nueva, nos asomamos al reino celestial y vemos imágenes de los seres espirituales que viven allí. Además, los israelitas se enfrentaron a Satanás y sus fuerzas, que intervienen e interrumpen el plan de Dios.

A partir de que tengamos este conocimiento y podamos "ver" que este mundo invisible está realmente ahí, es cuando Dios quiere que avancemos en nuestra relación con Él. Por esto quiere que obtengamos resultados orando con fe en que Él cumplirá sin que necesitemos ser testigos de la evidencia visual de que sí viene a nuestro rescate.

Espero que las historias siguientes le abran los ojos (sus ojos espirituales) para ver al enemigo, que está como león rugiente en busca de alguien a quien devorar[20]. También espero que, por fe, haga buen uso de estas nuevas provisiones que adquirimos gracias a Dios.

Preguntas para profundizar

- ¿Alguna vez ha experimentado o se ha sentido guiado por algo que no era "de este mundo"? Si no lo ha vivido, no significa que ese otro mundo no exista. ¿Queda claro?

- ¿Se le ocurren ejemplos en los que es mejor confiar en su fe y no en su vista? Cuando algo parece estar sucediendo en este mundo que es contrario a lo que indica la Palabra de Dios, ¿está dispuesto a confiar en lo que Dios dice?

- ¿Todo esto del mundo espiritual es real?

Para estudio adicional

1. En el mundo espiritual, Satanás representa las tinieblas; Dios es la Luz, y Dios quiere que estemos en la Luz con Él.
   a. Hechos 26:18. Para que se conviertan de las tinieblas a la luz, y de la potestad de Satanás (las tinieblas) a Dios; para que reciban, por la fe que es en mí (Jesús), perdón de pecados y herencia entre los santificados.
   b. Colosenses 1:13. "El cual [Dios] nos ha librado de la potestad de las tinieblas, y trasladado al reino de su amado Hijo".
2. Lucas 16:19-31. "Un pobre, Lázaro, murió y fue llevado por los ángeles al seno de Abraham [el Paraíso] y el rico murió y también fue al centro de la tierra [conocido como Hades]. En el Hades [el hombre rico] levantó los ojos, estando atormentado, y vio a Abraham lejos y a Lázaro en su seno. Y clamó y pidió a Abraham que permitiera a Lázaro mojar su dedo en el agua para refrescar la lengua del hombre rico que estaba en agonía. Abraham le dijo al hombre rico que en la vida había recibido sus cosas buenas [y él no había compartido las cosas buenas] y de la misma manera las cosas malas de Lázaro; así que ahora Lázaro estaba siendo consolado y el hombre rico estaba en agonía. Sin embargo, aunque quisiera, Lázaro no podía cruzar ya que había un gran abismo fijado para que los que quisieran pasar no pudieran y nadie pudiera cruzar de allí al Paraíso".
3. Antes de que Jesús se levantara de entre los muertos, descendió al Hades/el centro de la Tierra.
   a. Hechos 2:31.
   b. Efesios 4:8-10.
4. Mateo 27:52-53. "Y se abrieron los sepulcros, y muchos cuerpos de santos que habían dormido [muerto], se levantaron; y saliendo de los sepulcros, después de la resurrección de él [de Jesús], vinieron a la santa ciudad, y aparecieron a muchos".

5. Filipenses 1:23. Pablo dijo que se sentía agobiado por ambas cosas, por lo que deseaba partir (morir) y estar con Cristo, ya que eso es mucho mejor.
6. Jesús volverá por segunda vez a buscarnos y a darnos nuestros cuerpos nuevos:
    a. 1 Tesalonicenses 4:16-18. "Porque el Señor mismo con voz de mando, con voz de arcángel, y con trompeta de Dios, descenderá del cielo; y los muertos en Cristo resucitarán primero. Luego nosotros los que vivimos, los que hayamos quedado, seremos arrebatados juntamente con ellos en las nubes para recibir al Señor en el aire".
    b. 1 Corintios 15:35, 38, 40, 42. "¿Cómo resucitarán los muertos? ¿Con qué cuerpo vendrán? Dios le da a cada semilla [al creyente] el cuerpo como él quiso, y a cada semilla [los creyentes] su propio cuerpo. Y hay cuerpos celestiales, y cuerpos terrenales; pero una es la gloria de los celestiales, y otra la de los terrenales [lo celestial es mucho más importante]. Así también es la resurrección de los muertos. Se siembra en corrupción, resucitará en incorrupción".
7. Apocalipsis 20:12,14-15; 21:1, 4, 27. "Toda la humanidad estaba de pie ante el trono y los libros estaban abiertos, incluyendo el Libro de la Vida del que todos fueron juzgados. La muerte y el Hades fueron arrojados al lago de fuego y todo aquel cuyo nombre no estaba escrito en el Libro de la Vida fue arrojado al lago de fuego, la segunda muerte. Entonces vi un cielo nuevo y una tierra nueva, y él (Dios) enjugará las lágrimas y ya no habrá muerte ni luto ni llanto ni dolor. Y no entrará en él nada impuro ni nadie que practique la abominación y la mentira, sino solo aquellos cuyos nombres están escritos en el Libro de la Vida del Cordero (Jesús)".
8. Mateo 25:30. "Y al siervo inútil echadle en las tinieblas de afuera; allí será el lloro y el crujir de dientes".
9. Apocalipsis 20:10, 13-15. "Y el diablo que los engañaba fue lanzado en el lago de fuego y azufre, donde estaban la bestia y el falso profeta; y serán atormentados día y noche por los siglos de los siglos [...] Y el mar entregó los muertos que había en él; y la muerte y el Hades entregaron los muertos que había en ellos; y fueron juzgados cada uno según sus obras. Y la muerte y el Hades fueron lanzados al lago de fuego. Esta es la muerte segunda. Y el que no se halló inscrito en el libro de la vida fue lanzado al lago de fuego". [Nota: este lago de fuego es el lugar de castigo eterno al que nos referimos como "infierno"].
10. Jesús dijo en estos versículos que el diablo es quien gobierna este mundo en el que vivimos.
    a. Juan 12:31. "Ahora es el juicio de este mundo; ahora el príncipe de este mundo será echado fuera".
    b. Juan 14:30. "Porque viene el príncipe de este mundo, y él nada tiene en mí".
11. Ezequiel e Isaías nos dan una descripción de Satanás/el diablo.
    a. Ezequiel 28:12-15. "Tú eras el sello de la perfección, lleno de sabiduría, y acabado de hermosura. Tú, querubín grande, protector, perfecto eras en todos tus caminos, hasta que se halló en ti maldad".
    b. Isaías 14:13-14. "Tú que decías en tu corazón: Subiré al cielo; en lo alto, junto

a las estrellas de Dios, levantaré mi trono, y seré semejante al Altísimo".

12. Mateo 25:41. "Entonces dirá también a los de la izquierda: Apartaos de mí, malditos, al fuego eterno preparado para el diablo y sus ángeles".

13. Juan 10:10. "El ladrón [Satanás] no viene sino para hurtar y matar y destruir".

14. Génesis 15:6. "Y creyó a Jehová, y le fue contado por justicia" (ver también Romanos 4:22).

15. Génesis 12:2-3. "Y haré de ti una nación grande [...] y serán benditas en ti todas las familias de la tierra" (ver también Gálatas 3:8-9).

16. Proverbios 3:5-6. "Fíate de Jehová de todo tu corazón, y no te apoyes en tu propia prudencia. Reconócelo en todos tus caminos, y él enderezará tus veredas".

17. Jesús le dijo a Pablo que lo había rescatado para que compartiera el evangelio con los gentiles (los incrédulos) y les abriera los ojos para que se convirtieran de las "tinieblas" a la "luz" y del dominio de Satanás a Dios, para que recibieran el perdón de los pecados y una herencia entre los santificados por la fe en Jesús. Más adelante, en la carta de Pablo a los Colosenses, afirma: "Porque él [Dios] nos rescató del dominio de las tinieblas y nos trasladó al reino de su amado Hijo [Jesús]".
    a. Hechos 26:18.
    b. Colosenses 1:13.

18. 2 Timoteo 2:3-4. "Tú, pues, sufre penalidades como buen soldado de Jesucristo. Ninguno que milita se enreda en los negocios de la vida, a fin de agradar a aquel que lo tomó por soldado".

19. 2 Corintios 5:7. "Porque por fe andamos, no por vista".

20. 1 Pedro 5:8. "El diablo, como león rugiente, anda alrededor buscando a quien devorar".

16

Dios escoge a Elías para preservar Israel

1 Reyes 16-22

A partir del capítulo dieciséis de 1 Reyes, las historias se centraron en los logros de los profetas de Dios, los cuales muchas veces desafiaban a los reyes del reino del norte. Como recordará, los profetas eran los mensajeros de Dios para su pueblo, los israelitas. Dios hablaba a los profetas y estos se encargaban de transmitir el mensaje al pueblo.

En el punto en el que interrumpimos las historias del reino del norte, el rey Omri había muerto. Su hijo Acab reinó en su lugar. Acab era probablemente el rey más famoso (o más bien, el más infame) que reinó en el norte.

Elías se enfrenta a un rey desafiante

El primer gran error de Acab fue casarse con Jezabel, quien era de naturaleza malvada y deseaba adorar a sus dioses, Baal y Asera. Para honrar a su esposa, Acab erigió un altar para estos dioses en su capital, Samaria. Los israelitas siguieron el ejemplo de Acab y prefirieron adorar también a estos dioses. Hubo momentos en que Acab consideró hacer lo correcto ante los ojos de Dios; sin embargo, como era débil y egoísta, y estaba muy influenciado por su esposa, optó por seguir los caminos del mal. Considero que Satanás estaba guiando a Acab y a Jezabel a seguir a otros dioses, y así, desobedecer por completo la ley y los mandamientos de Dios. Acab fue el que más provocó al Dios de Israel por encima de todos los reyes que reinaron antes que él.

Dios estaba tan decepcionado, molesto e incluso enfadado con Acab y el pueblo de Israel que puso en marcha un plan para recuperar el control. Envió a un profeta llamado Elías para que pronunciara su juicio sobre la nación. El primer acto de Elías como mensajero de Dios fue dar la mala noticia de que Dios provocaría una hambruna, por lo que no habría ni rocío ni lluvia hasta que Dios decidiera ponerle fin. Desde luego, Acab no estaba contento con este pronunciamiento. En lugar de darse cuenta de que había sido desobediente a su Dios, eligió enojarse con Elías.

Dios intervino para proteger a Elías y le ordenó que se escondiera en un lugar que estaba al este del río Jordán. Dios proveyó para él diciéndole:

Beberás del arroyo de Querit, y ordenaré a los cuervos que te den de comer allí.

Elías hizo lo que el Señor le ordenó, los cuervos le traían pan y carne por la mañana y por la tarde, y bebía agua del arroyo. Al cabo de un tiempo, el arroyo se secó porque no llovía sobre la tierra.

Elías lucha contra las dificultades de la vida

Entonces el Señor le ordenó a Elías que fuera a Sidón, donde una viuda le daría de comer. Al acercarse al lugar donde vivía la viuda, la vio recogiendo palos y la llamó para que le diera de beber agua. Mientras ella sacaba agua del pozo, él le pidió un trozo de pan. Ella le respondió:

Vive Jehová tu Dios, que no tengo pan, sino un puñado de harina y un poco de aceite en una vasija. Estoy recogiendo unos cuantos palos para preparar pan para mí y para mi hijo, para que comamos y muramos, pues esto es todo lo que nos queda y no hay recursos para conseguir más.

Entonces Elías le dijo:

No temas; ve y haz lo que te he dicho: Hazme primero una hogaza de pan, y después podrás hacer una para ti y para tu hijo. Porque así dice el Señor, Dios de Israel: "El cuenco de harina no se agotará, ni la vasija de aceite estará vacía hasta el día en que Jehová envíe la lluvia sobre la faz de la tierra".

Este es un ejemplo maravilloso, aunque difícil, de cómo Dios cuidará de nosotros. Él no nos libra de las dificultades de esta vida, pero sí promete estar ahí para conducirnos y guiarnos en medio de los desafíos y problemas que enfrentemos[1]. Desde la perspectiva de la viuda, todo estaba perdido; y ella estaba dispuesta a morir ya que no veía otra alternativa.

Habrá momentos en los que no hayamos hecho nada malo para originar las circunstancias; pero aunque no tengamos la culpa, nosotros y nuestros seres queridos podemos ser llamados a sufrir injustamente. Cuando esto ocurra, regocíjese, ya que será bendecido cuando sufra por la causa de Jesús[2]. Hasta que llegue el descanso, tenemos que refugiarnos en los brazos de nuestro Salvador, buscando consuelo y paz[3], incluso clamando en el dolor: "¿Dónde estás, mi Dios y Salvador?"[4], y aceptar de alguna manera las circunstancias en las que nos encontramos. En el momento oportuno, Dios se revelará y nos dará el entendimiento.

En el momento justo, Dios estaba allí para proveer a la viuda y a su hijo. Pero ella tenía que decidir si tendría suficiente fe para dar su última comida a Elías. Si ella estaba dispuesta a confiar en el mensaje de Dios y dar todo lo que tenía, Dios proveería para ella y su hijo por el resto de la hambruna.

Muchas veces es muy difícil confiar en Dios, pero ¿qué tenía que perder la viuda? En realidad, una última comida no le serviría de nada sin alguna provisión para el futuro. ¿Cuántas veces somos cortoplacistas (no vemos la luz de Dios) y no entendemos que sería mucho mejor confiar en que Dios provea para nuestro futuro? La mayor provisión de Dios está en su promesa de que si confiamos en Jesús, nuestro destino de una eternidad con Dios estará asegurado para siempre. Sin embargo, casi siempre confiamos en lo que queremos en el momento, y no en lo que Dios puede visualizar para nosotros. ¿Se le ocurren momentos de su vida en los que hubiera sido mejor elegir el camino de Dios en lugar de la elección que hizo? ¿Cómo puede ayudarle esto la próxima vez que tenga que tomar una decisión difícil?

La viuda optó por hacer caso a la palabra de Elías, por lo que ella y su familia tuvieron comida y agua durante todo el resto de la hambruna. El cuenco de harina no se agotó, ni la vasija de aceite quedó vacía. Sin embargo, Dios aún no había acabado de bendecir a la viuda y su hijo.

Elías hace un milagro

Aunque no se nos dice específicamente si este ataque próximo fue de Satanás, considero que hizo un ataque preventivo contra el principal guerrero de Dios en la Tierra,

Elías. Si podía desviar la atención de Elías y con suerte exponer una debilidad, Satanás podría ganar en la próxima batalla frente al pueblo de Dios.

Ya sea que Satanás estuviera involucrado o no, Elías y la viuda fueron puestos en una prueba difícil. Mientras Elías vivía en la casa de la viuda, el hijo de esta enfermó tanto que no le quedaba aliento. La viuda clamó a Elías:
¿Qué tengo yo contigo, varón de Dios? ¿Has venido a mí para traer a memoria mis iniquidades, y para hacer morir a mi hijo?
Consciente de la situación tan desesperada, Elías llevó al joven niño a su habitación y lo acostó en su cama. Invocó a Dios: "¿Has traído también la calamidad a la viuda con la que me alojo haciendo morir a su hijo?". Entonces se tendió sobre el niño tres veces e invocó al Señor: "Te ruego que la vida de este niño vuelva". El Señor escuchó a Elías y el niño recobró la vida. Elías llevó al niño a su madre y le dijo: "Mira, tu hijo está vivo". Entonces la viuda dijo a Elías: "Ahora sé que eres un hombre de Dios y que la palabra del Señor en tu boca es verdad".
¡Qué situación tan horrible le hicieron pasar a esta mujer! Pero mire lo que obtuvo a cambio. Recibió a su hijo vivo y sano, pero lo más importante es que aprendió el mensaje de "la verdad" de Dios, que está vivo y es real, y pudo confiar no solo en el mensajero de Dios, sino también en Dios mismo. Dios nos pide que confiemos en Él incluso cuando no podemos ver hacia dónde quiere que vayamos y no entendemos por qué ha permitido tales problemas y dificultades en nuestra vida[5]. Manténgase firme en las verdades de Dios a pesar de las dificultades a las que se enfrente, y al final conseguirá la victoria.

El ataque de Satanás resultó fallido. Elías era ya más fuerte que nunca al saber que Dios estaba con él. En este caso, el profeta invocó a Dios para que lo ayudara, y Dios lo liberó al instante de forma sobrenatural. Elías pudo acceder a las provisiones de Dios procedentes del reino celestial, con lo que el poder de Dios se manifestó para sanar al hijo de la viuda. Este posible desastre sirvió para preparar a Elías para la verdadera batalla que se avecinaba. ¿Estará preparado cuando Dios lo necesite?

En el próximo capítulo, descubriremos que en realidad se estaba librando una batalla en los cielos, una lucha entre Dios y Satanás y sus fuerzas del mal por el control del pueblo de Dios. Elías y Acab serían llevados a la guerra, y el poder de Dios sería revelado para que todos fueran testigos de esto.

Preguntas para profundizar

- ¿Por qué cree que Acab siguió siendo desobediente?
- Si Satanás estaba influyendo en Acab y Jezabel para que eligieran servir a otros dioses, ¿cree que está haciendo lo mismo con las personas hoy en día? ¿Cuáles son algunos de nuestros "otros dioses"?
- ¿Logra entender el grado de fe que tuvo que tener Elías para creer que Dios sanaría al hijo de la viuda?

Para estudio adicional

1. Romanos 5:1-5. "Por la fe, tenemos paz para con Dios por medio de Jesucristo, y nos gloriamos en la esperanza de la gloria de Dios. También nos gloriamos en las tribulaciones, sabiendo que la tribulación produce paciencia; y la paciencia, prueba; y la prueba, esperanza; y la esperanza no avergüenza; porque el amor de Dios ha sido derramado en nuestros corazones por el Espíritu Santo que nos fue dado"
2. 1 Pedro 4:12-14. "Amados, no os sorprendáis del fuego de prueba que os ha sobrevenido, sino gozaos por cuanto sois participantes de los padecimientos de Cristo, para que también en la revelación de su gloria os gocéis con gran alegría. Si sois vituperados por el nombre de Cristo, sois bienaventurados, porque el glorioso Espíritu de Dios reposa sobre vosotros".
3. Salmo 23:4. "Aunque ande en valle de sombra de muerte, no temeré mal alguno, porque tú estarás conmigo; tu vara y tu cayado me infundirán aliento".
4. Salmo 22:1-2. "Dios mío, Dios mío, ¿por qué me has desamparado? Clamo de día, y no respondes; y de noche, y no hay para mí reposo".
5. Proverbios 3:5-6. "Fíate de Jehová de todo tu corazón, y no te apoyes en tu propia prudencia. Reconócelo en todos tus caminos, y él enderezará tus veredas".

17

El poder de Dios revelado

1 Reyes 22; 2 Reyes 3; 2 Crónicas 17-21

Dios prepara a Elías para recuperar el control de su pueblo

En el último capítulo, Dios estaba preparando a Elías para una batalla próxima con Acab y las fuerzas del mal en el ámbito espiritual. Elías había sido testigo del verdadero poder que Dios tenía sobre la vida misma, y estaba mejor preparado para luchar contra el enemigo, tanto contra los seres humanos como contra los espirituales.

Dios estaba dispuesto a poner fin al sufrimiento provocado por la falta de lluvia durante tres años y medio en una tierra que ya tenía un suministro de agua limitado. Conforme se van desarrollando estas pruebas, veremos que este periodo de sufrimiento era una profecía de la segunda mitad de los siete años de tribulación de los que se habla en el Apocalipsis, el último libro de la Biblia, en el que la humanidad

experimentará un acontecimiento tras otro del juicio de Dios por nuestros años de desobediencia[1]. Y al final de las pruebas, Dios demostrará que seguía (y sigue) teniendo el control mientras se acerca el Armagedón.

Dios le habló a Elías: "Ve, muéstrate a Acab, y yo haré llover sobre la faz de la tierra". Así pues, Elías acudió a Abdías, quien era uno de los pocos hombres fieles a Dios que vivían en el reino del norte. Abdías presidía la casa de Acab. Tiempo atrás, había sido el responsable de salvar a cien profetas fieles de Dios cuando los escondió en cuevas y con esto impidió que Jezabel los hiciera matar. ¿No es interesante que Acab tuviera a un hombre de Dios en una posición de tanta responsabilidad en su palacio? Esto demuestra lo inconsistente que era Acab. Sabía que Dios era el Dios de su nación, pero le gustaba más complacer a Jezabel y prefirió seguir los malos caminos de servir a otros dioses.

Elías le encargó a Abdías que le dijera a Acab que Elías iba a venir. Abdías respondió así a la orden de Elías:

¿Qué pecado he cometido para que entregues a tu siervo en manos de Acab para que lo maten? Porque sabes que Acab te ha estado buscando durante tres años y medio. Y cuando le diga que has llegado, y el Espíritu del Señor te lleve, sabes que me dará muerte. ¿No te han contado cómo salvé a cien profetas de Dios que Jezabel quería hacer matar?

Cuando Elías le prometió a Abdías que seguramente se presentaría ante Acab ese día, Abdías aceptó entregar el mensaje. Después de que Elías se presentara ante Acab, este respondió:

"¿Eres tú el que turbas a Israel?". Elías replicó: "Yo no he turbado a Israel, sino tú y la casa de tu padre, dejando los mandamientos de Jehová, y siguiendo al dios falso, Baal".

Elías desafía a los profetas de Baal y Asera

Después, Elías retó a Acab a reunirse con él en el monte Carmelo junto con sus 450 profetas de Baal y 400 profetas de Asera. Todos los hijos de Israel debían acudir también al valle bajo el monte Carmelo para ver quién era el verdadero Dios. Cuando todo Israel llegó, Elías habló al pueblo:
¿Hasta cuándo claudicaréis vosotros entre dos pensamientos? Si Jehová es Dios, seguidle; y si Baal, id en pos de él.

El pueblo seguía creyendo en "su Dios". Pero ellos, al igual que Acab, creían en muchos dioses. Aprobaban las horribles formas de adoración (al menos desde la perspectiva de Dios) de los dioses de sus vecinos, que incluían sacrificios humanos (principalmente de bebés) y actos sexuales inmorales. Elías vino a mostrarles quién era el único Dios.

Elías desafió a los profetas de Baal y de Asera a un desafío para determinar quién adoraba al verdadero Dios. Ordenó a los 450 profetas de Baal y a los 400 profetas de

Asera que construyeran un altar para hacer un sacrificio a sus dioses. Entonces Elías, por sí mismo, ofrecería un sacrificio a su Dios (850 profetas contra uno). Los profetas de Acab y Elías debían cortar cada uno un buey y ponerlo encima de la madera. Después, Elías indicó a los profetas que invocaran a sus dioses y él invocaría al Señor, y el que respondiera enviando fuego del cielo sería el verdadero Dios.

Una vez construidos los altares, Elías dio a los profetas de Acab y Jezabel la primera ocasión de invocar a sus dioses. Durante toda la mañana los profetas invocaron a Baal y a Asera, pero no hubo respuesta. Los profetas saltaban alrededor del altar cantando y pidiendo a sus dioses que los escucharan y les respondieran. Al acercarse el mediodía, Elías empezó a burlarse de ellos y les dijo: "Gritad en alta voz, porque dios es; quizá está meditando, o tiene algún trabajo, o va de camino; tal vez duerme, y hay que despertarle". Los profetas vociferaron aún más, cortándose según la costumbre con espadas y lanzas hasta que la sangre brotó. Continuaron sus lamentos hasta la hora de la tarde, pero no hubo voz, ni respuesta, ni fuego.

Dijo entonces Elías al pueblo: "Acercaos a mí". Reparó el altar del Señor que había sido derribado por todos los saltos y cánticos de los profetas de Baal y Asera. Elías tomó doce piedras según el número de las tribus de Israel. Reconstruyó el altar en el nombre del Señor e hizo una zanja alrededor de él. Luego, acomodó la madera y cortó los bueyes en pedazos y los colocó sobre la madera; así mismo, dio instrucciones de verter cuatro cántaros de agua sobre la madera. Después, repitió el procedimiento una segunda y tercera vez. Por último, a la hora del sacrificio vespertino, Elías se acercó al altar y dijo:

Jehová Dios de Abraham, de Isaac y de Israel, sea hoy manifiesto que tú eres Dios en Israel, y que yo soy tu siervo, y que por mandato tuyo he hecho todas estas cosas. Respóndeme, Jehová, respóndeme, para que conozca este pueblo que tú, oh Jehová, eres el Dios, y que tú vuelves a ti el corazón de ellos.

Una vez más, como en el caso del hijo de la viuda, Elías pidió la ayuda de Dios. Esta vez tenemos pruebas visibles porque el fuego del Señor bajó del cielo y consumió la ofrenda y absorbió el agua que había en la zanja. Cuando la gente lo vio, todos se postraron sobre sus rostros y dijeron: "¡Jehová es el Dios, Jehová es el Dios!"

Dios quería que sus principios y normas volvieran a ser los de Israel. ¡Habrían estado muchísimo mejor si hubieran estado dispuestos a volver a las normas de vivir en el reino establecidas por David y Salomón! Para ayudarlos, Dios les dio este despliegue tan dramático de fuego celestial procedente del mundo espiritual invisible. Si bien este acontecimiento increíble marcó la diferencia, no duraría, lamentablemente.

Dios confía que saquemos más provecho de este mensaje que los israelitas, y que, como Elías, podamos invocar los poderes que están a nuestra disposición y que proceden del cielo. ¿Está dispuesto a admitir que ha sido víctima de los caminos del mundo y que ahora está dispuesto a volver al único y verdadero Dios?

Dijo entonces Elías al pueblo: "Prended a los profetas de Baal, para que no escape ninguno". Elías hizo bajar a los profetas a un arroyo y los mató allí. Después, Elías fue a la cima del monte Carmelo y puso su rostro entre las rodillas. Pidió a su siervo que mirara hacia el mar para ver si venían nubes. No había nada. Elías dio instrucciones a su siervo para que volviera siete veces. Y sucedió que a la séptima vez el siervo dijo:

"Yo veo una pequeña nube como la palma de la mano de un hombre, que sube del mar".

Elías se enfrenta a su propio desafío personal

Después, Elías mandó a Acab que montara su carro hacia Jezreel antes de que llegara la lluvia. Al poco tiempo, aparecieron unas nubes negras y oscuras, y comenzó a caer muchísima lluvia. Acab montó en su carro, pero la mano del Señor estaba sobre Elías, por lo que pudo llegar ante Jezreel primero que Acab. ¡Qué hazaña tan extraordinaria! Cuando Acab le contó a Jezabel todo lo sucedido, se puso furiosa y se comprometió en hacer matar a Elías. Elías tuvo miedo. A pesar de su relación íntima con Dios, Elías estaba asustado y preocupado por lo que Jezabel pudiera hacerle. Aunque Elías debería haber sabido que Dios lo protegería, tenía razón al estar preocupado (no inquietado), ya que seguramente Satanás estaba influyendo en las acciones de Jezabel.

Nosotros también debemos reconocer el poder de Satanás, gobernante de este mundo[2]. El mal está en este mundo y es poderoso. Satanás tiene la capacidad de crear tinieblas que ocultan la luz de Dios, con la que podríamos seguir el camino de la justicia. Este dominio de las tinieblas a veces nos asusta y otras veces se nos presenta como luz. Pero la realidad es que esta supuesta luz es un engaño y, por lo tanto, es un camino que nos aleja de Dios. Por esto, es necesario tener una relación muy cercana con Dios[3]. Necesitamos que nos muestre la verdadera luz que nos libra de las tinieblas; es decir, debemos orar para que nos proteja y nos dé valor cuando tengamos miedo.

Elías corrió por su vida hasta Beerseba y luego al desierto. Allí se sentó bajo un enebro y pidió a Dios poder morir. Poco después, un ángel del Señor le dio instrucciones, diciéndole: "Levántate y come". Después de comer, Elías emprendió vigorosamente un viaje de cuarenta días y cuarenta noches al monte Horeb (también conocido como el monte Sinaí, donde Moisés recibió los diez mandamientos). Es interesante que Moisés haya recibido las leyes de Dios durante sus cuarenta días y cuarenta noches. Y

no olvidemos que en los días de Noé, llovió durante cuarenta días y cuarenta noches. La revelación y los juicios de Dios vienen cada vez que cuarenta días y cuarenta noches son parte de la historia[4]. Veamos qué juicio viene esta vez.

Fue en el monte Horeb donde Elías esperó las instrucciones siguientes de Dios. Mientras Elías esperaba, un viento grande y fuerte sopló a través de la montaña, rompiendo las rocas en pedazos, pero Dios no estaba en el viento. Después del viento, un terremoto sacudió la montaña, pero Dios no estaba en el terremoto. Tras el terremoto, un fuego ardió ante Elías, pero el Señor no estaba en el fuego. Y por último, Dios vino a Elías en una brisa suave y le dijo que regresara a Damasco para ungir a Hazel como rey sobre Aram; ungir a Jehú como rey sobre Israel; y ungir a Eliseo como profeta para sustituirlo. Dios le dijo a Elías que usaría a estos tres hombres para traer el juicio sobre la nación de Israel (las diez tribus del norte). Sin embargo, dejaría siete mil habitantes en Israel porque eran los que no adoraban a Baal.

¡Esto nos deja una gran lección! Queremos que Dios nos responda de forma dramática. Pero, al igual que hizo con Elías, muchas veces lo hace durante nuestra meditación tranquila con Él y en una voz suave y baja a la que tenemos que estar atentos o, de lo contrario, nos perderemos su respuesta o su plan.

Esta historia refleja el final de los tiempos

¿Cómo se relaciona todo esto con el fin de los tiempos? En el valle que se encuentra debajo del monte Carmelo hay una antigua ciudad llamada Megido. Al ser un lugar tan estratégico con el paso de los años, había sido destruida y reconstruida muchas veces. Con cada reconstrucción, las murallas antiguas hacían que cada estructura nueva estuviera más y más por encima del nivel del suelo, hasta el punto de que se la conoció como Har Megido (que significa la colina de Megido). Cuando los traductores transcribieron el contenido de Apocalipsis a las Escrituras, decidieron traducir el lugar del campo de batalla final como Armagedón. Pero las palabras correctas eran Har Megido. Lo interesante es que el libro de Apocalipsis dice que el lugar de la batalla final será en el valle que rodea Har Megido[5]; es decir, el mismo lugar donde la gente se reunió para ver a Elías invocar el fuego del cielo.

Por supuesto, esto no fue una coincidencia. Considero que al mismo tiempo que Elías desafiaba a los profetas de Baal y Asera, también se libraba una batalla en el mundo espiritual. Dios no permitiría que los ángeles de Satanás encendieran el fuego convocado por los profetas de Baal y Asera. Dios y su ejército de ángeles eran lo suficientemente fuertes como para luchar en cualquier batalla que Satanás y sus ángeles propusieran. De esta forma, demostró a la nación de Israel que era (y sigue siendo) el verdadero Dios.

Pienso que esta batalla que se libró entre Elías y los falsos profetas es una representación de lo que volverá a suceder en los últimos tiempos. Además, como el fuego que bajó del cielo y mató a los profetas de Baal y Asera, Jesús también descenderá del cielo en gloria máxima para destruir a "los jefes de los dioses" (los representantes de Satanás) en ese día[6]. Al hacerlo, Dios retomará el control de la Tierra y sus habitantes[7]. Dios se aseguró de que entendiéramos el punto, así que situó ambos campos de batalla en este mismo valle que contemplaba el monte Carmelo cuando Elías desafió a los profetas de los falsos dioses.

Con esta historia, Dios quiere que sepamos que su plan es venir por nosotros y redimir la tierra. Nadie más que Dios sabe cuándo llegarán estos tiempos finales. Nuestra labor consiste en librar la batalla en la que estamos inmersos hoy y estar preparados en todo momento para el final de los tiempos que se avecina. ¿Sabe cuál es la tarea que le ha sido asignada? Si no es así, pase tiempo a solas con Dios y pídale que se la revele. Pero primero debe tomar la decisión de unirse al ejército de Dios.

Preguntas para profundizar

- ¿Qué tan valiente sería si la persona que es su rey (presidente) lo odiara por servir a Dios?
- ¿Cree que Dios está dispuesto a hablarle como lo hizo con Elías?
- ¿Qué cree que Dios nos está diciendo sobre nuestro mundo actual? ¿Es similar a lo que ocurría en la época de Elías?
- ¿Cree que es una coincidencia que Dios haya hecho que Elías desafiara sobre el valle de Megido a los profetas de Baal y Asera dispuestos por Acab y Jezabel, y que el libro de Apocalipsis diga que la batalla del fin de los tiempos se librará cerca del valle de la colina de Megido?
- ¿Y si el fin de los tiempos llega mientras vive? ¿Está preparado?

Para estudio adicional

1. Apocalipsis 11:2-3; 12:6; 13:5. Estos versículos presentan los primeros tres años y medio de tribulación (el juicio de Dios sobre la Tierra y sobre aquellos que dirigen sus esfuerzos en contra de Dios: los líderes terrenales y las fuerzas del mal

en los lugares celestiales). Los capítulos que acompañan a estos versículos y los que los preceden describen el juicio que fue profetizado en esta historia de Elías.

2. Jesús dijo en estos versículos que el diablo es quien gobierna este mundo en el que vivimos.

    a. Juan 12:31. "Ahora es el juicio de este mundo; ahora el príncipe de este mundo será echado fuera".

    b. Juan 14:30. "Porque viene el príncipe de este mundo, y él nada tiene en mí".

3. 1 Juan 1:5. "Dios es luz, y no hay ningunas tinieblas en él".

4. Otras historias en las que el juicio se dio durante un período de cuarenta días y cuarenta noches.

    a. Génesis 7:4.

    b. Éxodo 34:28.

5. Apocalipsis 16:16. Se reunieron en un lugar, Har (la colina) de Megido, o como se traduce en la Biblia, Armagedón.

6. 2 Tesalonicenses 2:8-9. "Y entonces se manifestará aquel inicuo [el anticristo], a quien el Señor matará con el espíritu de su boca, y destruirá [el tiempo del diablo] con el resplandor de su venida; inicuo [el anticristo] cuyo advenimiento es por obra de Satanás, con gran poder y señales y prodigios mentirosos".

7. Apocalipsis 19:6, 11-14, 19-21. "Y oí como la voz de una gran multitud [...] Entonces vi el cielo abierto; y he aquí un caballo blanco, y el que lo montaba se llamaba Fiel y Verdadero, y con justicia juzga y pelea. Y los ejércitos celestiales, vestidos de lino finísimo, blanco y limpio, le seguían en caballos blancos. Y la bestia fue apresada, y con ella el falso profeta que había hecho delante de ella las señales con las cuales había engañado a los que recibieron la marca de la bestia, y habían adorado su imagen. Estos dos fueron lanzados vivos dentro de un lago de fuego que arde con azufre".

18

Josafat sirve a Dios, pero hace alianza con Israel

1 Reyes 22; 2 Reyes 3; 2 Crónicas 17-21

Mientras Dios lidiaba con los reyes del reino del norte a través de Elías, Josafat era rey en Judá, el reino del sur. Josafat fue uno de los grandes reyes que sirvieron a Dios.

Josafat establece un gobierno piadoso

Josafat mantuvo su relación cercana con Dios porque se comprometió a servirle y honrarle. Sabemos que el Señor estaba con Josafat así como con su antepasado, David. Así pues, el Señor lo estableció en su reino con grandes riquezas, y Josafat fue honrado por el pueblo de todo Judá. Incluso los filisteos, enemigos de Judá por mucho tiempo, le trajeron regalos como tributo para buscar su favor.

Además, Josafat envió maestros por todo su reino para ayudar al pueblo a seguir la ley de Moisés y los mandamientos de Dios. Asimismo, nombró jueces por toda la tierra con las siguientes instrucciones:

Mirad lo que hacéis; porque no juzgáis en lugar de hombre, sino en lugar de Jehová, el cual está con vosotros cuando juzgáis. Sea, pues, con vosotros el temor de Jehová; mirad lo que hacéis, porque con Jehová nuestro Dios no hay injusticia, ni acepción de personas, ni admisión de cohecho.

Qué gran ejemplo dio Josafat a su tierra: exigió justicia, bondad y equidad para su pueblo y se humilló ante Dios[1]. Imagine lo que sucedería si nuestros jueces pudieran seguir estas instrucciones. Por desgracia, nuestra nación ya no considera a Dios como la fuerza que guía nuestras leyes. Felizmente, hay muchos jueces que sí lo hacen. Sin embargo, me temo que incluso entre los cristianos, nuestros deseos y ambiciones egoístas se anteponen a nuestro compromiso de ser justos y equitativos, o incluso de ser amables para solucionar nuestras diferencias. ¿Qué puede hacer para cambiar esta triste tendencia?

En tiempos de problemas, Josafat se dirigió a Dios. Por ejemplo, Josafat se sintió abrumado cuando dos naciones, Amón y Moab, vinieron tras él al mismo tiempo. Sin embargo, no tardó en decidir que no podía manejar esto por sí mismo y fijó su atención en Dios. Así pues, Josafat proclamó un ayuno en todo Judá. Después, convocó una asamblea y clamó a Dios:

Jehová Dios de nuestros padres, ¿no eres tú Dios en los cielos, y tienes dominio sobre todos los reinos de las naciones? ¿No está en tu mano tal fuerza y poder, que no hay quien te resista?

Luego el Espíritu del Señor vino sobre el profeta Jahaziel, que estaba allí con el ejército, y declaró:

Oíd, Judá todo, y tú, rey Josafat. No temáis ni os amedrentéis delante de esta multitud tan grande, porque no es vuestra la guerra, sino de Dios. No habrá para qué peleéis vosotros en este caso; paraos, estad quietos, y ved la salvación de Jehová con vosotros.

Josafat inclinó su cabeza con el rostro hacia el suelo y toda Jerusalén con él, y adoraron al Señor. Mientras el ejército de Josafat alababa el nombre santo del Señor, dando gracias por su misericordia, Dios, presumiblemente por o a través de su ejército de ángeles, llevó a Moab a tender una emboscada contra Amón, haciendo que los dos ejércitos se mataran mutuamente. Cuando terminó la batalla, Josafat y su pueblo tomaron el botín de la victoria.

La lamentable alianza de Josafat con el reino del norte

Sin embargo, como muchos de los reyes antes y después de él, Josafat no se mantuvo firme con Dios en todos sus caminos. Su reinado se vio estropeado porque se asoció con Acab y su familia. La reina de Josafat era la hija de Acab. Fue a la batalla junto a Acab y más tarde con uno de los hijos de Acab. Además, hacia el final de su reinado, entabló una alianza económica poco acertada con el reino del norte cuyo resultado fue un desastre. Dios nos dice que no nos juntemos con los incrédulos, porque la "luz" no debe tener comunión con las "tinieblas"[2]. La siguiente historia es un ejemplo de cómo Josafat caminó sin éxito por la difícil y estrecha línea de querer agradar a Dios y a los hombres.

Un día que Josafat estaba de visita con Acab, este le pidió a Josafat que lo acompañara a combatir contra su enemigo. Josafat aceptó, pero con la condición de que invocara a Dios para que lo guiara. Y así se produjo otra notable percepción del mundo espiritual que no se ve con ojos terrenales.

Cuando los cuatrocientos profetas de la corte de Acab consultaron a Dios, les transmitieron este mensaje: "Sube, porque Dios te dará la victoria". Sedequías, el profeta principal de Acab, agregó: "Así ha dicho Jehová: Con estos acornearás a los sirios hasta destruirlos por completo". Pero Josafat no estaba satisfecho. Dijo:

"¿No hay aquí profeta de Jehová, para que consultemos a Jehová por medio de él?"

Acab había recurrido a sus propios profetas y Josafat reconoció que eran falsos profetas que no servían a Dios como es debido. Pero realmente lo que Acab quería decir era: "Aún hay un varón por el cual podríamos consultar a Jehová, Micaías hijo de Imla; mas yo le aborrezco, porque nunca me profetiza bien, sino solamente mal". Como bien recordará, Acab tuvo varios encuentros similares con Elías. Acab nunca había sido capaz de comprender el hecho de que las malas noticias que le daban los profetas piadosos eran el resultado de su maldad y su egocentrismo. En demasiadas ocasiones somos como Acab, cuando le decimos a Dios: "Solo dime lo que quiero escuchar". Necesitamos aferrarnos a la verdad de Dios incluso cuando no es lo que queremos escuchar[3].

Para satisfacer a Josafat, Acab llamó a Micaías para que consultara al Señor. El mensajero del rey le rogó a Micaías que hablara en favor de él. Estaba claro que lo importante no era la verdad, sino hacer feliz al rey. ¿Cuál era el objetivo de preguntar a Dios si no querían la verdad?

Micaías se puso a jugar con el rey. Cuando el rey le preguntó: "¿Subimos a la batalla o desistiremos?", Micaías dijo: "Subid, y seréis prosperados, pues serán entregados en vuestras manos". Fíjese que Micaías no dijo que el Señor los entregaría en sus manos. Seguramente hubo un tono de sarcasmo en su respuesta, porque Acab le dijo: "¿Hasta cuántas veces te conjuraré por el nombre de Jehová que no me hables sino la verdad?". La incoherencia y la debilidad de Acab son simplemente inconcebibles. Adoraba a otros dioses y realizaba muchos actos malos ante los ojos de Dios; sin embargo, seguía reconociendo que el Dios de Israel era su Dios y era lo suficientemente inteligente como para darse cuenta cuándo un profeta de Dios le decía la verdad.

Cuando Acab pidió la verdad, Micaías se la dio:

He visto a todo Israel derramado por los montes como ovejas sin pastor.

Acab respondió a Josafat:

"¿No te lo había yo dicho? Ninguna cosa buena profetizará él acerca de mí".

En ese momento, Micaías dio esta idea tan sorprendente y asombrosa de lo que realmente ocurría en el mundo espiritual:

Oye, pues, palabra de Jehová: Yo vi a Jehová sentado en su trono, y todo el ejército de los cielos estaba junto a él, a su derecha y a su izquierda.

Y Jehová dijo: ¿Quién inducirá a Acab, para que suba y caiga en Ramot de Galaad? Y uno decía de una manera, y otro decía de otra.

Y salió un espíritu y se puso delante de Jehová, y dijo: Yo le induciré, y seré espíritu de mentira en boca de todos sus profetas. Y Jehová: anda y hazlo así. Y ahora, he aquí Jehová ha puesto espíritu de mentira y ha hablado el mal contra ti.

¡Impactante! Qué imagen tan interesante nos presenta el Antiguo Testamento. Conforme Dios continúa dando una perspectiva sobre el reino celestial, se nos plantea un panorama del trono de Dios con ángeles que le ofrecen diversos planes; pero Dios escoge el que más le gusta. Suena parecido a la forma en que Acab y Josafat recibían el consejo de sus profetas, y no es muy diferente a como lo hacemos nosotros hoy. Es importante para Dios que se frustren los esfuerzos de quienes le sirven falsamente. Así mismo, como aprendemos después en el Nuevo Testamento, Él seguirá interviniendo hasta que toda rodilla se doble, en la Tierra y en el cielo, y toda lengua confiese que Jesucristo es el Señor[4].

Luego de que Micaías compartiera su mensaje con los reyes y profetas, Sedequías golpeó a Micaías en la mejilla y le dijo:

"¿Por qué camino se fue de mí el Espíritu de Jehová para hablarte a ti?". Y Micaías respondió: "Verás la verdad cuando [veas a tu rey derrotado en la batalla]".

Entonces Acab dijo a sus hombres que se llevaran a Micaías y lo metieran en la cárcel y le dieran de comer poquísimo hasta que Acab regresara sano y salvo. Antes de su partida, Micaías declaró: "Si tú volvieres en paz, Jehová no ha hablado por mí". Sin embargo, tanto Josafat como Acab decidieron ignorar la verdad que Acab exigía a Micaías.

Cuando fueron a la batalla, Acab se disfrazó para que nadie supiera que era el rey. Cuando el enemigo vio a Josafat vestido con su traje real, pensaron que era Acab y fueron tras él. Pero Josafat clamó a Dios por ayuda, y Dios los desvió de él. Y mientras se libraba la batalla, un soldado enemigo le disparó una flecha a Acab. Ese mismo día murió, y el ejército de Israel fue derrotado.

¿En qué va a creer? ¿En la Palabra de Dios tal como fue dada a los verdaderos mensajeros de Dios? O en las palabras de los líderes, como Sedequías, quien declaró: "Así dice el Señor". Erróneamente afirmó conocer la verdad e incluso aseguró conocer a Dios, pero siguió los caminos contrarios a los principios de Dios. Tenga cuidado, porque muchas veces nos inclinamos por "lo que queremos creer".

Intentar arreglar las obras en el reino celestial

Esta historia plantea muchas preguntas. ¿Qué debemos hacer si Dios envía un espíritu engañoso? ¿Este espíritu engañoso era malo? Tal vez recuerde que en la historia de Job, en el tomo 2, tanto los espíritus buenos como los malos se presentaron ante el trono de Dios. ¿O este espíritu era un ángel bueno que llevaba el mensaje de Dios?
¿Y qué decir de Acab, que exigió la verdad a Micaías, pero luego no le creyó porque dio una mala respuesta? Al parecer, Acab no tenía intención de escucharlo, sin importar lo que dijera Micaías. ¿Por qué no había aprendido del pasado que cuando algo era profetizado por un profeta piadoso, así sucedía sea bueno o malo?
¿Y qué sucede con Josafat? Pidió a un verdadero hombre de Dios, recibió su mensaje, y luego eligió ignorar la palabra del profeta, la cual sabía que venía directamente de Dios. Y por último, ¿por qué Dios ayudó a Josafat durante la batalla después de que Josafat ignoró la palabra de su profeta?
Gracias a Dios, la Biblia nos da una explicación del porqué Dios ayudó a Josafat. Cuando regresó sano y salvo a su casa en Jerusalén, Jehú, un profeta de Judá, se acercó a Josafat con esta palabra de Dios:

¿Al impío das ayuda, y amas a los que aborrecen a Jehová? Pues ha salido de la presencia de Jehová ira contra ti por esto. Pero se han hallado en ti buenas cosas, por cuanto has quitado de la tierra, y has dispuesto tu corazón para buscar a Dios.

Sin embargo, las respuestas a las demás preguntas quedan abiertas a la interpretación. Le daré mis ideas.

Considero que la escena descrita en el reino celestial fue real y no una simple forma de hacer una historia interesante, y pienso que estas interacciones entre los seres celestiales continúan hoy en día. En el libro de Job, aprendimos que los espíritus malignos también se presentaron ante el trono de Dios. El espíritu que engañó a los profetas de Acab podría haber sido un demonio. Sin embargo, dado que Dios estaba solicitando información, opino que se trataba de un ángel bueno que obraba al servicio de Dios para dar una respuesta falsa a los falsos profetas[5]. Así pues, estos profetas, pensaron que estaban en lo cierto y escucharon a Dios, pero a causa de su infidelidad y maldad, Dios les dio un mensaje falso. Dios envió la verdad a Micaías, quien lo honró de forma correcta.

¿Le preocupa cómo puede actuar Dios? Si busca a Dios para conocer la verdad o el camino correcto, Él no va a enviar espíritus engañosos para confundirlo o ponerlo a prueba. Él no es un Dios de confusión, sino un Dios de luz y revelación. Sigamos el ejemplo de Micaías y dediquemos tiempo a conocer a Dios lo suficientemente bien como para poder distinguir su mensaje de un espíritu engañoso enviado por el diablo. Cuando nuestros propios intereses y deseos nos hacen perder de vista el plan de Dios, podemos ser fácilmente presa de los espíritus engañadores; y si somos así, Dios permitirá nuestra propia destrucción[6]. Sin embargo, puede tener la seguridad de que cuando nosotros, como miembros de la familia de Dios, tratamos de servirle, aunque fracasemos muchas veces a causa de nuestros pecados, cualquier engaño que pueda venir, será de Satanás y sus fuerzas malignas, no de Dios[7].

Identificándonos con Acab y Josafat

Hay momentos en que Dios decide que debemos aprender las cosas por las malas, por lo que nos quita su protección. No considero que Dios haya querido renunciar a Acab. La Biblia mostró el potencial de Acab para haber sido un gran rey para Dios. En un momento dado, Acab se humilló y pidió, y recibió de Dios el perdón. Dios es paciente, mientras espera que despertemos a la realidad de que Él es nuestra mejor opción.

En esta vida, solemos ignorar mucho las consecuencias hasta que ocurre algo malo, y entonces, como Acab, nos quejamos de Dios: "¡Qué pena doy!". Puede ser que Dios nos esté enseñando algo o formando nuestro carácter. Recuerde, Dios obra todas las cosas para el bien de los que le aman y son llamados según su propósito[8].

¿Acaso el acto de arrepentimiento de Acab compensa todas las malas acciones que cometió? Gracias a Dios, ninguno de nosotros es juzgado por nuestras acciones, sino por nuestra creencia y fe en que Dios (Jesús) es nuestro salvador. La Biblia menciona que Dios reconoció que Acab se humilló y por eso decidió no quitarle el reino. ¿Acab se arrepintió genuinamente de todas sus malas acciones y caminos? ¿O solo se arrepintió de haber sido atrapado? Tendremos que dejarle esa decisión a Dios[9]. Aunque no hayamos hecho lo mismo que hizo Acab, nosotros también podemos quedar atrapados en nuestro propio mundo y no aprovechar las oportunidades que Dios nos ha dado.

¿O es usted más bien como Josafat? Ama a Dios, pero a veces permite que su voluntad lo lleve a tomar malas decisiones. O quizá sus amigos no tienen en cuenta a Dios y sus mandamientos. Lamentablemente, nos vemos muy influenciados por las personas con las que nos relacionamos. Sí, podemos tener una influencia piadosa en otros, pero la mayoría de las veces es al revés. Sin embargo, es bueno saber que Dios permanecerá con nosotros como lo hizo con Josafat, incluso cuando tomemos malas decisiones. Esta vez Josafat escapó sin tener que pagar ninguna consecuencia, pero habría sido mucho mejor si hubiera elegido sabiamente la primera vez.

Al igual que Josafat, aprendí una lección valiosa sin tener que pagar el precio. Durante mi primera semana como estudiante de primer año de la universidad, fui a la tienda con tres compañeros de habitación. A pesar de que iba en contra de las normas, mis tres amigos llevaron cerveza a nuestro dormitorio. El encargado de nuestro dormitorio vio el aspecto y la actitud de cuatro ingenuos estudiantes de primer año que iban a nuestra habitación. No llevábamos ni cinco minutos en nuestra habitación cuando tocaron a la puerta y el encargado nos exigió que presentáramos nuestros carnés de estudiante.

Mientras el encargado recogía nuestras identificaciones, uno de mis amigos le dijo que yo no estaba bebiendo. Debería haberme metido en problemas con los demás. Pero tuve la suerte de librarme del castigo gracias a lo que hizo este nuevo amigo, y aprendí a no juntarme con los amigos cuando hacen algo malo. Fui afortunado al tener un amigo que habló por mí, a pesar de que hubiera esperado que se preocupara por sí mismo.

Habrá momentos en los que seamos débiles, flaqueemos, e incluso puede que no estemos dispuestos a actuar conforme a Dios. Pero Él sigue estando ahí para nosotros. Josafat no escuchó, pero Dios conocía su corazón y estuvo dispuesto a pasar por alto su error. Cuando hemos obrado mal, debemos estar dispuestos a caer humildemente de rodillas y pedir perdón.

Preguntas para profundizar

- ¿Cómo se sentiría respecto a nuestro sistema judicial hoy en día si todos los jueces siguieran las órdenes dadas por Josafat? ¿Cómo afectaría sus decisiones como juez si supiera que Dios lo está siempre observando?

- ¿Cómo haría para seguir el ejemplo de Josafat de buscar el consejo de Dios en cada decisión importante que tome?
- Josafat no hizo caso al mensaje del profeta de Dios. Prefirió seguir a Acab en la batalla. ¿Se siente identificado?
- ¿En qué se parece a Josafat? ¿En qué se parece a Acab? Aunque parecía que Acab quería hacer el bien, ¿por qué siempre elegía el mal?

Para estudio adicional

1. Miqueas 6:8. "Y qué pide Jehová de ti: solamente hacer justicia, y amar misericordia, y humillarte ante tu Dios".
2. 2 Corintios 6:14. "No os unáis en yugo desigual con los incrédulos; porque ¿qué compañerismo tiene la justicia con la injusticia? ¿Y qué comunión la luz con las tinieblas?".
3. 2 Timoteo 4:3-5. "Porque vendrá tiempo cuando no sufrirán [incluso los creyentes] la sana doctrina, se amontonarán maestros conforme a sus propias concupiscencias, y apartarán de la verdad el oído y se volverán a las fábulas. Pero tú sé sobrio en todo, soporta las aflicciones, cumple tu ministerio".
4. Filipenses 2:10-11. "En el nombre de Jesús se doble toda rodilla de los que están en los cielos, y en la tierra, y debajo de la tierra; y toda lengua confiese que Jesucristo es el Señor".
5. 2 Tesalonicenses 2:10-12. "Por cuanto no recibieron el amor de la verdad para ser salvos. Por esto Dios les envía un poder engañoso, para que crean la mentira, a fin de que sean condenados todos los que no creyeron a la verdad".
6. Romanos 1:28. "Y como ellos no aprobaron tener en cuenta a Dios, Dios los entregó a una mente reprobada, para hacer cosas que no convienen".
7. 1 Juan 1:8; 2:1-2. "Si decimos que no tenemos pecado, nos engañamos a nosotros mismos, y la verdad no está en nosotros. Y si alguno hubiere pecado, abogado tenemos para con el Padre, a Jesucristo el justo. Y él es la propiciación por nuestros pecados".
8. Romanos 8:28. "Y sabemos que a los que aman a Dios, todas las cosas les ayudan a bien, esto es, a los que conforme a su propósito son llamados".
9. Romanos 2:16. "Dios juzgará por Jesucristo los secretos de los hombres, conforme a mi [de Pablo] evangelio".

19

Traspaso del poder espiritual de Elías a Eliseo

1 Reyes 20 - 2 Reyes 4

En el capítulo 17, descubrimos que Dios estaba tomando el control y dejando bien claro que Él es el verdadero Dios y no esos otros dioses que su pueblo adoptó de sus vecinos. Elías fue el instrumento de Dios a través del cual su poder trajo el juicio sobre los profetas de Baal y Asera.

Elías está listo para su galardón celestial

Elías estaba agotado por todos estos acontecimientos y estaba listo para estar con Dios. Debido a todos los milagros extraordinarios que realizó, es difícil entender por qué Elías estaba a punto de rendirse. Bueno, lo es hasta que entendemos lo difícil que es luchar contra las fuerzas del mal. Llevar la armadura completa de Dios le protegerá conforme va apagando los dardos de fuego del enemigo[1]. Sin embargo, incluso cuando hay una victoria absoluta, podemos desgastarnos. Estamos en un mundo bajo el control de Satanás[2], por lo que estar con Dios puede convertirse en una gran batalla cuando se lucha contra "las fuerzas malignas procedentes de los lugares celestiales".

Una experiencia personal mía puede servirle como punto de comparación en su vida. A finales de los años 90, visité dos veces países extranjeros en viajes misioneros. Conocí a varias personas maravillosas y me sorprendió lo mucho que Dios me usó en mis visitas a estos países que no permitían a nadie compartir su fe en Jesús. Durante mis dos visitas ocurrieron milagros tras milagros a través de medios ordinarios. A pesar de que los viajes fueron de solo una semana cada vez y fueron un gran éxito, volví a casa exhausto. El hecho de centrarme en estar en contacto con Dios era muy emocionante, pero también agotador; por lo que cuando volvía a casa, me apetecía descansar. De hecho, estos viajes solo duraban una semana cada uno. Mientras me encontraba en estas naciones anticristianas, sentía que el enemigo me observaba muy de cerca, tanto desde este mundo como desde el mundo espiritual.

Con respecto a Elías, había pasado toda una vida luchando contra sus enemigos, tanto terrenales como espirituales. Y aunque sus profecías fueron reivindicadas y, por lo tanto, sus éxitos eran gratificantes, se había desgastado por todas las batallas. Dios estaba listo para llevarlo a casa, a su hogar celestial. ¡Y qué viaje tan dramático! El mundo nunca ha visto tales maravillas y puede que no las vuelva a ver hasta que Jesús regrese.

Los profetas bajo el liderazgo de Elías habían recibido mensajes de los ángeles de Dios diciéndoles que era el momento de que Elías fuera a su hogar celestial. Los profetas le dijeron a Eliseo, el aprendiz y sucesor de Elías, lo que estaba a punto de suceder.

Mientras los profetas observaban, los dos cruzaron el río Jordán. Cuando Elías hizo caer su capa sobre el río, las aguas se separaron y los dos cruzaron en seco. Entonces Elías preguntó: "Pide lo que quieras que haga por ti, antes que yo sea quitado de ti". Eliseo le pidió a Elías que le diera una doble porción del espíritu de Dios. Elías respondió:

"Cosa difícil has pedido. Si me vieres cuando fuere quitado de ti, te será hecho así. Y aconteció que yendo ellos y hablando, he aquí un carro de fuego con caballos de fuego apartó a los dos; y Elías subió al cielo en un torbellino. Viéndolo Eliseo, clamaba: ¡Padre mío, padre mío, carro de Israel y su gente de a caballo! Y nunca más le vio".

Dios envió su carro celestial para descender en picado y llevarse a Elías "a casa". Este es el primer avistamiento de la hueste celestial de Dios que se registra en la Biblia. Los seres angelicales en historias anteriores habían sido vistos en forma humana. Dios tiene creaciones asombrosas procedentes del mundo celestial que no se parecen a nada de lo que tenemos aquí en la Tierra. Habrá más detalles en capítulos posteriores.

Eliseo toma el relevo como profeta principal de Dios

Eliseo recogió la capa de Elías que se le cayó. Cuando regresó a las orillas del río Jordán, sacudió las aguas con la capa y dijo: "¿Dónde está el Dios de Elías?". El río se separó y Eliseo lo cruzó. Cuando los hijos de los profetas vieron lo que Eliseo había hecho, dijeron: "El espíritu de Elías ha descansado sobre Eliseo". Se inclinaron ante él. La primera acción de Eliseo como líder de los profetas fue purificar las aguas de Jericó. Puso sal en el agua y declaró: "Así ha dicho Jehová: Yo sané estas aguas, y no habrá más en ellas muerte ni enfermedad".

En algunas partes de la Biblia se comparten historias que nos hacen saber que se trata de personas reales. Lo que le sucede a Eliseo y su reacción es una de esas ocasiones. Algunos pensarán en lo horrible que fue, y otros sonreirán o incluso se reirán a carcajadas. Cuando Eliseo salió de Jericó y se dirigió a la ciudad de Betel, unos adolescentes que iban por el camino se burlaron de él, gritando: "Calvo, calvo". Cuando Eliseo los oyó burlarse de su calva, los maldijo en nombre del Señor. En ese momento, dos osos hembras salieron del bosque y atacaron a los jóvenes. La Biblia no menciona si los mataron o no. Aunque es posible que estos adolescentes se hayan metido en problemas, no indica que fueran chicos malos; tampoco menciona que Eliseo llamara a los osos para que los atacaran, y si lo hizo, las Escrituras no critican a Eliseo por lo que hizo. Se nos deja pensar como queramos. Pero sí sugiere que hay que tener mucho cuidado antes de burlarse de un verdadero hombre de Dios.

Eliseo era conocido por tener acceso a Dios. Por ejemplo, el rey Joram, hijo de Acab, Josafat, rey de Judá, y el rey de Edom unieron sus fuerzas para luchar contra los moabitas. Mientras los ejércitos viajaban hacia Moab, los hombres y el ganado que los acompañaban necesitaban desesperadamente agua. Cuando Josafat quiso el consejo de un verdadero hombre de Dios, le dijeron que Eliseo era la mejor opción. Eliseo habló primero con Joram. "¿Por qué no vas a los profetas de tu padre y de tu madre, ya que son los que sigues?". Y añadió: "Si no considerara la presencia de Josafat, no habría accedido a profetizar ante vosotros". Después, Eliseo dio a los tres reyes las siguientes instrucciones:

Haced en este valle muchos estanques. Porque Jehová ha dicho así: No veréis viento, ni veréis lluvia; pero este valle será lleno de agua, y beberéis vosotros, y vuestras bestias y vuestros ganados. Y esto es cosa ligera en los ojos de Jehová; entregará también a los moabitas en vuestras manos.

Dios no solo les dio agua, sino que también les prometió la victoria sobre los moabitas. Los ejércitos cavaron las trincheras, y el agua llenó de forma milagrosa el campo tal y como dijo Eliseo.

Cuando los moabitas se levantaron temprano por la mañana, el sol brillaba sobre el agua de tal manera que les pareció un campo de batalla de sangre roja donde muchos soldados habían sido masacrados. Los moabitas llegaron a la conclusión de que los ejércitos de los tres reyes habían luchado y se habían matado mutuamente, y que todos los supervivientes habían abandonado el campamento, dejando todo el botín para su posesión. Cuando los moabitas entraron en el campamento, desarmados y dispuestos a saquear, los israelitas y los edomitas los atacaron y lograron una gran victoria. ¡Qué Dios tan poderoso tenemos! Les dio más de lo que le pidieron. Y hará lo mismo con nosotros.

Lo que sucede a continuación es un misterio. Cuando el rey de Moab vio lo mal que había perdido, sacrificó a su hijo como ofrenda a su dios. La Biblia dice: "Y hubo grande enojo contra Israel". Al percibir algo malo, los ejércitos volvieron a casa para evitar más conflictos y pérdidas. ¿Qué era este "enojo"? Si bien no se dan detalles, considero que el sacrificio del hijo del rey dio poder al diablo, o a uno de sus ángeles, para imponer algún tipo de enojo místico que asustó a los israelitas y los hizo correr  a casa. Por lo visto, el poder de Satanás puede activarse por medio de las acciones malvadas de los seres humanos que deciden unir fuerzas con él. Aprenderemos más sobre estas fuerzas malignas que defienden imperios impíos en una historia posterior sobre el libro de Daniel[3].

Esto es un claro recordatorio de que Satanás y sus fuerzas malignas tienen un poder enorme y son nuestros verdaderos enemigos[4]. Mientras Satanás siga siendo el gobernante de la Tierra, debemos tener en cuenta que somos peregrinos viviendo en este mundo ajeno, por lo que la mejor manera de defendernos es con nuestro comportamiento piadoso (vivir en el reino)[5].

Eliseo sirve al pueblo de Dios

Eliseo no fue solo un profeta para los reyes de Israel, sino que también fue un ministro para la gente común (su episodio con los adolescentes que compartí antes no era representativo de su cuidado y preocupación por el pueblo de Dios). Tenemos dos ejemplos concretos. Una mujer acudió a Eliseo con graves preocupaciones: su esposo había muerto y sus dos hijos iban a ser vendidos como esclavos para pagar una gran deuda familiar. Eliseo le dio instrucciones para que tomara su última vasija de aceite y registrara la ciudad para recoger las vasijas vacías. La mujer debía llenar las vasijas con su única vasija de aceite. Ella vertió y vertió hasta que finalmente todas las vasijas se llenaron de aceite e inmediatamente el aceite dejó de fluir. Entonces Eliseo le indicó que vendiera el aceite y pagara su deuda. Quedó suficiente para que su familia viviera cómodamente. El milagro de Eliseo fue similar al de Jesús cuando multiplicó los peces y los panes para alimentar a los cinco mil.

Después, Eliseo ayudó a una importante mujer sunamita. Él solía pasar por su casa, por lo que ella lo invitó a quedarse y comer con su familia. Como consideraba que Eliseo era un hombre santo de Dios, ella y su esposo le construyeron una habitación especial. Eliseo estaba tan agradecido que pidió a su siervo Giezi que averiguara qué podía hacer por esta familia. La mujer no pidió nada, pero Giezi se dio cuenta de que no tenía un hijo. Eliseo le dijo que el próximo año tendría un hijo. Ella se quedó tan sorprendida que dijo: "Por favor, no me mientas". Al año tuvo un hijo.

Años más tarde, cuando su hijo ayudaba a su padre con la cosecha, de repente gritó: "Mi cabeza, mi cabeza". El padre lo llevó a su madre y aquel mismo día murió en su regazo. Ella llevó al niño a la habitación de Eliseo y cerró la puerta. Luego le dijo con confianza a su esposo: "Todo saldrá bien", y salió a buscar a Eliseo.

¡Impactante! ¿Cómo sabía ella que todo estaría bien? En realidad, no lo sabía, pero por fe esperaba que Eliseo lo lograría. Esta madre caminaba por fe, no por vista[6]. Es decir, actuaba conforme a lo que creía (fe), no por la evidencia del cuerpo sin vida de su hijo (vista). Nosotros también debemos buscar las cosas que no se ven, porque las cosas que se ven son temporales y las que no se ven son eternas. Además, cuando nos enfrentemos a dificultades abrumadoras, no debemos desanimarnos porque la aflicción momentánea y ligera producirá un peso eterno de gloria[7]. Por supuesto, este tipo de acontecimientos no parecen momentáneos ni ligeros; sin embargo, somos llamados a dirigir la mirada hacia Dios en busca de fuerza, sabiendo que Él estará allí con nosotros. Esto es mucho más fácil de decir que de hacer. Veamos lo que sucedió cuando esta madre tomó este camino.

Cuando encontró a Eliseo, se aferró a sus pies; y él vio que su alma estaba turbada. Eliseo le dijo a Giezi que el Señor le había ocultado esta tragedia. Finalmente, la mujer habló: "¿Pedí yo hijo a mi Señor? ¿No dije yo que no te burlases de mí?". Eliseo, consciente de la gravedad del momento, aceptó de inmediato volver a su casa. Eliseo entró en la habitación y oró al Señor. Luego, Eliseo se acostó sobre el niño; puso su boca sobre la boca del niño; sus ojos sobre los ojos del niño; y sus manos sobre las manos del niño. Cuando se tendió sobre el niño, el cuerpo del niño se calentó. Caminó

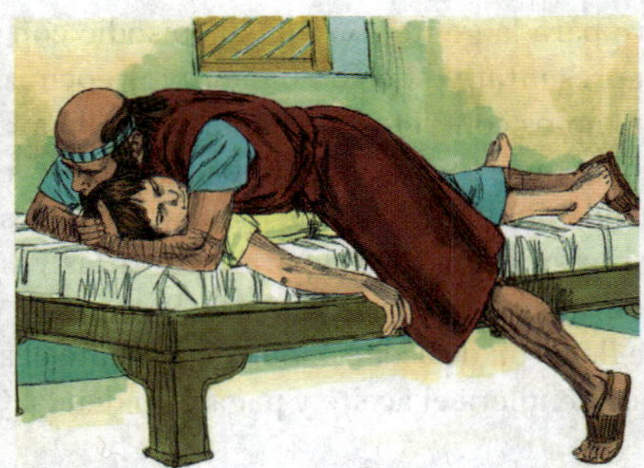

de un lado a otro y luego se volvió a tender sobre el niño; esta vez el niño estornudó siete veces y abrió los ojos. Eliseo llamó a la sunamita y le dijo que tomara a su hijo. Ella se postró a sus pies, postrándose en el suelo. Después, llevó a su hijo al Señor con agradecimiento y alabanzas.

No solo son grandes historias, sino que también nos dan grandes lecciones que pueden ayudarnos a vivir las dificultades que enfrentamos. Hay momentos en que los esposos, las esposas y los hijos mueren antes de lo debido; Dios no promete que evitaremos las pruebas y tribulaciones difíciles. Pero sí promete estar con nosotros[8]. Podemos clamar al Señor para que nos ayude como lo hizo la mujer que debía tanto dinero. Ella confiaba en recibir ayuda, y la obtuvo. Sin embargo, tuvo que seguir las instrucciones, y tuvo que tener fe en que el aceite seguiría saliendo hasta que las vasijas estuvieran llenas. Entonces, recibió provisiones para mantener a su familia por el resto de sus vidas. Si queremos que Dios actúe en nuestro favor, nuestra fe en Dios es un componente clave que abre la puerta al reino celestial[9]. Y Dios suplirá todas nuestras necesidades conforme a sus riquezas[10].

Al igual que la mujer sunamita, nunca sabemos cuándo los actos de bondad pueden ser retribuidos. Ella no pidió nada, incluso cuando Eliseo estaba dispuesto a concederle todo lo que deseara. Eliseo tuvo el privilegio de darle la promesa de un hijo. Tuvo muchos años encantadores con su hijo, pero todo se derrumbó en una gran tragedia; no obstante, ella sabía exactamente qué hacer. No se dejó llevar por el pánico y tenía un plan: buscar a Eliseo. Cuando su esposo le cuestionó lo que estaba haciendo, ella respondió con confianza: "Todo saldrá bien". Su hijo acababa de morir. ¿Cómo podría ir todo bien? ¡Qué gran fe! Sin embargo, cuando llegó ante Eliseo, fue el momento de depositar sus cargas en el hombre de Dios; así pues, soltó toda su aflicción y su dolor, y suplicó que la ayudaran.

Podemos tomar especial atención al hecho de que Dios decidió ocultar esta tragedia a Eliseo. Esto nos puede ayudar a entender que incluso los más grandes hombres de Dios no siempre saben las cosas que podríamos esperar de ellos. Además, este hecho nos enseña que debemos estar preparados para lo inesperado. Aunque se le ocultó a Eliseo, él supo de inmediato lo que tenía que hacer. La mujer temblaba de miedo y se afligía por su pérdida, pero confiaba en que Eliseo cumpliría. Y Eliseo lo hizo, a lo grande. Sin embargo, Eliseo no lo hizo con sus propias fuerzas, sino con la oración y la búsqueda de Dios. Nosotros también podemos hacer cosas grandiosas, pero todo se hace con el poder del Espíritu Santo dentro de nosotros y no por nuestro propio poder[11].

Vivir en el reino mientras estamos aquí en la Tierra incluye aprender a lidiar con circunstancias difíciles e incluso problemáticas. Como compartí anteriormente en esta historia, Dios nos ha llamado a caminar (vivir) por fe, no por vista (circunstancias). Esto significa que debemos vivir conforme a los principios que Él ha establecido para nosotros y no de la manera que el mundo dice que es correcta. No podemos ni debemos negar los problemas que afrontamos, pero tenemos que poner los ojos en Dios para que esté con nosotros, y creer con fe que nos librará de los problemas en su tiempo.

Preguntas para profundizar

- ¿Ha estado en situaciones en las que estaba agotado y era difícil concentrarse, pero tenía que seguir adelante, ya sea en los estudios o en el trabajo? ¿Sabía que puede pedirle a Dios que le dé fuerzas?
- ¿Qué opina del ataque de los osos a los adolescentes?
- Cuando la mujer sunamita se ofreció a acoger a Eliseo en su casa, nunca imaginó que le pediría a Dios que le diera un hijo. Los mejores regalos llegan cuando servimos a Dios sin esperar nada a cambio. ¿Se le ocurre alguna vez que haya recibido una bendición especial (o un regalo) que le haya llegado de forma totalmente repentina (inesperada)?
- No todos pueden tener la bendición especial que tuvo Eliseo. ¿Se da cuenta de que puede servir a Dios como lo hizo la mujer sunamita, siendo amable con cualquier persona que lo necesite? Para Dios, eso es igual de importante, y su recompensa por cualquier acto sencillo será igual de grande.

Para estudio adicional

1. Efesios 6:12-17. Este pasaje describe nuestra batalla con el diablo y sus fuerzas malignas en los lugares celestiales. Debemos defendernos vistiendo toda la armadura de Dios que nos protegerá. Asimismo, con nuestro escudo de la fe, debemos repeler los dardos de fuego que nos lanza el diablo.
2. Efesios 2:2. "En los cuales anduvisteis en otro tiempo, siguiendo la corriente de este mundo, conforme al príncipe de la potestad del aire [el diablo], el espíritu que ahora opera en los hijos de desobediencia".
3. Daniel 10:5-8, 12-13. Daniel había estado ayunando y orando; y al cabo de tres semanas, recibió la visita de un ángel magnífico. El ángel le dijo a Daniel que no tuviera miedo. "Y a causa de tus palabras yo he venido. Mas el príncipe del reino de Persia [no el rey terrenal de Persia, sino la fuerza maligna que guía desde el dominio de las tinieblas] se me opuso durante veintiún días; pero he aquí Miguel, uno de los principales príncipes, vino para ayudarme, y quedé allí con los reyes de Persia".
4. Efesios 6:12. "Porque no tenemos lucha contra sangre y carne, sino contra principados, contra potestades, contra los gobernadores de las tinieblas de este siglo, contra huestes espirituales de maldad en las regiones celestes".
5. 1 Pedro 2:11-12. Somos visitantes y peregrinos durante nuestra estancia aquí en la Tierra; y somos llamados a mantener un comportamiento excelente para ser de testimonio a todos los que son testigos de lo que hacemos.
6. 2 Corintios 5:7. Porque por fe andamos, no por vista.
7. 2 Corintios 4:16-18. "Por tanto, no desmayamos; antes aunque este nuestro hombre exterior se va desgastando, el interior no obstante se renueva de día en día. Porque esta leve tribulación momentánea produce en nosotros un cada vez más

excelente y eterno peso de gloria; no mirando nosotros las cosas que se ven, sino las que no se ven; pues las cosas que se ven son temporales, pero las que no se ven son eternas".

8. Santiago 1:2-4, 12. "Tened por sumo gozo cuando os halléis en diversas pruebas, sabiendo que la prueba de vuestra fe produce paciencia. Mas tenga la paciencia su obra completa. Bienaventurado el varón que soporta la tentación; porque cuando haya resistido la prueba, recibirá la corona de vida, que Dios ha prometido a los que le aman".

9. La fe era un componente crucial, y a veces necesario, para que Jesús sanara o realizara milagros:

    a. Mateo 8:13. "Ve, y como creíste, te sea hecho".

    b. Mateo 9:2, 6. "Le trajeron un paralítico, tendido sobre una cama; y al ver Jesús la fe de ellos, dijo al paralítico: Levántate, toma tu cama, y vete a tu casa".

    c. Mateo 9:22. "Jesús, volviéndose y mirándola, dijo: Ten ánimo, hija; tu fe te ha salvado. Y la mujer fue salva desde aquella hora".

    d. Mateo 13:58. "Y no hizo allí muchos milagros, a causa de la incredulidad de ellos".

10. Filipenses 4:19. "Dios, pues, suplirá todo lo que os falta conforme a sus riquezas en gloria en Cristo Jesús".

11. Efesios 3:20. "Y a Aquel que es poderoso para hacer todas las cosas mucho más abundantemente de lo que pedimos o entendemos, según el poder que actúa en nosotros" (énfasis añadido).

20

La reputación de Eliseo como hombre de Dios se extiende más allá de Israel

2 Reyes 5-13

Ahora que Eliseo se había establecido como líder de los profetas, comenzó a mostrar su poder a los reyes de Israel. Aunque no había rencores entre ellos, así había respeto mutuo: Eliseo apoyaba a su rey como debería hacerlo un súbdito leal. No se le pidió que confrontara a los reyes de la manera en que lo hizo Elías. Pero veremos que al final tendría que dar una noticia terrible al pueblo de su tierra por su infidelidad a Dios.

Eliseo realiza un milagro para un oficial enemigo

La reputación de Eliseo iba más allá de las fronteras de su propio país. Naamán era un gran hombre y era muy respetado en el ejército de Aram, que a menudo luchaba contra Israel. Aunque no era de la estirpe del pueblo escogido por Dios, le había dado victorias que hicieron que su reputación creciera aún más. Pero aunque era un guerrero valiente, estaba afligido por la lepra. Naamán tenía un tipo de lepra que no era contagiosa ni terminal, pero seguía siendo una carga para vivir.

Felizmente para Naamán, su esposa había sido amable con su esclava israelita, que conocía la capacidad de Eliseo para realizar milagros. Cuando ella le dijo a la esposa de Naamán que Eliseo podría curarlo, él acudió a su rey para que lo ayudara con la diplomacia.

Como el rey de Aram tenía tanto respeto por Naamán, aceptó escribir una carta al rey de Israel solicitando una audiencia ante el hombre de Dios. El rey también envió dinero y bienes materiales para pagar por el milagro. Cuando Eliseo recibió la petición, envió un mensajero con una instrucción muy sencilla: "Ve y lávate siete veces en el Jordán, y tu carne se te restaurará, y serás limpio". Naamán se enfureció y exclamó: "Pensé que seguramente vendría a mí, invocaría el nombre de su Dios y curaría la lepra de forma milagrosa". Pensó que el insignificante río Jordán no podía compararse con los ríos de su país natal, Damasco.

Sin embargo, los siervos sabios de Naamán le dijeron: "Si el profeta te mandara alguna gran cosa, ¿no la harías? ¿Cuánto más, diciéndote: Lávate, y serás limpio?". Naamán decidió seguir las instrucciones de Eliseo, y su piel fue restaurada como la de un niño pequeño. Naamán volvió a Eliseo para expresarle: "He aquí ahora conozco que no hay Dios en toda la tierra, sino en Israel. Te ruego que recibas algún presente de tu siervo". Pero Eliseo no quiso tomar nada. Entonces Naamán le manifestó a Eliseo que a partir de ese día no adoraría a ningún otro dios sino al Dios de Israel.

La mejor manera de servirle a Dios puede ser haciendo las cosas ordinarias y sencillas que nos llama a hacer. Quizá estemos dando un ejemplo a otra persona, o a lo mejor Dios nos está preparando para algo en el futuro. Cada año, el domingo previo a la Navidad, pregunto a mi clase de la escuela dominical para adultos qué piensan regalar a Jesús por su cumpleaños. Es un ejercicio que nos recuerda que la oración no consiste tan solo en elevar nuestras peticiones a Dios, sino que ha de ser una conversación bidireccional que incluya dedicar tiempo a escuchar lo que Dios quiere decirnos[1].

Hace aproximadamente veinte años, le pregunté a Jesús qué quería que le regalara esa Navidad en particular. Esperaba que fuera algo como ser más diligente en el estudio de su Palabra o ser más considerado con mi esposa, o tal vez ir a un viaje misionero. No podía creerlo cuando escuché una pequeña y silenciosa voz dentro de mi cabeza que decía: "Quiero que empieces a hacer ejercicio regularmente". ¿Qué clase de regalo es ese?, fue lo que pensé. Eso es algo que debería hacer para mí, ¡no para Jesús! Pero al final me di cuenta de que cuidarme a mí mismo me permitiría servir a Dios conforme vaya envejeciendo. Qué gran recordatorio de que cuando hacemos las cosas sencillas y ordinarias de la vida, los grandes acontecimientos se resolverán por sí solos.

Este hubiera sido un buen punto para que la historia de Eliseo y Naamán terminara. Sin embargo, Giezi, el siervo de Eliseo, estaba deslumbrado por todos los bienes maravillosos. Por esto, buscó a Naamán y le pidió un talento de plata y dos mudas de ropa bajo el pretexto de que dos profetas se habían presentado de forma inesperada y la ropa ayudaría a cuidarlos. Naamán con gusto se las dio a Giezi. Después, cuando Giezi mintió sobre cómo había conseguido las ropas, Eliseo pronunció: "Por tu pecado, la lepra de Naamán se te pegará a ti y a tu descendencia para siempre". Giezi salió de la presencia de Eliseo como un leproso, blanco como la nieve. ¡Qué resultado tan triste para un siervo fiel! Recuerde que, de la historia anterior, fue Giezi quien le dijo a Eliseo que la mujer sunamita anhelaba tener un hijo.

¿Qué daño le hizo a Giezi tomar algo que Naamán le ofreció de buena voluntad y amablemente? El regalo de Dios a Naamán fue dado en forma gratuita a través del poder de Dios y, por lo tanto, no es algo que se pueda negociar o pagar. Es importante seguir a Dios incluso cuando significa renunciar a algo que pensamos que necesitamos o merecemos. Dios siempre sabe más, por lo que es mucho mejor esperar y dejar que Dios nos dé lo que quiere que tengamos en lugar de tomar algo que

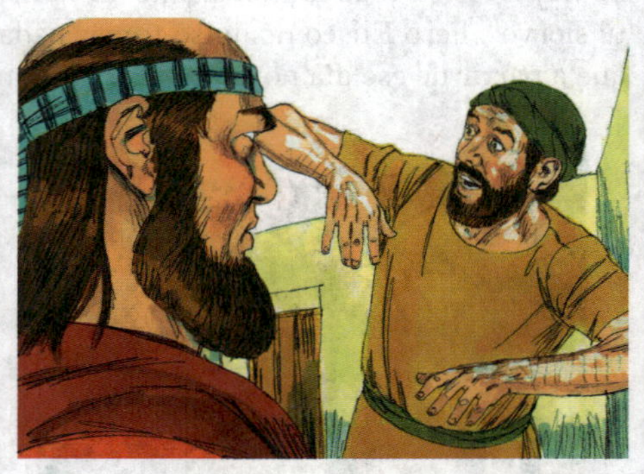

no nos pertenece[2]. Veremos que Giezi siguió desempeñando un papel importante en el servicio a Eliseo, a pesar de que tuvo que aceptar las consecuencias de sus acciones. Nuestras malas decisiones no significan que ya no podamos servir a Dios y ser un miembro fiel de su familia.

Los milagros de Eliseo muestran nuestro acceso al mundo espiritual

Una de las historias más simples que involucra a Eliseo nos cuenta cómo los profetas de Dios vivían juntos como una comunidad y se ganaban la vida con la tierra. Se apoyaban mutuamente, sobre todo frente a los reyes que no solían seguir sus consejos.

Cuando estaban cortando árboles para construir sus casas, la cabeza del hacha de hierro de un profeta se desprendió y cayó al agua. Exclamó: "¡Ah, señor mío, era prestada!". Eliseo acudió al rescate. Tiró un palo en el agua en el lugar donde había caído la cabeza del hacha, y la cabeza del hacha flotó hasta la cima. ¿No es reconfortante saber que hay momentos en los que Dios nos cuida incluso cuando somos quejumbrosos? ¿Es difícil de creer? Con Dios, todo es posible[3]. Sin embargo, una nota importante: como hemos visto en otras historias, hay ocasiones en las que Dios nos hará responsables de nuestras acciones, ya sea para enseñarnos una lección o porque somos lo suficientemente maduros y espera más de nosotros.

El siguiente milagro es una de mis historias favoritas de la Biblia. Gracias a ella podemos obtener una perspectiva valiosa sobre el reino celestial y sobre lo que las fuerzas divinas que residen allí pueden hacer por nosotros. Cuando Eliseo escuchó de Dios cómo el ejército de Aram se dirigía al próximo campo de batalla, envió esta información al rey de Israel para que pudieran preparar una emboscada. La primera vez que ocurrió, el rey de Aram lo aceptó como una coincidencia; la segunda vez se mostró muy preocupado. Pero cuando ocurrió una tercera vez, el rey de Aram reunió a sus generales y alegó que había un espía entre su equipo. Sin embargo, sus generales estaban al tanto y le dijeron al rey que había un profeta entre los israelitas cuyo Dios le decía todo lo que ocurría en su campamento; pues Eliseo sabía incluso lo que ocurría en la habitación del rey. Esto llamó la atención del rey. Me encanta esta analogía porque permite conocer la profundidad con la que Dios puede revelar hasta los secretos más íntimos.

El rey abordó este problema de frente. Aunque no había soldados con Eliseo, el rey envió a todo su ejército tras él. Llegaron de noche y rodearon la ciudad. A la mañana siguiente, antes de que saliera el sol, Giezi se levantó para tomarse unos momentos de libertad antes de comenzar sus labores diarias. Mientras caminaba por las murallas de la ciudad, vio el amanecer. Al contemplar el campo, vio que toda la ciudad estaba rodeada por el ejército de Aram. Se asustó terriblemente y corrió a buscar a Eliseo. En mis palabras, esto es lo que sucedió:

"Eliseo, Eliseo, ven rápido, tienes que ver; ¡estamos en graves problemas!" Un asustado Giezi, tiró de Eliseo hacia las escaleras de la muralla de la ciudad. "¡Mira, mira, el enemigo nos está rodeando!" Eliseo respondió con frialdad y seguridad: "Somos más que ellos". Giezi, nervioso, exclamó: "Mira, 10 000; 20 000; 30 000; 40 000; 50 000 hombres nos rodean, dispuestos a llevarnos cautivos. ¿Cómo que somos más que ellos?". Entonces, con toda calma, Eliseo pidió a Dios que abriera los ojos de Giezi".

¿Qué? Ese era el problema de Giezi: ¡sus ojos estaban abiertos! Encontramos la respuesta cuando entendemos que Eliseo le pedía a Dios que abriera los ojos "espirituales" de Giezi para que pudiera ver el reino celestial. Y cuando el Señor abrió los ojos del siervo, vio que las montañas estaban llenas de caballos angelicales con carros de fuego que rodeaban al ejército de Aram. ¡Qué magnífico! Ahora estamos recibiendo una mejor imagen de los seres espirituales que viven en el reino celestial.

Entonces Eliseo oró e invocó a Dios, diciendo: "Te ruego que hieras con ceguera a esta gente". Una vez cegados, Eliseo, con un nivel de confianza y quizá en tono de burla, habló al ejército de Aram "No es este el camino, ni es esta la ciudad; seguidme, y yo os guiaré al hombre que buscáis".

Después de marchar todo el día, Eliseo pidió a Dios que abriera los ojos del enemigo capturado. Estaban en Samaria, la capital de Israel. El rey de Israel preguntó: "¿Los mataré?". Eliseo respondió:

"Pon delante de ellos pan y agua, para que coman y beban". Y cuando terminaron de conmemorar la victoria de Israel, el enemigo fue enviado a casa. Eliseo estaba practicando un principio importante que Dios quiere que aprendamos: nunca devolver el mal con el mal y, si es posible, estar en paz con todos los hombres[4].

En esta historia, Dios abrió otra puerta para entrar en su mundo. Así como hizo con Giezi, espero que esto "abra sus ojos" al mundo de Dios que existe a nuestro alrededor. Cuando Eliseo pidió que se abrieran los ojos de Giezi, este descubrió un gran ejército de seres angelicales que Dios envió a luchar contra su enemigo. Esta vez no solo vemos los resultados de las intervenciones de Dios, sino que también conocemos a los seres tan magníficos que estaban allí para ayudar a Eliseo. Considero que Dios está obrando en estas historias para revelarnos lentamente su gran reino, que la mayoría de nosotros, incluido yo, nunca hemos visto. Aunque no haya visto este mundo espiritual, creo plenamente que existe[5].

Nuestra capacidad de ver el mundo físico en el que vivimos nos limita y, en cierto modo, nos impide creer y aceptar este reino celestial más amplio. Tenemos que orar para que los "ojos de nuestro corazón" sean iluminados y así podamos conocer la esperanza del llamado de Dios[6]. Esto no significa que debamos cerrar nuestros ojos terrenales, sino más bien abrirnos al mundo más amplio que está a nuestro alcance.

Si dejamos que la fe supere nuestras limitaciones físicas, podremos acceder a los recursos que Dios pone a nuestra disposición para ayudarnos a superar las dificultades a las que nos enfrentamos en nuestra vida cotidiana. Sin embargo, para aprovechar los beneficios que Dios nos provee, debemos comprender que tenemos el derecho y el poder para pedir ayuda[7]. Como Eliseo, necesitamos estar en comunicación regular con Dios para saber cuándo pedir su ayuda y tener la fe de que la ayuda está en camino. Si Eliseo no hubiera sido consciente de que los ángeles estaban allí para ayudarle, habría quedado indefenso.

La fe es la certeza de lo que se espera y la convicción de lo que no se ve[8]. Utilizar nuestra fe para depender de Dios en las pruebas y tribulaciones de la vida significa confiar en Dios para aquellas cosas que esperamos pero que aún no tenemos. Si esperamos algo que no vemos, entonces lo aguardaremos con perseverancia y ansias. Porque no necesitamos la fe para las cosas que ya tenemos. ¿Quién espera algo que ya tiene?[9].

Es un mundo nuevo. ¿Está listo para entrar?

La despedida de Eliseo

Ahora que su vida llegaba a su fin, la última responsabilidad de Eliseo era completar el traspaso de poder terrenal que había iniciado Elías. Mientras que Acab había muerto en batalla muchos años antes, Jezabel había continuado su papel de liderazgo durante los reinados de su hijo y su nieto. Como se había profetizado previamente, ya era hora de que Jehú tomara el relevo como rey de Israel, y que Hazel se convirtiera en el rey de Aram.

Después de que Jehú hizo matar al nieto de Acab, llegó a Jezreel, donde vivía Jezabel. Ella estaba preparada para enfrentar a Jehú. Sin embargo, Jehú llamó a sus siervos y los invitó a unirse a él en su reinado. Así lo hicieron echando a Jezabel desde la ventana de su piso alto, y se cayó en el camino, quedando su cuerpo y su sangre esparcidos por la carretera. Después de instalarse en el palacio, Jehú dijo a sus siervos que recuperaran su cuerpo, ya que era de la realeza y merecía ser enterrada. Sin embargo, los siervos descubrieron que los perros se habían comido su carne, y sus huesos no pudieron ser encontrados, con lo cual se cumplió la profecía de Elías de años atrás: "Comerán los perros las carnes de Jezabel, y el cuerpo de Jezabel será como estiércol, de manera que nadie pueda decir: Esta es Jezabel".

La despedida de Eliseo fue triste, ya que pudo prever la devastación de Israel causada por el reinado de Hazel. Dios designó a Jehú como rey, y si bien acabó con los profetas de Baal que aún quedaban, no estaba dispuesto a ser un líder piadoso y terminó fracasando como rey en continuar con el favor de Dios. La vida en el reino del norte iba a ser dura. Ni el pueblo ni los líderes estarían dispuestos a seguir a Dios.

La relación entre la familia de Jehú y Eliseo era estrecha, así que no es de extrañar que el nieto de Jehú, Joás (rey del norte), haya visitado a Eliseo cuando este enfermó de forma terminal. Lloró por él y repitió la expresión de clamor que pronunció Eliseo cuando vio a Elías ser llevado al cielo: "¡Padre mío, padre mío, carro de Israel y su gente de a caballo!". Considero que Joás (rey del norte) aprovechó esta oportunidad para comparar la grandeza de Eliseo con la de Elías, quien había dejado esta Tierra en flamantes carros de fuego. En un acto de bondad por este honor, Eliseo le dio al rey una victoria más sobre su enemigo.

Ahora bien, después de la muerte de Eliseo, los israelitas enterraron a otro hombre cuando fueron invadidos por un pequeño grupo de traidores. En su prisa por defenderse, arrojaron al hombre muerto en la tumba de Eliseo. Cuando el cuerpo del hombre tocó los huesos de Eliseo, el hombre revivió y se puso de pie. Por increíble que parezca, Eliseo incluso tuvo un impacto en el pueblo de Israel después de su muerte.

Mire lo que Dios fue capaz de hacer por su familia escogida, a pesar de que ellos preferían constantemente servir a otros dioses. Pienso que también lo hace por nosotros, muchas veces sin que nos demos cuenta. ¡Imagine lo que Dios podría hacer por nosotros si, como nación, empezáramos a adorarle y honrarle siguiendo el ejemplo de Jesús en nuestra vida diaria!

Con esto finaliza una serie extraordinaria de historias sobre la vida de Elías y Eliseo, dos de los más grandes profetas del Antiguo Testamento. A través de ellos, Dios nos presenta una imagen de la vida de un profeta y nos ofrece un panorama del mundo invisible. Aunque no seamos llamados a ser profetas, el Nuevo Testamento deja claro que, a través del Espíritu Santo, tenemos acceso directo a Dios[10] y a su reino celestial, incluido el contacto con esos seres angelicales magníficos que sirven a nuestro Padre celestial[11]. Es hora de reconocer que sí nos brindan protección del mismo modo que lo hicieron con Elías y Eliseo. Es nuestro trabajo dedicar nuestro tiempo a servir a Dios y a Jesús. Si lo hacemos, la ayuda vendrá cuando seamos lo suficientemente sabios como para saber que están ahí y así, poder llamarlos. El número de teléfono de Dios es Jeremías 33:3.

Clama a mí, y yo te responderé, y te enseñaré cosas grandes y ocultas que tú no conoces.

Preguntas para profundizar

- ¿Alguna vez le han pedido hacer algo que no creía que valiera la pena hacer? ¿Lo hizo de todos modos? Tomando como base la historia de Naamán, ¿logra comprender por qué tenemos que seguir la dirección de Dios aunque no entendamos el porqué?
- ¿Fue demasiado duro el castigo que recibió Giezi por haber tomado la ropa? ¿Por qué sí o por qué no?
- ¿Alguna vez ha tenido sus ojos espirituales abiertos al mundo de Dios? ¿Vale la pena prestar atención al mundo de Dios?
- ¿Por qué cree que el reino del norte elegía constantemente desobedecer a Dios? ¿Cree que nosotros también desobedecemos repetidamente a Dios? Reflexione sobre ello desde su perspectiva personal y desde la perspectiva del mundo en general. Si mostramos algunas de las mismas señales, ¿qué deberíamos hacer al respecto, si es que hay que hacer algo?

Para estudio adicional

1. Hebreos 10:15-16. El Espíritu Santo testifica: "Este es el pacto que haré con ellos Después de aquellos días, dice el Señor: Pondré mis leyes en sus corazones, y en sus mentes las escribiré".

2. Los siguientes pasajes de las Escrituras del Nuevo Testamento nos ayudan a entender por qué Dios no quiere que nos unamos o nos comprometamos con los incrédulos:

    a. 1 Juan 2:15-17; 4:6. "No améis al mundo, ni las cosas que están en el mundo. Porque todo lo que hay en el mundo, los deseos de la carne, los deseos de los ojos, y la vanagloria de la vida, no proviene del Padre, sino del mundo. Y el mundo pasa, y sus deseos; pero el que hace la voluntad de Dios permanece para siempre".

    b. 1 Pedro 2:11-12. "Amados, yo os ruego como a extranjeros y peregrinos, que os abstengáis de los deseos carnales que batallan contra el alma, manteniendo buena vuestra manera de vivir entre los gentiles; para que en lo que murmuran de vosotros como de malhechores, glorifiquen a Dios en el día de la visitación, al considerar vuestras buenas obras".

    c. 2 Corintios 6:14. "No os unáis en yugo desigual con los incrédulos; porque ¿qué compañerismo tiene la justicia con la injusticia? ¿Y qué comunión la luz con las tinieblas?".

3. Mateo 19:26. "Y mirándolos Jesús, les dijo: Para los hombres esto es imposible; mas para Dios todo es posible".

4. Romanos 12:17-18. "No paguéis a nadie mal por mal; procurad lo bueno delante de todos los hombres. Si es posible, en cuanto dependa de vosotros, estad en paz con todos los hombres".

5. 2 Corintios 5:7. "Porque por fe andamos, no por vista".

6. Efesios 1:18. "Alumbrando los ojos de vuestro entendimiento, para que sepáis cuál es la esperanza [de Dios] a que él os ha llamado, y cuáles las riquezas de la gloria de su herencia en los santos".

7. Efesios 3:20. "Y a Aquel que es poderoso para hacer todas las cosas mucho más abundantemente de lo que pedimos o entendemos, según el poder que actúa en nosotros".

8. Hebreos 11:1. "Es, pues, la fe la certeza de lo que se espera, la convicción [la evidencia] de lo que no se ve".

9. Romanos 8:23-25. "Y no solo ella, sino que también nosotros mismos, que tenemos las primicias del Espíritu, nosotros también gemimos dentro de nosotros mismos, esperando la adopción, la redención de nuestro cuerpo. Porque en esperanza fuimos salvos; pero la esperanza que se ve, no es esperanza; porque lo que alguno ve, ¿a qué esperarlo? Pero si esperamos lo que no vemos, con paciencia lo aguardamos".

10. Juan 16:7, 13. "Os conviene que yo me vaya; porque si no me fuera, el Consolador [el Espíritu Santo] no vendría a vosotros; mas si me fuere, os lo enviaré. Pero cuando venga el Espíritu de verdad, él os guiará a toda la verdad".

11. Mateo 26:53. Al hablar con Pedro, Jesús dijo: "¿Acaso piensas que no puedo ahora orar a mi Padre, y que él no me daría más de doce legiones de ángeles?".

21

Judá es inconsistente en seguir a Dios; Israel ya no tiene remedio

2 Reyes 14-17; 2 Crónicas 22-28

Después de la muerte de Josafat, Dios estaba frustrado con los israelitas, sobre todo con los reyes de Judá. Al parecer, Josafat hizo un mal trabajo en la formación de su hijo para ser rey. Su hijo Joram y su nieto Ocozías gobernaron por periodos cortos de tiempo con prácticas que eran malas ante los ojos de Dios. Hicieron alianzas con los hijos de Acab. Joram se casó con Atalía, una de las hijas de Acab, que se convirtió en la madre de Ocozías. Había tanta maldad que Atalía tomó el control y gobernó como reina.

Durante el reinado de Atalía, mató a sus propios hijos y nietos. Felizmente, un sacerdote piadoso llamado Joiada escondió a Joás (rey del sur), hijo de Ocozías. Así, se frustró el intento de Satanás de borrar el linaje real de David. Después de seis años, Joiada pudo arrebatarle el reino a Atalía y colocó a Joás (rey del sur) en el trono. Tras la muerte de Joiada, Joás (rey del sur) escuchó torpemente el consejo de los impíos en lugar de Zacarías, hijo de Joiada. Cuando Joás (rey del sur) mandó matar a Zacarías, sus propios siervos conspiraron para matarlo. Su hijo Amasías se convirtió en rey en su lugar.

Amasías hizo lo bueno, pero no sirvió a Dios correctamente

Gracias a Dios, Amasías tomó el control y dio muerte a los que mataron a su padre, y creó un ejército valiente para proteger sus fronteras. Amasías hizo lo correcto a los ojos del Señor, pero no con todo su corazón. Como había hecho su padre antes que él, estableció una alianza con el rey de Israel contratando 100,000 soldados. Cuando un mensajero de Dios le comunicó que Dios no estaría con él si se aliaba con sus parientes de Israel, envió a los soldados a casa. Sin embargo, cuando se quejó al mensajero de que ya había pagado a las tropas, el hombre de Dios le respondió: "Jehová puede darte mucho más que esto". Una regla buena a seguir en la vida: soltar y dejar a Dios.

Mientras Amasías conducía a su ejército a la victoria sobre su enemigo, los 100,000 soldados de Israel asaltaron las ciudades de Judá, mataron a tres mil personas y se apoderaron de joyas y ropas valiosas. Amasías había hecho lo que Dios quería. ¿Por qué Dios permitió que el reino de Amasías sufriera tantas pérdidas? Tengo dos reflexiones que pueden ayudarnos con nuestras propias circunstancias de vida aquí en la Tierra.

En primer lugar, Amasías ya se había encargado de los servicios del ejército de Israel antes de consultar a Dios sobre lo que debía hacer. Además, los soldados de Israel se sintieron ofendidos porque no se les permitió ir a la batalla. Habrá ocasiones en las que tendremos que aceptar las consecuencias de nuestras decisiones. Dios puede ayudarnos a superar las circunstancias difíciles, pero a veces sufrimos por nuestras malas decisiones[1]. ¿Ha habido algún momento en su vida en que tomó una mala decisión y sabía que Dios estaba con usted, pero tuvo que sufrir las consecuencias?

En segundo lugar, ¿qué hicieron mal las tres mil personas que murieron? Posiblemente nada; sin embargo, los planes de Satanás, como gobernante de este mundo, son crear el caos y la destrucción. Podemos perder la protección de Dios si le abrimos la puerta a Satanás al tomar malas decisiones. Satanás tiene fuerza, y aunque Dios puede vencer su fuerza, nosotros tenemos

que lidiar con este poder maligno; de hecho, Dios necesita nuestra ayuda, que consiste en depositar nuestra fe en Él para combatir ese poder. Según mi estudio de las Escrituras, se podría decir que si Dios venciera a Satanás en sus esfuerzos por destruir el mal, la humanidad se convertiría en una víctima de esa guerra. El hecho de que no veamos esta batalla espiritual librándose no significa que no esté ocurriendo. Recuerde, Giezi, el siervo de Eliseo, no había visto en un principio a los ángeles con sus carros de fuego, pero eso no significa que no estuvieran allí. Debemos recordar la advertencia de Pablo en Efesios:

Porque no tenemos lucha contra sangre y carne [la humanidad], sino contra principados, contra potestades, contra los gobernadores de las tinieblas de este siglo, contra
huestes espirituales de maldad en las regiones celestes[2].

Por desgracia, Amasías celebró su victoria sobre los edomitas trayendo sus dioses a
Jerusalén, donde se inclinó ante ellos y los adoró. La ira del Señor arremetió contra
Amasías.

Jehová envió a él un profeta, que le dijo: ¿Por qué has buscado los dioses de otra nación,
que no libraron a su pueblo de tus manos?

Por primera vez, que yo recuerde en las
Escrituras, Dios planteó a Amasías la pregunta que yo mismo me he hecho tantas
veces con respecto a otros acontecimientos
del Antiguo Testamento. ¿Por qué el rey
prefirió adorar a los dioses de una nación
a la que Dios acababa de ayudarle a derrotar? Sin embargo, como muchos de los
reyes que le precedieron, Amasías no fue lo
suficientemente sabio como para escuchar
la palabra de Dios.

Amasías siguió tomando malas deci-
siones pues desafió al rey de Israel a una batalla. El rey advirtió con vehemencia a
Amasías que Judá no era lo suficientemente fuerte como para derrotar a su ejército.
Sin embargo, Amasías no quiso escuchar. Dios buscaba la manera de castigarlo porque
él y sus súbditos habían buscado los dioses de Edom. Y como el rey de Israel había
proclamado con jactancia, Judá fue derrotado. La nobleza de Judá estaba tan molesta
con Amasías que conspiró contra él y lo hizo matar. Todo el pueblo de Judá tomó a
Uzías, hijo de Amasías, y lo colocó en el trono en lugar de su padre. La falta de arrepentimiento de Amasías le costó la vida.

¿Se puede identificar con un momento de su vida en el que eligió hacer algo porque
le pareció bien en ese momento, pero después lo pagó muy caro? ¿Un momento en
el que fue demasiado orgulloso para volver a Dios o simplemente no pudo creer que
Dios lo perdonaría? Esto es exactamente lo que Satanás quiere que haga. En repetidas
ocasiones, hemos visto a través de las Escrituras que Dios está dispuesto a perdonar,
pero debemos dejar de lado nuestro orgullo egoísta, caer de rodillas y pedir perdón[3].

Uzías y sus hijos eligen servir a Dios, pero fracasan como líderes

Uzías, al igual que su padre antes que él, comenzó buscando y complaciendo a Dios.
Buscó sabiamente el consejo de Zacarías, quien obtuvo entendimiento a través de visiones que provenían de Dios, y mientras Uzías buscó a Dios, prosperó. Lamentablemente,
cuando se hizo fuerte, su corazón fue tan orgulloso que se volvió infiel a Dios. Entró
en el templo del Señor para quemar incienso en el altar. Los sacerdotes le advirtieron

que esas eran las tareas que Dios asignaba exclusivamente a los sacerdotes y que debía abandonar el santuario de inmediato. Uzías se enfureció; y mientras condenaba a los sacerdotes, le brotó la lepra en la frente. Cuando los sacerdotes vieron la lepra, expulsaron muy rápidamente a Uzías del templo. El rey Uzías permaneció leproso hasta su muerte y fue aislado en una casa apartada. Su hijo Jotam gobernó en su lugar.

Si bien Jotam hizo lo correcto ante los ojos de Dios durante todo su reinado, no tuvo una influencia significativa sobre el pueblo de Judá, y estos siguieron actuando de manera corrupta durante los reinados de Jotam y su hijo Acaz. En el gobierno de Acaz, los sacerdotes reconstruyeron el templo con un altar asirio, donde incluso Acaz sacrificó a sus hijos a Baal. Fueron tales las abominaciones en Judá que Dios les quitó su protección, y sus enemigos atacaron por todos lados, logrando así grandes victorias.

¿Por qué es tan difícil para nosotros permanecer consistentemente en armonía con Dios, nuestro Padre? En nuestro caso, ahora que Jesús ha venido y nos ha dado el Espíritu Santo, tenemos el Espíritu de Dios para ayudarnos a obrar con fidelidad y rectitud durante toda nuestra vida. Sin embargo, la naturaleza humana que heredamos de Adán parece imponerse. El Nuevo Testamento lo describe como seguir nuestra "carne" y no seguir el "Espíritu" de Dios que vive en nosotros[4]. Como el pueblo de Judá, nosotros también somos inconsistentes en nuestra vida diaria. No ponemos a Dios en primer lugar. Hay tantas distracciones; y muchas de ellas son muy legítimas. Es difícil no enredarse en los asuntos cotidianos de la vida[5]. Por esto es tan importante estudiar y conocer la Palabra de Dios. La Biblia nos ayuda a:

- Poner a Jesús en primer lugar en nuestras vidas.
- Saber lo que es importante y no lo que "parece" tan importante.
- Conocer el plan de Dios para nuestra vida diaria y para la eternidad.

Para poner esto en perspectiva, vivir en el reino no significa vivir sin pruebas y tribulaciones. Más bien, significa vivir conforme a los principios de Dios; significa no seguir los caminos de este mundo y saber que Él estará allí para ayudarnos en las circunstancias difíciles.

Los reyes del reino del norte eligen otros dioses

Mientras Judá se esforzaba por servir a Dios correctamente, el pueblo del reino del norte había cometido tantas abominaciones contra Dios y sus caminos que Dios le quitó su protección. Alrededor del año 720 a. C., el Imperio asirio era la potencia gobernante en el mundo, y el reino del norte sucumbió ante ellos y dejó de existir. Los que de entre las diez tribus del norte eligieron ser seguidores fieles de los caminos de Dios se trasladaron a Judá.

El primer rey de Israel, Jeroboam, fue el referente de cómo todos los reyes de Israel adoraron a Dios. Mejor dicho, de cómo eran de infieles en su adoración y de lo malos que eran en sus acciones. Me sorprende que todos los reyes del reino del norte reconocieran al Dios de Israel como su Dios, pero que nunca hayan preferido adorarlo de una manera que le fuera agradable. Las Escrituras declararon lo mismo para cada rey: "Hizo lo malo ante los ojos del Señor". El siguiente es un ejemplo de su desobediencia continua: Pocos años antes de que Israel cayera en manos del Imperio asirio, un profeta del Señor, Obed, se presentó ante el ejército de Israel después de una victoria absoluta sobre Judá y dijo:

Jehová, por el enojo contra Judá, los ha entregado en vuestras manos; y vosotros los habéis matado con ira que ha llegado hasta el cielo.

Este pasaje muestra cómo Dios permaneció fiel al reino del norte, pero incluso cuando les concedió el privilegio de llevar a cabo su misión contra sus propios parientes, lo hicieron con tal venganza que su abominación llegó hasta el reino celestial.

En este punto ya debería quedar claro que el acto de reconocer a Dios como el ser supremo no significa ser salvo y, desde luego, no nos da la capacidad de saber lo que le agrada. La Biblia afirma: "Tú crees que Dios es uno. También los demonios creen, y tiemblan"[6], y aun así sirven al diablo y no a Dios. Las historias sobre el reino del norte nos ayudan a grabar esto en nuestras cabezas. Es la continuación del tema presentado en los últimos capítulos del libro de Jueces según el cual la humanidad no sirvió a Dios porque prefirió hacer "lo que era correcto a sus propios ojos".

La visión predominante de muchos de los reyes y de los israelitas era que su Dios no era el único dios. Por lo visto, creían que se beneficiarían si honraban también a los dioses de sus vecinos. Hasta que no aprendieran que Dios es el único Dios, seguirían sufriendo y perdiendo la protección de Dios. Aunque sea triste decirlo, creo que hoy tenemos muchas iglesias que siguen un patrón similar. Se reconoce a Dios, pero no se le adora de una manera que le agrade. ¿Estamos por fin dispuestos a recibir un llamado de atención? Si es así, no esperemos hasta que sea demasiado tarde. ¡No deje que Dios le abandone! Le animo a que se una a los que todavía claman a Dios y buscan sus caminos para honrarle conforme a la Palabra de Dios.

Preguntas para profundizar

- ¿Qué hizo que Amasías dejara de seguir a Dios después de haberlo hecho durante muchos años? ¿Cómo se aplica esto a nuestra iglesia hoy en día? ¿Y cómo se aplica a usted personalmente?
- ¿Cree que Satanás/el diablo es el gobernante de este mundo terrenal? Si es así, ¿por qué Dios no interviene?

- Amasías dejó de seguir a Dios. ¿Por qué se enfadó Dios con el pueblo cuando mandó matar a Amasías?
- ¿Cómo es posible que los reyes del reino del norte reconozcan a Dios como su Dios, pero no lo adoren consistentemente? ¿Puede comparar esto con nuestras iglesias de hoy?

Para estudio adicional

1. Pedro 2:20. "Pues ¿qué gloria es, si pecando sois abofeteados, y lo soportáis?".
2. Efesios 6:12. "Porque no tenemos lucha contra sangre y carne, sino contra principados, contra potestades, contra los gobernadores de las tinieblas de este siglo, contra huestes espirituales de maldad en las regiones celestes".
3. 1 Juan 1:9. "Si confesamos nuestros pecados, él [Dios] es fiel y justo para perdonar nuestros pecados, y limpiarnos de toda maldad".
4. Romanos 8:12-14. "Deudores somos, no a la carne, para que vivamos conforme a la carne; porque si vivís conforme a la carne, moriréis; mas si por el Espíritu hacéis morir las obras de la carne, viviréis. Porque todos los que son guiados por el Espíritu de Dios, estos son hijos de Dios".
5. 2 Timoteo 2:3-4. "Sufre penalidades como buen soldado de Jesucristo. Ninguno que milita se enreda en los negocios de la vida, a fin de agradar a aquel que lo tomó por soldado".
6. Santiago 2:19. "Tú crees que Dios es uno; bien haces. También los demonios creen, y tiemblan".

22

Jonás desobedece a Dios, pero Dios insiste

Jonás 1-4

Una de las historias más conocidas pero menos creídas de la Biblia es la de Jonás y la ballena (que en realidad era un gran pez). Jonás fue un profeta en el reino del norte de Israel en los años previos a que las tribus del norte cayeran en manos enemigas de Asiria. ¿Por qué deberíamos creer una historia tan fantástica sobre un hombre que es tragado por un pez y sobrevive tres días en su estómago?

Como compartí en la introducción de esta serie de libros, considero que las historias del Antiguo Testamento son reales. Resulta de especial interés observar que, de todas las historias del Antiguo Testamento, Jonás fue una de las pocas con las que Jesús decidió identificarse. Comentó: "Porque como estuvo Jonás en el vientre del gran pez tres días y tres noches, así estará el Hijo del Hombre en el corazón de la tierra tres días y tres noches"[1]. Así pues, pienso que Jesús confirmó la validez de la historia de Jonás. Sin embargo, ya sea que crea o no que la historia es verdadera, tiene un gran mensaje para ayudarnos a vivir nuestras vidas aquí en la Tierra.

Jonás huye desobedeciendo el llamado de Dios

Dios llamó a Jonás para presentarse ante el pueblo de Nínive, la capital de Asiria, para pronunciar el juicio y el castigo de Dios por su maldad. Jonás se negó a ir y, en lugar de ello, se subió a un barco que se dirigía a un lugar llamado Tarsis, muy lejos de su hogar en Israel.

¿Por qué un hombre de Dios huiría de la presencia de su Señor por una indicación de proclamar el juicio de Dios sobre su enemigo? ¿Tenía miedo de que lo mataran, o de que Dios no lo protegiera? Esta forma de pensar, aunque es razonable, no era precisamente el objetivo. Más adelante en la historia descubrimos que Jonás tenía miedo de que Dios no cumpliera con el juicio. Actuó así porque existía la posibilidad de que el pueblo podría arrepentirse; no quería que su enemigo se salvara.

No sé cómo pensó que podría huir de Dios, pero ese era su plan. Dios le siguió y originó un gran viento en el mar. La tormenta era tan grande que el barco estuvo a punto de romperse. La tripulación comenzó a arrojar todo del barco para que fuera más fácil sobrevivir a la tormenta. Cuando todo parecía perdido, todos los hombres clamaron a su dios. Jonás se había quedado dormido, así que el capitán se acercó a él y le dijo: "¿Cómo puedes dormir en este momento? Levántate, y clama a tu Dios; quizá él tendrá compasión de nosotros, y no pereceremos".

Luego, los marineros decidieron echar suertes para saber quién era el causante del problema; y sobre Jonás cayó la suerte. Jonás confesó:

Soy hebreo, y temo a Jehová, Dios de los cielos, que hizo el mar y la tierra. Yo huía de la presencia de Jehová.

Los hombres le interrogaron para saber qué podían hacer para satisfacer a su Dios. Jonás les dijo que lo arrojaran al mar y así se calmaría la tormenta. Pero, en lugar de hacerlo, los hombres se esforzaron aún más por llegar a tierra firme y evitar el naufragio. Lo interesante es que invocaron al Dios de Jonás:

Te rogamos ahora, Jehová, que no perezcamos nosotros por la vida de este hombre, ni pongas sobre nosotros la sangre inocente.

Este es otro gran ejemplo de cómo la gente de esa época creía que cada nación tenía un dios. No es que creyeran en el Dios de Israel más que en sus propios dioses. Pero como era el Dios de Jonás el que estaba enojado, fue a su Dios al que se dirigieron en oración. Se trataba de pura supervivencia, no de una comprensión de quién es el único Dios verdadero. Considero que esta concepción de Dios es la que prevalece hoy en día. Aunque la mayoría de la gente acepta que hay un Dios creador, no lo conocen personalmente, ni tienen una relación con Él.

Nada de lo que hicieron los hombres calmó la tormenta; sin embargo, una vez que arrojaron a Jonás al mar, la tormenta dejó de arremeter al instante. Los hombres reconocieron entonces lo poderoso que era el Dios de Israel y le temieron mucho. Ofrecieron un sacrificio al Señor e hicieron un voto de honrarlo. Solo nos queda especular si estos hombres se convirtieron en verdaderos creyentes o si simplemente adquirieron una medida de respeto por el Dios de Jonás.

El Señor dispuso que un gran pez se tragara a Jonás. Este permaneció en el estómago del pez durante tres días y tres noches. En la tercera noche, Jonás oró a Dios:

Invoqué en mi angustia a Jehová, y él me oyó; desde el seno del Seol [el lugar de los muertos] clamé, y mi voz oíste. Mas yo con voz de alabanza te ofreceré sacrificios; pagaré lo que prometí. La salvación es de Jehová.

Entonces, el Señor le ordenó al pez que escupiera a Jonás a tierra firme. Increíble, ¿verdad? En realidad, creo que es creíble.

El juicio y la compasión de Dios

Si cree que Jonás estuvo en el Seol en sentido figurado o literal es una decisión personal. En cualquier caso, sobrevivió en el estómago del pez. Una vez recuperado de su prueba, Jonás estuvo dispuesto a seguir la voz de Dios y entregar el mensaje al pueblo de Nínive. Dios llamó a Jonás para que proclamara su juicio por los pecados y las malas costumbres de los habitantes. Aunque las Escrituras no lo mencionan específicamente, pienso que Jonás se regodeaba cuando empezó a caminar por la ciudad y a gritar que en cuarenta días Asiria sería destruida. Como el Dios de Israel era tan conocido por sus grandes obras en el pasado, el pueblo de Nínive creyó el mensaje de Dios. El pueblo convocó un ayuno, se vistió con sacos de cilicio y se cubrió de cenizas como forma de expresar su arrepentimiento por sus pecados. Cuando la palabra llegó al rey de Nínive, él también decidió humillarse ante Dios. Al ver su actitud de humildad, Dios decidió perdonarlos y así se salvaron de la destrucción.

Todo esto disgustó mucho a Jonás, y se enfadó. Levantó su voz en oración a Dios: Ahora, oh Jehová, ¿no es esto lo que yo decía estando aún en mi tierra? Por eso me apresuré a huir a Tarsis; porque sabía yo que tú eres Dios clemente y piadoso, tardo en enojarte, y de grande misericordia, y

que te arrepientes del mal. Ahora pues, oh Jehová, te ruego que me quites la vida; porque mejor me es la muerte que la vida.

Esto parece una reacción exageradísima por parte de Jonás. Ahora podemos entender cuánto odiaba a su enemigo, tanto que estaba dispuesto a huir de Dios para no tener que ir a Nínive. Pero creo que hay algo de Jonás en todos nosotros. No nos gusta cuando vemos cosas que son injustas, ya sea algo grande como que un criminal no sea castigado por su crimen o que alguien sea promovido en el trabajo por delante de usted a pesar de que se sentía más calificado.

Es innegable que la vida no siempre es justa. Como recordatorio, Satanás es el gobernante de este mundo y su objetivo es matarnos, robarnos y destruirnos[2]. Cuando a las personas buenas les ocurren cosas malas, no es porque Dios quiera castigarnos. Dios creó a los perfectos Adán y Eva, pero ellos hicieron la primera mala elección. Y desde entonces, la humanidad ha seguido tomando malas decisiones. Por supuesto, Satanás y sus demonios han tenido una influencia negativa. Sin embargo, no tenemos que culpar a nadie más que a nosotros mismos por nuestras decisiones.

La verdad es que estoy muy agradecido de que no todo sea justo. No fue justo que Jesús viniera y viviera una vida perfecta para luego ser crucificado por las mismas personas a las que vino a salvar. No fue muy justo que muriera en la cruz para pagar por nuestros pecados y permitir que toda la humanidad fuera redimida y reconciliada con Dios. Lo único que espera Dios de nosotros es que aceptemos su don de gracia e inmerecido al creer que su hijo, Jesús, hizo esto por nosotros[3]. Confío en que esto le dé algo en qué pensar la próxima vez que crea que algo es injusto.

Jonás, sin saberlo, puede haber estado ayudando a Satanás con su actitud de odio hacia el pueblo de Nínive. Lo mismo puede ocurrirnos a nosotros. Creemos que somos espectadores inocentes, cuando, en realidad, formamos parte del ejército del mal[4]. Por esto, muchas veces obstaculizamos el camino de Dios hacia la victoria, tanto en este mundo como en el reino espiritual en el que vive. Satanás prefiere obrar en segundo plano para que veamos al enemigo como nuestro semejante, como hizo Jonás. Le recuerdo que está escrito que nuestra lucha no es contra sangre y carne (nuestro prójimo), sino contra las fuerzas malignas en los lugares celestiales.

Dios nos ha llamado a traer la justicia de sus principios a este mundo[5]. Gracias a Dios, en esta ocasión Dios había tomado el control y, como verá más adelante, dejó a Jonás fuera de la ciudad haciendo sus berrinches. Tal vez Satanás también estaba afuera haciendo sus berrinches.

Antes de terminar con la declaración de frustración de Jonás, quiero destacar un punto de vista sutil pero crucial que parece perderse cuando se habla de la ira de Dios, sobre todo en el Antiguo Testamento. Que Dios perdone al pueblo de Nínive es una clara muestra de su amor por toda la humanidad. Este pueblo buscó verdaderamente el perdón de Dios, y Él respondió con compasión y amor. Observe que, incluso en su frustración con Dios, Jonás compartía la idea que tenían los judíos del maravilloso carácter de Dios: compasivo, lento para la ira y bondadoso. El carácter de Dios no ha cambiado. El hecho de que su juicio deba aplicarse en el futuro no significa que sea su deseo, pues Dios tiene un plan que nos permitirá escapar de su ira. Es un don gratuito, pues Jesús tomó nuestro castigo por nosotros. No recibimos ningún beneficio del don de gracia de Dios a menos que elijamos aceptarlo. ¿Cuál es su elección?

Volviendo a la historia: al parecer, Jonás no escuchó el cambio de planes de Dios en cuanto a no destruir Nínive. Jonás salió a las afueras de la ciudad creyendo todavía que Dios castigaría a los ninivitas. Incluso se hizo un refugio para poder sentarse a la sombra y observar expectante. Para ayudar a Jonás a entender lo que Dios planeaba hacer, Dios dispuso que una planta creciera sobre Jonás y le diera aún más sombra. Jonás estaba contentísimo con la planta. Puede que incluso lo viera como una señal de Dios de que cumpliría la petición de Jonás de destruir la ciudad.

Pero entonces, Dios hizo que un gusano atacara la planta, y esta se marchitó. Cuando salió el sol con un viento abrasador de oriente que golpeó la cabeza de Jonás, este se acaloró tanto que sintió que era mejor estar muerto. En ese momento, Dios le habló a Jonás: "¿Tanto te enojas por la calabacera?". Y Jonás respondió: "Mucho me enojo, hasta la muerte". Dios cuestionó a Jonás: "Tuviste tú lástima de la calabacera, en la cual no trabajaste. ¿Y no tendré yo piedad de Nínive, aquella gran ciudad donde hay más de ciento veinte mil personas que no saben discernir entre su mano derecha y su mano izquierda, y muchos animales?".

El mensaje de Dios es para todas las personas

Las Escrituras no nos dicen si Jonás llegó a comprender la preocupación de Dios por todos los pueblos, incluso por los enemigos de Jonás. Como recordará, ya desde Abraham, el padre de la familia escogida de Dios, el plan de Dios era que todas las naciones formaran parte de la familia de Dios[6]. Sin embargo, su propósito final no salió completamente a la luz hasta después de la resurrección de Jesús. Gracias a Dios, ahora podemos entender que el plan de Dios es salvar a todos los pueblos que estén dispuestos a humillarse como los asirios. ¿Está usted dispuesto a arrepentirse? Dios está dispuesto a perdonar.

Preguntas para profundizar

- ¿Huiría de Dios si le llamara a ser amable con su mayor enemigo?
- ¿Es creíble esta historia de ser tragado por un gran pez y vivir para contarlo? ¿El hecho de que Jesús compare su muerte y resurrección con los tres días de Jonás en el interior del pez ayuda a hacerla creíble?

- ¿Cuántos marineros conocieron a Dios por la desobediencia de Jonás?
- ¿Esta historia nos muestra que Dios es misericordioso con todas las personas y no el Dios de la ira del Antiguo Testamento que muchos afirman que es?
- ¿Por qué le costó tanto a Jonás perdonar al pueblo de Nínive?

Para estudio adicional

1. Mateo 12:40. "Porque como estuvo Jonás en el vientre del gran pez tres días y tres noches, así estará el Hijo del Hombre en el corazón de la tierra tres días y tres noches".
2. Juan 10:10. "El ladrón no viene sino para hurtar y matar y destruir; yo he venido para que tengan vida, y para que la tengan en abundancia".
3. Efesios 2:7-9. "Para mostrar en los siglos venideros las abundantes riquezas de su gracia en su bondad para con nosotros en Cristo Jesús. Porque por gracia sois salvos por medio de la fe; y esto no de vosotros, pues es don de Dios; no por obras, para que nadie se gloríe".
4. 2 Timoteo 2:3-4. "Sufre penalidades como buen soldado de Jesucristo. Ninguno que milita se enreda en los negocios de la vida, a fin de agradar a aquel que lo tomó por soldado".
5. Mateo 6:9-10. "Padre nuestro que estás en los cielos, santificado sea tu nombre. Venga tu reino. Hágase tu voluntad, como en el cielo, así también en la tierra".
6. Génesis 22:18. "En tu simiente [de Abraham] serán benditas todas las naciones de la tierra, por cuanto obedeciste a mi voz". Pablo citó este versículo en su carta a los Gálatas (3:8) para confirmar que "todos" los que creen (en la fe) son salvos.

23

Ezequías, un hombre de Dios

2 Reyes 18-25; 2 Crónicas 29-36

Volviendo a las historias del reino del sur (Judá), finalmente surgió un rey que era un "hombre conforme al corazón de Dios". No solo el corazón de Ezequías estaba dedicado a Dios, sino que su liderazgo era tan firme que el pueblo decidió seguirlo. Judá gozó de un tiempo de paz y tranquilidad.

Ezequías conduce a Judá de vuelta a Dios

Según las Escrituras, Ezequías "hizo lo recto ante los ojos de Jehová, conforme a todas las cosas que había hecho David su padre". En el corazón de Ezequías estaba hacer un pacto con Dios que alejara la ira de Dios. Reparó el templo y eliminó las abominaciones de los dioses asirios que había creado su padre. Consciente de la infidelidad y de las costumbres pecaminosas de las generaciones anteriores, hizo un llamado a todo Israel para que se consagrara y se purificara.

Una vez que el templo fue reparado, los sacerdotes se consagraron y el pueblo limpió sus corazones. Así, Ezequías convocó una celebración especial de la Pascua. Envió un decreto a los del antiguo reino del norte que indicaba:

No seáis como vuestros padres y como vuestros hermanos, que se rebelaron contra Jehová, y él los entregó a desolación. Someteos a Jehová, y venid a su santuario, el cual él ha santificado para siempre; y servid a Jehová vuestro Dios, y el ardor de su ira se apartará de vosotros. Porque si os volviereis a Jehová, vuestros hermanos y vuestros hijos hallarán misericordia; porque Jehová vuestro Dios es clemente y misericordioso, y no apartará de vosotros su rostro, si vosotros os volviereis a él.

¡Qué Dios tan soberano tenemos! Incluso después de todo el mal y el alejamiento de Dios, estaba dispuesto a perdonar y olvidar. Si se ha apartado de Él, aproveche esta oportunidad para seguir las palabras de Ezequías, y Dios le permitirá regresar a su familia, sin importar lo que haya hecho.

La celebración de la Pascua de siete días fue tan grande que Ezequías decidió continuar la festividad durante otros siete días, al igual que hizo Salomón doscientos años atrás. Una vez terminada la celebración, el pueblo volvió a sus casas y destruyó los altares de Baal y Asera (incluso los que venían del reino del norte). Todas las obras que Ezequías comenzó en el servicio de Dios se llevaron a cabo de acuerdo con la ley y los mandamientos. Gracias a que Ezequías buscó a Dios con todo su corazón, prosperó en todo lo que se proponía. Y toda la riqueza de las generaciones anteriores que se había perdido fue devuelta en grandes cantidades. Estoy seguro de que hubo una gran celebración en el reino celestial, con Dios recibiendo la alabanza por el arrepentimiento de su pueblo y con el gozo de que ahora lo adoraran de una manera tan honorable[1]. Vivir en el reino volvió a ser lo habitual.

Ezequías pide la ayuda de Dios contra los asirios

Ante los actos de fidelidad de Ezequías, Senaquerib, rey de Asiria, invadió Judá. Cuando Ezequías vio que se acercaba, fortificó la ciudad y se aseguró de que el suministro de agua estuviera disponible durante cualquier asedio. Ezequías se mantuvo firme en su creencia de que Dios lo protegería a él y a su pueblo. Estas son las palabras alentadoras que dirigió a sus súbditos:

Esforzaos y animaos; no temáis, ni tengáis miedo del rey de Asiria, ni de toda la multitud que con él viene; porque más hay con nosotros que con él. Con él está el brazo de carne, mas con nosotros está Jehová nuestro Dios para ayudarnos y pelear nuestras batallas.

¡Qué gran declaración de confianza frente a un enemigo tan poderoso! Tenía la misma convicción que Eliseo, quien resistió solo en las murallas de la ciudad ante el imponente ejército de Aram.

¡Y qué noticia tan maravillosa que se aplica a nosotros hoy en día! La frase, *porque más hay con nosotros que con él*, que figura en la proclamación de Ezequías, fue parafraseada en el Nuevo Testamento; es un versículo que los cristianos citan muy a menudo en la actualidad:

Porque mayor es el [Jesús/Espíritu Santo] que está en vosotros, que el [el diablo] que está en el mundo[2].

El Señor, nuestro Dios, está con nosotros para librar nuestras batallas[3]. Como dijo Ezequías, Dios es más fuerte que cualquier enemigo, incluido Satanás y todos sus demonios procedentes del reino celestial que nos atacan.

Observe las palabras de Senaquerib cuando intentaba asustar a Ezequías y al pueblo de Judá:

A vosotros, que estáis en Jerusalén bajo asedio, ¿no os está engañando Ezequías para que muráis de hambre y de sed, cuando dice: "El Señor, nuestro Dios, nos librará de la mano del rey de Asiria"? ¿No es este el mismo Ezequías que dijo a Judá: "Adoraréis ante un solo altar, a un solo Dios"? No os dejéis engañar por Ezequías, porque ningún dios de ninguna nación o reino ha podido librar a su pueblo de mi mano y de la mano de mi padre. ¿Cuánto menos te librará tu Dios?

Senaquerib criticó a Ezequías por hacer exactamente lo que Dios quería que hiciera: destruir los altares de los lugares altos y tener un solo altar que fuera para el único Dios verdadero. En un momento dado, Senaquerib incluso afirmó que tenía la aprobación de Dios para destruir Jerusalén.

Pero tanto el rey Ezequías como Isaías (el profeta que escribió el libro de Isaías) oraron y clamaron al cielo. Ezequías pidió a Dios que le abriera los ojos y escuchara las palabras de Senaquerib que hablaban en su contra. Isaías dijo al pueblo que no tuviera miedo porque el rey de Asiria había blasfemado contra Dios y Él no lo toleraría. El pueblo confió en las palabras de Ezequías y de Isaías. Así, Isaías transmitió el mensaje de Dios a Senaquerib:

Porque contra mí te airaste, y tu arrogancia ha subido a mis oídos; pondré, pues, mi garfio en tu nariz, y mi freno en tus labios, y te haré volver por el camino por donde viniste.

La jactancia de Senaquerib desafió a Dios para que le demostrara que estaba equivocado, y Dios lo hizo de manera poderosa. El rey de Asiria se había burlado del Dios viviente y lo había comparado con los dioses de las otras naciones. El Señor envió un ángel para destruir a todos los guerreros, comandantes y oficiales poderosos del campamento de Asiria. Senaquerib regresó a su casa avergonzado. Y cuando entró en el templo de sus dioses, sus propios hijos lo atacaron. Así, Senaquerib acabó muerto en desgracia por su derrota en Jerusalén.

El Señor salvó a Ezequías y al pueblo de Judá, y lo hizo durante todo el reinado de Ezequías. Gracias a esto, los reinos circundantes trajeron regalos al Señor y a Ezequías, de modo que este fue exaltado frente a todas las naciones. Solo hay un Dios, y como Senaquerib no estaba dispuesto a reconocerlo, estaba condenado.

Aunque no los llamemos "dioses", nuestro mundo también es propenso a adorar a muchos ídolos. Nosotros también somos condenados cuando no estamos dispuestos a reconocer al único Dios verdadero. Sin embargo, cuando oramos con humildad a Dios y tenemos nuestra mente puesta en el Espíritu de Dios en lugar de en nuestros propios intereses, somos apartados o santificados, y por lo tanto, nos desligamos del mundo y somos más capaces de resistir las tentaciones de este mundo. Al igual que Ezequías, podemos vencer ampliamente a nuestros enemigos gracias a Dios, quien nos ama[4].

Creer que esta batalla se libra solo en la Tierra sería cerrar los ojos (y el corazón) al mensaje que Dios tiene para nosotros. Aunque no podemos saber, y no lo hacemos a menudo, lo que está sucediendo en el reino espiritual, gracias a diversos pasajes de las Escrituras sabemos que la guerra continúa. Como ya hemos mencionado, tanto Isaías, profeta durante el reinado de Ezequías, como Ezequiel, profeta nacido 150 años más tarde, nos han presentado la imagen más clara de nuestro verdadero enemigo, el diablo.

¡Cómo caíste del cielo, oh Lucero, hijo de la mañana! [referencia a Satanás]. Cortado fuiste por tierra, tú que debilitabas a las naciones. Tú que decías en tu corazón: Subiré al cielo; en lo alto, junto a las estrellas de Dios, y seré semejante al Altísimo. Mas tú derribado eres hasta el Seol [el lugar de los muertos][5].

Tú eras el sello de la perfección, lleno de sabiduría, y acabado de hermosura. En Edén, en el huerto de Dios estuviste. Tú, querubín grande, protector, yo te puse allí. Perfecto eras en todos tus caminos desde el día que fuiste creado, hasta que se halló en ti maldad. Por lo que yo te eché del monte de Dios. Se enalteció tu corazón a causa de tu hermosura, corrompiste tu sabiduría a causa de tu esplendor. Para todos los que te conocieron, espanto serás, y para siempre dejarás de ser[6].

Ahora, por fin tenemos una idea de cómo es Satanás. Era "acabado de hermosura" y era un ángel de Dios de alto rango (un querubín) hasta que se encontró pecado en él. Más adelante, veremos una imagen gloriosa y detallada de un querubín. Esta no es la imagen que el mundo nos ha pintado. Y como aprenderemos en una historia contada por Daniel, es muy posible que los ángeles de Satanás hayan estado ayudando al ejército asirio. Sin embargo, podemos comprobar cómo las humildes oraciones del profeta y del rey permitieron que Dios los liberara. Un ángel del Señor vino al rescate y el ejército de Judá ni siquiera participó en la lucha.

Dios cura milagrosamente a Ezequías de una enfermedad terminal

Algún tiempo después, Ezequías tuvo una enfermedad terminal. Ezequías se había vuelto orgulloso, y Dios envió su ira sobre él. Cuando Satanás pierde una batalla, busca dañarnos desde otro ángulo. Aunque no se menciona específicamente en las Escrituras, considero que fue Satanás quien tentó a Ezequías a pecar; y tuvo éxito al atacar el orgullo de Ezequías.

Isaías se presentó ante Ezequías y le dijo: "Jehová dice así: Ordena tu casa, porque morirás". Entonces Ezequías oró al Señor y humilló el orgullo de su corazón. El Señor escuchó la oración de Ezequías y accedió a añadir quince años a su vida, y Dios prometió seguir defendiéndolo de todos sus enemigos.

Ezequías le preguntó a Isaías qué señal recibiría de que sería sanado. Isaías le dijo que la sombra de la escalera retrocedería diez pasos. Sucedió tal como lo profetizó Isaías, y Ezequías se curó. Sin embargo, después de su recuperación, cometió un grave error: dejó que los babilonios vieran los tesoros maravillosos que Dios había concedido a Israel. Esto volvería a atormentar a Judá en años posteriores, cuando los babilonios regresarían para tomar los tesoros del templo.

En ocasiones, nosotros también nos sentimos orgullosos de las cosas equivocadas. De pequeño, estaba convencido de que iba a jugar en las grandes ligas de béisbol con los Cardenales de San Luis. Cuando tenía doce años, durante el torneo All-Star de eliminación directa, le robé al mejor bateador del otro equipo un jonrón que habría empatado el partido; y gracias a esto, ganamos el partido. He practicado muchos deportes a lo largo de mi vida, pero ese fue mi momento de mayor orgullo.

En el siguiente partido, me tocó batear en la última entrada. Estábamos perdiendo 3-1. Había dos outs con un hombre en la base. Y con el partido en juego, fui ponchado.

Este fue probablemente mi momento más decepcionante en los deportes. Pero para mi padre fue su momento de mayor orgullo, porque escuchó a mi entrenador decirle al asistente del entrenador lo buen joven que era yo, en parte por la forma en que me comporté al volver al banquillo. Siempre he dicho que espero con ansias el momento en que llegue al cielo para ver la repetición de esa atrapada con la que gané el partido. Sin embargo, cuando esté frente a Dios en el día del juicio, Él, al igual que mi padre terrenal, estará más interesado en el impacto que tuve en los entrenadores por la forma en cómo me comporté al ser ponchado.

Ser constantes en nuestro camino de seguir a Dios es algo por lo que todos debemos esforzarnos. Podemos ver la fuerza que Dios nos da cuando le seguimos y el perdón que nos ofrece cuando nos arrepentimos. Aunque nunca podremos escapar de las pruebas y tribulaciones de este mundo, podemos tener gozo y paz interior cuando elegimos consistentemente el camino de Dios y dejamos atrás nuestros propios deseos egoístas.

Preguntas para profundizar

- Una vez más, Israel tuvo que purificarse. Cada vez que un gran líder muere o deja su cargo, la nación debe empezar de nuevo. ¿Cómo se puede prever esto? ¿Qué sugiere que se haga cuando un gran pastor deja su iglesia?
- Ezequías se mantuvo firme ante el rey Senaquerib a pesar de que desde un punto de vista terrenal su ejército era muy inferior. ¿Estaría dispuesto a confiar tanto en Dios?
- Si bien no hay una descripción detallada de lo que hizo el ángel del Señor para destruir al ejército asirio, Israel recibió la intervención del reino celestial. ¿Esto podría ocurrir hoy en día? Si es así, ¿cómo podríamos propiciar la intervención de Dios?
- ¿Somos como Ezequías y a veces nos enorgullecemos de las cosas equivocadas?

Para estudio adicional

1. Lucas 15:7, 10. "Habrá más gozo en el cielo por un pecador que se arrepiente, que por noventa y nueve justos que no necesitan de arrepentimiento. Así os digo que hay gozo delante de los ángeles de Dios por un pecador que se arrepiente".
2. 1 Juan 4:4. "Hijitos, vosotros sois de Dios, y los habéis vencido [al mundo]; porque mayor es el que está en vosotros, que el que [el diablo] está en el mundo".
3. Dios está dispuesto a librar nuestras batallas:
    a. 2 Corintios 10:3-4. "Pues aunque andamos en la carne, no militamos según la carne; porque las armas de nuestra milicia no son carnales, sino poderosas en Dios para la destrucción de fortalezas [estas fortalezas están en el reino espiritual]".
    b. Santiago 4:7. "Someteos, pues, a Dios; resistid al diablo, y huirá de vosotros".

4. Romanos 6:22-23; 8:6, 37. "Mas ahora que habéis sido libertados del pecado y hechos siervos de Dios, tenéis por vuestro fruto la santificación, y como fin, la vida eterna. Porque la paga del pecado es muerte, mas la dádiva de Dios es vida eterna en Cristo Jesús Señor nuestro. Porque el ocuparse de la carne es muerte, pero el ocuparse del Espíritu es vida y paz. Antes, en todas estas cosas somos más que vencedores por medio de aquel [Jesús] que nos amó".
5. Isaías 14:12-15. Ver cita en la historia de este capítulo.
6. Ezequiel 28:12-19. Ver cita en la historia de este capítulo.

24

El cautiverio: la expulsión de Israel de la tierra prometida

2 Reyes 21-25; 2 Crónicas 33-36 (con fragmentos de Isaías y Jeremías)

Con Judá de vuelta en el camino correcto durante el reinado de Ezequías, uno pensaría que su hijo Manasés estaría debidamente capacitado y listo para servir a Dios. Por desgracia, no fue así.

Manasés lleva a Israel al peor momento de su historia

Manasés tenía doce años cuando se convirtió en rey, y reinó durante cincuenta y cinco años. Manasés reconstruyó los lugares altos que Ezequías había derribado; y volvió a erigir altares para los dioses extranjeros, Baal y Asera. Hizo pasar a sus hijos por el fuego en el valle de Ben-hinom, el lugar de los sacrificios de niños. Practicó la brujería y la hechicería, utilizó la adivinación y trató con médiums y espiritistas. Provocó la ira del Señor como nadie antes. Incluso puso la imagen de un ídolo dentro de la casa de Dios. Así, Manasés llevó a toda la nación de Judá a hacer más maldad que las naciones que el Señor destruyó cuando los israelitas entraron por primera vez en la tierra prometida. Satanás y sus fuerzas estaban en control incluso ahora en la tierra prometida.

El Señor habló a Manasés y a su pueblo, pero no le hicieron caso. Por lo tanto, el Señor trajo contra ellos al ejército de Asiria, que capturó a Manasés, lo ató con cadenas de bronce y lo llevó a Babilonia. Allí, en medio de una gran angustia, suplicó al Señor su Dios y se humilló en gran manera ante el Dios de sus padres. Dios se conmovió al oír su súplica y lo llevó de nuevo a Jerusalén. Entonces Manasés supo que el Señor era

Dios. Después, Manasés retiró los dioses extranjeros de la casa del Señor, así como los altares que construyó en el monte de Jerusalén.

Sin embargo, Manasés había traído tanta maldad entre el pueblo de Dios que sus costumbres impías no pudieron ser purificadas. No cabe duda de que Satanás y sus fuerzas ganaron una gran batalla contra Manasés y el pueblo de Judá cuando eligieron seguirlo. Por desgracia, hemos permitido que nuestros líderes y los medios de comunicación nos alejen de los principios que Dios nos dio; y me preocupa que estemos tan alejados, como para que nosotros también seamos víctimas de las prácticas de este mundo que Satanás nos ha trazado.

Dios sabía que en algún momento tenía que sacar a su pueblo de la tierra prometida para conseguir toda su atención. Pero como Manasés se humilló, Dios retrasó esa acción traumática. Amón, hijo de Manasés, siguió los primeros pasos de su padre y continuó haciendo lo malo a los ojos del Señor. Al cabo de dos años de su reinado, sus siervos conspiraron contra él y le dieron muerte. Así pues, Josías, hijo de Amón, que solo tenía ocho años, se convirtió en rey en su lugar.

Josías alivia de forma temporal al servir verdaderamente a Dios

Los consejeros de Josías lo instruyeron en los caminos del Señor, y él hizo lo correcto ante los ojos de Dios y anduvo en los caminos de su antepasado David, más que todos los que le precedieron. Desde muy joven, comenzó a buscar a Dios como lo había hecho David. Comenzó a purificar a Judá y Jerusalén de todos los altares de los dioses ajenos que su padre había vuelto a colocar. Josías incluso llegó al reino del norte que ahora estaba bajo el dominio asirio y derribó sus altares e imágenes talladas que representaban a todos los dioses ajenos.

En el decimoctavo año de su reinado, Hilcías, un sumo sacerdote, descubrió los libros de la ley de Moisés. Cuando se los leyeron a Josías, se rasgó las vestiduras y se humilló ante el Señor al darse cuenta de lo mal que estaban sirviendo a su Dios. Estaba tan perturbado por lo que escuchó que le pidió a Hilcías que buscara la palabra del Señor. Hilcías acudió a la profetisa Hulda, quien consultó al Señor y le dijo:

Así ha dicho Jehová el Dios de Israel: "Decid al varón que os envió a mí: Así dijo Jehová: He aquí yo traigo sobre este lugar, y sobre los que en él moran, todo el mal de que habla este libro, por cuanto me dejaron a mí, y quemaron incienso a dioses ajenos, provocándome a ira con toda la obra de sus manos; mi ira se ha encendido contra este lugar, y no se apagará. Mas al rey de Judá que os ha enviado para que preguntaseis a Jehová, diréis así: Así ha dicho Jehová el Dios de Israel: 'Por cuanto oíste las palabras del libro, y tu corazón se enterneció, y te humillaste delante de Jehová, y rasgaste tus vestidos, y lloraste en mi presencia, también yo te he oído, dice Jehová. Yo te recogeré con tus padres, y serás llevado a tu sepulcro en paz, y no verán tus ojos todo el mal que yo traigo sobre este lugar'".

Josías hizo un pacto ante el Señor de guardar sus mandamientos con todo su corazón y con toda su alma. Josías buscó verdaderamente a Dios y se comprometió a vivir conforme a todos sus mandamientos. ¿Cuánto mejor sería para nosotros si, como Josías, buscáramos a Dios con todo el corazón?

Tras eliminar todos los ídolos y erradicar las malas prácticas de sus ceremonias de adoración, Josías convocó la celebración de la Pascua. Ordenó que el Arca del Pacto fuera devuelta al templo. Todo el pueblo se reunió como nunca antes se celebró la Pascua en Israel desde los días de Samuel. Así, el vivir en el reino se restableció, ya que los principios de Dios se convirtieron en una forma de vida para Judá. Y una vez más el reino celestial de Dios se regocijó con la celebración y las alabanzas del pueblo escogido[1].

Es importante entender que los seres celestiales de Dios (ángeles) no solo se interesan por lo que ocurre en la Tierra, sino que también son guerreros celestiales que participan activamente en la lucha contra el mal. Estuvieron (y siguen estando hoy) animando y liderando nuestras victorias y se sienten decepcionados y preocupados cuando hay derrotas. Tienen el derecho, y probablemente la responsabilidad como líderes, de actuar cuando causamos problemas. ¿Alguna vez ha pensado en si cometen errores? No tengo una respuesta, pero sí sabemos que Satanás y sus fuerzas ganan algunas batallas. Gracias a Dios, nuestra fe en Él nos permite saber que la victoria final es de Dios y de aquellos que deciden seguirle[2].

En el trigésimo primer año del reinado de Josías, Necao, faraón de Egipto, pasó por la tierra de Judá de camino a luchar contra el ejército asirio. Josías tomó esto como un ataque a Israel. Necao le envió mensajes diciendo:

¿Qué tengo yo contigo, rey de Judá? Yo no vengo contra ti hoy, sino contra la casa que me hace guerra; y Dios me ha dicho que me apresure. Deja de oponerte a Dios, quien está conmigo, no sea que él te destruya.

Lamentablemente, Josías no escuchó a Necao, y se encontró con él en el campo de batalla de Megido. Como recordará, esto se encuentra en el mismo valle donde Elías desafió a los profetas de Baal. Además, es el mismo lugar de la batalla final de Armagedón que se librará en los últimos tiempos cuando Dios venga a reclamar la Tierra a Satanás[3]. No estoy seguro de cómo Necao sabía lo que Dios quería, pero incluso aquellos que no sirven a nuestro Dios pueden recibir mensajes de Él. Por desgracia, Josías no se tomó el tiempo de consultar al Señor. Por consiguiente, murió en la batalla, y su reinado terminó con esta derrota.

Todo Israel lloró su muerte; y fue enterrado en el cementerio real con sus padres. El gran profeta Jeremías escribió un lamento por Josías. Todos los cantores, varones y mujeres, cantaron sobre Josías; y sus lamentos fueron entonados durante años.

Poco después de la muerte de Josías, el pueblo volvió a sus malos caminos. Dios decidió que debía tomar medidas drásticas para salvar a la humanidad: su pueblo debía volver a Él ya de forma más permanente. Dios encontraría la manera.

Dios retira su protección e Israel cae en el cautiverio

Observe las palabras de Isaías años antes, cuando trató de advertir a Israel del desastre que se avecinaba:

Oíd, cielos, y escucha tú, tierra; porque habla Jehová: "Crie hijos, y los engrandecí, y ellos se rebelaron contra mí. Mi pueblo no tiene conocimiento. ¡Oh gente pecadora, pueblo cargado de maldad! Dejaron a Jehová, provocaron a ira al Santo de Israel. Toda cabeza está enferma, y todo corazón doliente"[4].

Isaías había hecho un llamado no solo a la gente de la Tierra, sino también a los del reino celestial para que escucharan el mensaje de Dios. Todos debían prestar atención y cuidarse de cualquiera que decidiera apartarse de los caminos de Dios. Ahora vea el juicio que Isaías profetizó que ocurriría por causa del cautiverio:

Vuestra tierra está destruida, vuestras ciudades puestas a fuego, vuestra tierra delante de vosotros comida por extranjeros. Si Jehová de los ejércitos no nos hubiese dejado un resto pequeño, como Sodoma fuéramos, y semejantes a Gomorra. Cuando extendáis vuestras manos, yo [Dios] esconderé de vosotros mis ojos; asimismo cuando multipliquéis la oración, yo no oiré[5].

Incluso Josías, con todos sus atributos admirables y su amor por Dios, no fue capaz de guiar a sus hijos por los caminos de Dios después de su muerte. Joacaz reinó solo tres meses antes de que el faraón egipcio lo capturara y encarcelara. Su hermano Joacim ocupó su lugar durante once años. No fue más que un rey títere, subordinado al faraón. La profecía de Dios a Josías por medio de Hulda se estaba cumpliendo.

Durante este tiempo, Jeremías fue uno de los profetas más fieles de Dios. No obstante, su propio pueblo conspiró para matarlo. Lo azotaron y lo metieron en un calabozo; lo hicieron caer con cuerdas colgando en una cisterna profunda. Toda su vida estuvo llena de dificultades y problemas causados por su servicio fiel a Dios. Sobrevivió gracias a la promesa de Dios de estar con él y salvarlo. Si hemos sido llamados a soportar el sufrimiento en nuestro servicio a Dios, podemos acogernos a la promesa de Hebreos 13:5: "Dios nunca nos desamparará, ni nos dejará".

En medio de todo esto, Jeremías siguió exhortando al pueblo a humillarse ante Dios. Sin embargo, los caminos de Manasés en el reinado anterior a Josías eran tan impíos y se habían infiltrado tanto en los corazones y las mentes del pueblo que abandonaron completamente a Dios. Poco después de la súplica de Jeremías, Nabucodonosor, rey de Babilonia, conquistó la tierra prometida y los reyes (Joacim, luego Joaquín, seguido por Sedequías) se convirtieron en sus siervos. Ninguno de estos reyes siervos honró a Dios.

Unos años más tarde, cuando Sedequías intentó recuperar su país, Nabucodonosor volvió a Israel para acabar con la rebelión. A pesar de sus malos caminos, Sedequías apeló a Jeremías:

Consulta ahora acerca de nosotros a Jehová, porque Nabucodonosor rey de Babilonia hace guerra contra nosotros; quizá Jehová hará con nosotros según todas sus maravillas, y aquel se irá de sobre nosotros[6].

Sedequías no sabía que servir a otros dioses era una ofensa para Dios. Preste atención a las palabras de Jeremías sobre cómo respondió Dios a la petición de Sedequías.

Así ha dicho Jehová Dios de Israel: "He aquí yo vuelvo atrás las armas de guerra que están en vuestras manos, con que vosotros peleáis contra el rey de Babilonia. Entregaré a Sedequías y a los que queden de la pestilencia, en mano de Nabucodonosor, y él no los perdonará, ni tendrá compasión de ellos, ni tendrá de ellos misericordia;

serán llevados en cautiverio. Porque mi rostro he puesto contra esta ciudad para mal; en mano del rey de Babilonia será entregada, y la quemará a fuego"[7].

Por supuesto, Dios no escuchó el clamor de Sedequías. Nabucodonosor exigió a Sedequías que viera cómo mataba a sus hijos, y luego le sacó los ojos a Sedequías y lo llevó a Babilonia como prisionero. Fue entonces cuando Nabucodonosor destruyó el templo, derribó todas las murallas de Jerusalén y se llevó todos los tesoros que Ezequías había exhibido con tanto orgullo a los babilonios años antes.

Así pues, Dios les quitó su protección y su pueblo fue llevado al cautiverio, incluidos los miembros de la familia real, los hombres de valor y los soldados de Judá; solo los más pobres de los israelitas permanecieron en la tierra prometida. A pesar de su desobediencia continua y su actitud irreverente hacia Dios, el amor de Dios por su familia y sus planes para su futuro eran inquebrantables. Esto lo podemos ver claramente en las palabras de Dios a Jeremías sobre su cautiverio:

"Cuando en Babilonia se cumplan los setenta años, yo os visitaré, y despertaré sobre vosotros mi buena palabra, para haceros volver a este lugar. Porque yo sé los pensamientos que tengo acerca de vosotros, pensamientos de paz, y no de mal, para daros el fin que esperáis"[8].

La idea era que al sacar a su familia escogida de la tierra prometida, se darían cuenta de lo que Dios realmente significaba para ellos.

"Entonces me invocaréis, y vendréis y oraréis a mí, y yo os oiré; y me buscaréis y me hallaréis, porque me buscaréis de todo vuestro corazón"[9].

En las historias siguientes, veremos que el plan de Dios para cambiar sus corazones funcionó para un grupo importante de israelitas. También veremos lo difícil que sería este cautiverio. Sin embargo, en toda esta adversidad, Dios apoyó y protegió al pueblo entregado que eligió honrarlo.

Me preocupa el hecho de que hoy podamos invocar a Dios como lo hizo Sedequías, pero que Dios ya no nos escuche porque nos hemos alejado tanto de sus principios, por lo que su mejor alternativa es quitarnos su protección y permitir que caigamos en manos de nuestro enemigo. Además, al igual que los israelitas fieles, incluso los que honran a Dios en el mundo actual podrían tener que sufrir junto al resto de las naciones. Pero así como Dios amó y tuvo un plan para traer de vuelta a Israel, también lo tiene para nosotros. Las palabras que Dios dirigió a Jeremías con respecto a Israel se aplican también a nosotros.

"Y seré hallado por vosotros, y haré volver vuestra cautividad, y os reuniré de todas las naciones y de todos los lugares adonde os arrojé; y os haré volver al lugar de donde os hice llevar"[10].

¿Estamos dispuestos a atender el llamado de Dios, nuestro Padre? ¿O vamos a experimentar el mismo destino que la nación de Israel? Quizá no podamos elegir por el mundo, pero podemos ser uno de los pocos privilegiados que escogen seguir los caminos de Dios, y a pesar de las dificultades que podamos enfrentar, Él estará allí con nosotros.

Preguntas para profundizar

- Cuando el pueblo de Israel abandonó a Dios y sus leyes, tuvo que sufrir las consecuencias. ¿Podríamos experimentar este tipo de consecuencias hoy en día? ¿Cómo podríamos evitar que esto nos ocurra a nosotros en lo personal? ¿Y cómo podemos evitarlo como país?
- Josías tan solo tenía ocho años cuando se convirtió en rey. Sirvió a Dios desde el principio porque tuvo grandes mentores y consejeros. ¿Tiene personas en su vida que le han servido de gran guía? ¿Qué necesita hacer para ser un mentor de una persona joven en su vida?
- Hay momentos en los que Dios no puede conseguir nuestra atención sin tomar medidas drásticas como las que tomó con su familia escogida. ¿Qué tendría que perder para que Dios consiga su atención?
- En la actualidad, muchas iglesias profesan servir a Dios, pero, al igual que Sedequías, en realidad lo ofenden al no seguir sus caminos. ¿Se le ocurre alguna que haya observado?
-

Para estudio adicional

1. Lucas 15:7, 10. "Habrá más gozo en el cielo por un pecador que se arrepiente, que por noventa y nueve justos que no necesitan de arrepentimiento. Así os digo que hay gozo delante de los ángeles de Dios por un pecador que se arrepiente".
2. 1 Corintios 15:57. "Mas gracias sean dadas a Dios, que nos da la victoria por medio de nuestro Señor Jesucristo".
3. Apocalipsis 16:14-16. "pues son espíritus de demonios, que hacen señales, y van a los reyes de la tierra en todo el mundo, para reunirlos a la batalla de aquel gran día del Dios Todopoderoso. Y los reunió en el lugar que en hebreo se llama Armagedón [Har Megido]".

Citas presentadas en este capítulo extraídas de los libros de Isaías y Jeremías donde se mencionan las causas que condujeron al cautiverio de Israel:

4. Isaías 1:2-5.
5. Isaías 1:7-9, 15.
6. Jeremías 21:2.
7. Jeremías 21:4-10.
8. Jeremías 29:10-11.
9. Jeremías 29:12-13.
10. Jeremías 29:14.

25

Dios bendice a Daniel y sus compañeros en el cautiverio en Babilonia

Daniel 1-3

A lrededor del año 600 a. C., Nabucodonosor asedió Jerusalén y conquistó todo Judá. Regresó a Babilonia, su capital, llevando consigo lo más selecto de su territorio conquistado. De este modo, el rey podía tener el control del pueblo conquistado y, al mismo tiempo, contar con los más brillantes y mejores que se sumaban a un plantel ya fuerte de consejeros y sabios.

Nabucodonosor da oportunidades a los israelitas favorecidos

El libro de Daniel comienza así:

Nabucodonosor dijo al jefe de sus eunucos que trajese de los hijos de Israel, del linaje real de los príncipes, muchachos en quienes no hubiese tacha alguna, de buen parecer, enseñados en toda sabiduría, sabios en ciencia y de buen entendimiento, e idóneos para estar en el palacio del rey; y que les enseñase las letras y la lengua de los caldeos.

Entre los judíos elegidos estaban Daniel, Ananías, Misael y Azarías. El jefe asignó nuevos nombres a estos cuatro: Beltsasar, Sadrac, Mesac y Abed-nego, respectivamente. Estos cuatro eran de los pocos que habían sido fieles a Dios y habían seguido sus leyes. El período de entrenamiento debía durar tres años. Se les trató como a la realeza y se les proveyó de comida y bebida de primera calidad, así como de toda la educación y la formación necesarias a fin de prepararlos para el servicio en el palacio del rey.

Sin embargo, a Daniel le preocupaba que la comida los contaminara ante Dios (comer alimentos inmundos como cerdos y conejos era una práctica contraria a la ley de Moisés). Dios concedió a Daniel favor y compasión ante los jefes. Cuando pidió que no los obligaran a comer la comida y la bebida de la mesa del rey, el jefe temió que lo hiciera quedar mal si Daniel y sus tres compañeros no se veían sanos; y de este modo, Daniel hizo un trato con el jefe.

Te ruego que hagas la prueba con tus siervos por diez días, y nos den legumbres a comer, y agua a beber. Compara luego nuestros rostros con los rostros de los muchachos que comen de la ración de la comida del rey, y haz después con tus siervos según veas.

Sadrac, Mesac y Abed-nego eligieron unirse a Daniel para seguir el mandamiento de Dios de permanecer "limpios". Como estaban en una tierra extranjera y habían sido llevados cautivos, podrían haber aprovechado esta maravillosa oportunidad. Pero tuvieron suficiente discernimiento y sabiduría, incluso a una edad tan joven, para saber que Dios estaría con ellos en medio de estas dificultades si estaban dispuestos a ser obedientes[1]. ¿Qué elegiría si le dieran una oportunidad tan grata cuando pensaba ser un esclavo o estar en una prisión? ¿Buscaría la sabiduría de Dios y seguiría sus mandamientos?

La fe de Daniel, sumada a la esperanza que la Palabra de Dios le infundía, le dio la fuerza necesaria para enfrentarse al jefe. En muchas ocasiones, la curación de Jesús iba acompañada de la fe que tenían los creyentes para que tuviera la capacidad de sanar y pudiera curarlos[2]. Dios espera que tengamos fe en lo que ha prometido. Es difícil saber cuándo hay que mantenerse firme y hablar en contra de lo "establecido" y cuándo hay que guardar silencio para no parecer "más santo que los demás" o mostrarse intolerante con los demás y sus opiniones. Todo esto hace que sea aún más importante que conozcamos la Palabra de Dios y tengamos una relación con Jesús que, a través del Espíritu Santo, nos dirá qué y cuándo hablar[3].

Después de los diez días, Daniel y sus amigos lucían mucho más sanos que los demás miembros del programa de entrenamiento. Sin preocuparse más, el jefe siguió dejando que Daniel y sus amigos comieran alimentos diferentes a los del resto. No solo estos cuatro se veían en mejor estado de salud, sino que Dios también les dio mayor conocimiento e inteligencia en cada rama de la literatura y la sabiduría que a cualquiera de los otros aprendices. Además, Daniel recibió la capacidad de interpretar visiones y sueños.

Cuando transcurrieron tres años, todos los que estaban en formación fueron llevados ante el rey. Daniel y sus amigos fueron calificados como muy superiores a sus compañeros de entrenamiento. Los cuatro no solo eran los mejores de su grupo, sino que Nabucodonosor los consideró diez veces mejores que todos los magos y adivinos de toda la corte del rey. Daniel invocó a Dios para que lo ayudara, y Él lo hizo más allá de lo que Daniel podría haber soñado. Bueno, tal vez Daniel era una persona que podía "soñarlo".

Aunque Dios no liberó a estos cuatro jóvenes de su cautiverio, estuvo con ellos en todas sus dificultades. Los puso en lugares donde podían prosperar, y así lo hicieron. Al igual que José, hijo de Jacob, encontraron una manera de beneficiarse en medio de su cautiverio, nunca se apartaron de Dios y siguieron con orgullo sus mandamientos. Y así como José, gracias a su obediencia, Dios pudo utilizarlos para cumplir sus propósitos en beneficio de toda la humanidad. ¿Hay algo que pueda aprender de estos cuatro jóvenes?

Daniel interpreta el sueño de Nabucodonosor

Mientras Daniel y sus amigos estaban todavía en sus tres años de entrenamiento, Nabucodonosor tuvo un sueño. Cuando se despertó, su espíritu se turbó y no pudo dormir. Dio órdenes para que todos los magos, adivinos y hechiceros se presentaran ante él. El rey manifestó a estos consejeros que estaba terriblemente perturbado por un sueño que había tenido. Los magos le dijeron con confianza al rey que le darían la interpretación una vez que les contara el sueño.

Sin embargo, el rey no quiso. No solo quería que interpretaran el sueño, sino que también esperaba que supieran lo que había soñado. De hecho, estaba tan perturbado que les dijo que si no podían explicarle el sueño y su interpretación, serían despedazados hasta el último hueso y sus casas serían destruidas. También les indicó que si alguien podía darle una interpretación adecuada, esa persona recibiría regalos y grandes honores.

Cuando los consejeros siguieron pidiéndole al rey que compartiera el sueño, él les dijo que le estaban haciendo perder tiempo, y que si no daban la respuesta pronto, les infligiría el juicio que había pronunciado. Aunque la Biblia no lo menciona, considero que Nabucodonosor no podía recordar el sueño. ¿Alguna vez le ha pasado esto? Se despierta y se le olvida el sueño. El sueño le produjo una sensación agobiante a Nabucodonosor; pues percibía su importancia, pero en su estado de perturbación, no podía recordarlo. Al parecer, pensó que si los magos eran tan buenos como decían, debían ser capaces de explicarle su sueño. Los reyes, en su condición de monarcas, no tienen por qué ser razonables en sus juicios. Sin embargo, Dios estaba preparando una oportunidad para que Daniel fuera un consejero y líder influyente en el gobierno del rey[4].

Los consejeros le dijeron a Nabucodonosor que no había ningún hombre sobre la faz de la Tierra que pudiera darle lo que quería; y que solo los dioses podían darle una respuesta. La indignación y el enfado del rey fueron tan notorios que dio órdenes de destruir a todos los sabios de Babilonia. Aunque todavía estaban en formación y no tenían la posibilidad de presentarse ante el rey, los aprendices también debían ser destruidos, incluyendo a Daniel, Sadrac, Mesac y Abed-nego. Cuando los jefes se acercaron a Daniel, este les preguntó qué pasaba y luego pidió tiempo para que Dios le mostrara el sueño y su interpretación.

Dios reveló el sueño a Daniel en una visión nocturna. Entonces Daniel bendijo a su Dios del cielo exclamando:

Sea bendito el nombre de Dios de siglos en siglos, porque suyos son el poder y la sabiduría. Él revela lo profundo y lo escondido; conoce lo que está en tinieblas, y con él mora la luz. A ti, oh Dios, te doy gracias y te alabo, porque me has dado sabiduría y fuerza, y ahora me has revelado lo que te pedimos.

Ahora Daniel estaba listo para presentarse ante Nabucodonosor. Cuando Nabucodonosor le preguntó a Daniel si podía proporcionarle el sueño y su interpretación, Daniel dijo que ni los sabios, ni los magos, ni los adivinos serían capaces de declarar el sueño al rey. Sin embargo, había un Dios en el cielo que revelaba los misterios y dio a conocer a Daniel cuál era el sueño del rey y su interpretación. Note lo humilde que fue Daniel y cómo le dio el reconocimiento a Dios. Este es un detalle muy importante para entender cómo debemos cultivar una relación con nuestro Padre celestial. Cuando nos humillamos y le damos el reconocimiento a Dios, Él nos bendecirá y recompensará con la gloria, la alabanza y el honor[5] que vienen con la sabiduría y/o los milagros que Dios realiza a través de nosotros.

Este es el sueño tal y como lo describió Daniel a Nabucodonosor:

Estando tú, oh rey, en tu cama, te vinieron pensamientos por saber lo que había de ser en lo por venir; y el que revela los misterios te mostró lo que ha de ser. Tú, oh rey, veías, y he aquí una gran imagen. La cabeza de esta imagen era de oro fino; su pecho y sus brazos, de plata; su vientre y sus muslos, de bronce; sus piernas, de hierro; sus pies, en parte de hierro y en parte de barro cocido. Estabas mirando, hasta que una piedra fue cortada, no con mano, e hirió a la imagen en sus pies de hierro y de barro cocido, y los desmenuzó, y se los llevó el viento sin que de ellos quedara rastro alguno. Mas la piedra que hirió a la imagen fue hecha un gran monte que llenó toda la tierra.

Y ahora su interpretación: Daniel declaró que Nabucodonosor era el rey de reyes a quien el Dios del cielo le había dado poder, fuerza y gloria; por lo tanto, representaba la cabeza de oro. Despés de él surgiría un reino no tan poderoso como el de Nabucodonosor, que estaba representado por el cofre de plata, seguido por un reino menor de bronce. Luego habría un cuarto reino tan fuerte como el de hierro. Los pies y los dedos, en parte de barro de alfarero y en parte de hierro, corresponderían a reinos divididos; puesto que tendrían la dureza del hierro pero la fragilidad del barro. Los reinos se volverían vulnerables porque el

hierro y el barro no se adhieren entre sí. La piedra que destruye los reinos vendría del Dios del cielo para establecer su propio reino. Este reino pondría fin a los diez reinos y perduraría para siempre.

Como palabras finales, Daniel declaró: "El gran Dios ha mostrado al rey lo que ha de acontecer en lo por venir; y el sueño es verdadero, y fiel su interpretación".

En un capítulo posterior del libro de Daniel, Dios le reveló que el reino de plata sería el de los medos y los persas, seguido por el reino de bronce de Grecia, y el reino de hierro sería el de los romanos. Y por supuesto, la gran piedra que aplasta los reinos es el reino de Jesús. Como Daniel identificó perfectamente estos reinos futuros antes de que existieran, muchos escépticos sugieren que este libro no fue escrito hasta justo antes de la época de Jesús. Sin embargo, ¿qué decir de todas las demás profecías del Antiguo Testamento que se han hecho realidad? ¿Y por qué Dios no podría revelar estos detalles a Daniel mucho antes de que se cumplieran?

Nabucodonosor se postró en honor a Daniel y le ofreció muchos regalos. Declaró: "Ciertamente el Dios vuestro es Dios de dioses, y Señor de los reyes, y el que revela los misterios". Así, el rey ascendió a Daniel, y lo hizo gobernante de toda la provincia de Babilonia y prefecto principal de todos los sabios de Babilonia. Además, a petición de Daniel, el rey nombró a Sadrac, Mesac y Abed-nego a cargo de la administración de la provincia de Babilonia.

Nabucodonosor construye una estatua, causando problemas a los amigos de Daniel

Nabucodonosor quedó tan impresionado por el sueño y su interpretación que decidió construir una gran estatua con una imagen de oro. La estatua, que lo representaba a él, tenía aproximadamente treinta metros de altura y tres metros de ancho. Una vez terminada la estatua, Nabucodonosor convocó a todos sus funcionarios y a todo el pueblo de Babilonia a inclinarse ante la estatua. Declaró que cualquiera en su reino que no se inclinara ante la estatua sería arrojado al horno de fuego.

Cuando le informaron a Nabucodonosor que Sadrac, Mesac y Abed-nego no se habían inclinado a la hora señalada, se puso furioso. En su ira, ordenó que los tres hombres fueran llevados ante él (tal vez Daniel estaba fuera de la ciudad y no cayó en esta trampa). Nabucodonosor les dio una última oportunidad de inclinarse antes de arrojarlos al horno de fuego.

Cuando les preguntó qué dioses podían librarlos de morir quemados por este horno de fuego, Sadrac, Mesac y Abed-nego respondieron de forma desafiante:
Rey Nabucodonosor: No es necesario que te respondamos sobre este asunto. He aquí nuestro Dios a quien servimos puede librarnos del horno de fuego ardiendo; y de tu mano, oh rey, nos librará. Y si no, sepas, oh rey, que no serviremos a tus dioses, ni tampoco adoraremos la estatua que has levantado.

Considero que este es uno de los pasajes más poderosos de toda la Biblia. Ante el peligro y la muerte segura, estos hombres se mantuvieron firmes y desafiantes ante el rey que los había llevado al cautiverio y les había dado lugares de honor en su corte. No se acobardaron ante sus demandas y creyeron con todo su corazón que Dios los libraría gracias a sus convicciones sobre la justicia. Continuaron afirmando que si de alguna manera se equivocaban con su Dios y este no los salvaba, aun así no se alejarían de Dios ni adorarían la imagen de Nabucodonosor. ¡Qué palabras tan poderosas!

Estos tres hombres tenían toda la certeza de que Dios los salvaría. Confiaban en que lo haría y aguardaban que lo hiciera, pero tenían que estar dispuestos a tener fe en que Dios los libraría[6]. ¡Qué lección tan poderosa para nosotros! Tenemos la esperanza de ser salvos y de disfrutar de una vida eterna con Jesús, porque ¿quién busca lo que ya ve o ya tiene? Pero si esperamos algo que no vemos, entonces lo aguardaremos con perseverancia y ansias[7].

Mientras crecía, mi idea de la esperanza era más parecida a lo que pensamos cuando tiramos una moneda en un pozo de los deseos y pedimos un deseo; nadie cree realmente que el deseo se hará realidad.
Mi poco entendimiento de la esperanza piadosa era muy parecido al personaje de Jimmy Stewart en la película navideña de 1941, ¡Qué bello es vivir!, cuando empujaba la palanca de la farmacia y pedía un millón de dólares. Su personaje nunca buscó recibir un millón de dólares; era solo un juego. Sin embargo, nuestra esperanza por medio de Dios viene con una expectativa. Lo que anhelamos se hará realidad si buscamos la voluntad de Dios y tenemos fe en que se cumplirá. Esperar y luego confiar en que Dios nos entregue lo que pedimos es la definición de la esperanza cristiana.

Dudo seriamente que alguna vez lo amenacen con un horno de fuego, pero estoy seguro de que tendrá que enfrentarse a un momento en el que tendrá que estar en desacuerdo con alguien para honrar a Dios. O puede que le pongan a prueba para que reconozca a Dios y se aferre a sus principios cuando sus compañeros creen de forma diferente. Será difícil. Puede ser mucho más fácil permanecer en silencio. Podemos pensar: ¿Quién lo sabrá? Dios lo sabrá, y usted también. Además, puede que sea el momento en que Dios le dé la oportunidad de cambiar el corazón de otra persona, o puede que le esté preparando para algún propósito mayor que usted no pueda ver en ese instante. Quizá deba aceptar que Dios quiere que resista su "horno de fuego". Y si sufre por Jesús y/o por la voluntad de Dios, puede alegrarse de haber sido considerado digno de sufrir por su nombre[8]. Pero también puede saber que Dios le recompensará en su tiempo ideal[9].

Nabucodonosor estaba furioso porque Sadrac, Mesac y Abed-nego lo estaban desafiando, tanto que se llenó de ira y su rostro se distorsionó por la rabia. Ordenó a sus guerreros que los ataran y que calentaran mucho el horno de fuego. El horno estaba tan caliente que las llamas mataron a los hombres encargados de arrojar a los tres héroes. Estoy convencido de que Dios dio este detalle para que supiéramos que se trataba de un verdadero horno de fuego y no de un simple lecho de brasas.

Nabucodonosor se quedó asombrado cuando miró dentro del horno. Preguntó: "¿No echaron a tres varones atados dentro del fuego? He aquí yo veo cuatro varones sueltos, que se pasean en medio del fuego sin sufrir ningún daño; y el aspecto del cuarto es semejante a hijo de los dioses". Nabucodonosor llamó a los tres hombres para que salieran del horno (el cuarto, un ángel, al parecer volvió al cielo). Todos se asombraron de que las cuerdas se habían quemado sin dañar sus manos y ninguna de sus ropas había sido dañada; ni siquiera tenían el olor del fuego sobre ellos. Nabucodonosor respondió:

Bendito sea el Dios de ellos, de Sadrac, Mesac y Abed-nego, que envió su ángel y libró a sus siervos que confiaron en él, y que no cumplieron el edicto del rey, y entregaron sus cuerpos antes que servir y adorar a otro dios que su Dios.

Así pues, Nabucodonosor decretó que cualquiera que hablara contra el Dios de Sadrac, Mesac y Abed-nego sería despedazado hasta el último hueso y su casa sería destruida, ya que no había otro dios capaz de obrar de esta manera. Nabucodonosor promovió a estos tres jóvenes, y ellos prosperaron en todas sus actividades y deberes[10].

Preguntas para profundizar

- ¿Qué se sentiría si le sacaran de su hogar en contra de su voluntad y lo convirtieran en esclavo en un país extranjero?
- ¿Está dispuesto a renunciar a las muchas comodidades que podría tener con tal de seguir los principios de Dios?

- ¿Qué haría usted si se enfrentara a un dilema similar al de Sadrac, Mesac y Abed-nego?
- ¿Qué es lo que anhela con respecto a su relación con Dios?

Para estudio adicional

1. Proverbios 1:8, 10, 33. "Oye, hijo mío, la instrucción de tu padre, y no desprecies la dirección de tu madre. Hijo mío, si los pecadores te quisieren engañar, no consientas. Mas el que me oyere [a Dios/la sabiduría], vivirá tranquilo".
2. La fe era un componente crucial, y a veces necesario, para que Jesús sanara o realizara milagros.
    a. Mateo 8:13. "Ve, y como creíste, te sea hecho".
    b. Mateo 9:2, 6. "Y sucedió que le trajeron un paralítico, tendido sobre una cama; y al ver Jesús la fe de ellos, dijo al paralítico: Levántate, toma tu cama, y vete a tu casa".
    c. Mateo 9:22. "Pero Jesús, volviéndose y mirándola, dijo: Ten ánimo, hija; tu fe te ha salvado. Y la mujer fue salva desde aquella hora".
    d. Mateo 13:58. "Y no hizo allí muchos milagros, a causa de la incredulidad de ellos".
3. Lucas 12:11-12. "Jesús les dijo a sus discípulos: Cuando os trajeren ante las autoridades, no os preocupéis por cómo o qué habréis de responder, o qué habréis de decir; porque el Espíritu Santo os enseñará en la misma hora lo que debáis decir".
4. Juan 5:17. "Y Jesús les respondió: Mi Padre hasta ahora trabaja, y yo trabajo".
5. Santiago 4:10. "Humillaos delante del Señor, y él os exaltará".
6. Hebreos 11:1. "Es, pues, la fe la certeza de lo que se espera, la convicción de lo que no se ve".
7. Romanos 8:24-25. "Porque en esperanza fuimos salvos; pero la esperanza que se ve, no es esperanza; porque lo que alguno ve, ¿a qué esperarlo? Pero si esperamos lo que no vemos, con paciencia lo aguardamos".
8. Hechos 4:18-20; 5:40-41. "Y llamándolos, les intimaron [a Pedro y a Juan] que en ninguna manera hablasen ni enseñasen en el nombre de Jesús. Mas Pedro y Juan respondieron diciéndoles: Juzgad si es justo delante de Dios obedecer a vosotros antes que a Dios. [Y un tiempo después,] y llamando a los apóstoles, después de azotarlos, les intimaron que no hablasen en el nombre de Jesús, y los pusieron en libertad. Y ellos salieron de la presencia del concilio, gozosos de haber sido tenidos por dignos de padecer afrenta por causa del Nombre (de Jesús)".
9. 1 Pedro 4:19. "De modo que los que padecen según la voluntad de Dios, encomienden sus almas al fiel Creador, y hagan el bien".
10. Deuteronomio 29:1, 9. "Estas son las palabras del pacto que Jehová mandó a Moisés: Guardaréis, pues, las palabras de este pacto, y las pondréis por obra, para que prosperéis en todo lo que hiciereis".

26

Daniel resiste mientras Babilonia cae ante los medos y los persas

Daniel 4-6

Caída y restauración de Nabucodonosor

Tiempo después, Nabucodonosor tuvo otro sueño que Daniel le interpretó. Daniel se alarmó porque Dios estaba pronunciando un juicio sobre el corazón orgulloso de Nabucodonosor. Daniel debe haber llegado a respetar a Nabucodonosor, ya que le suplicó que se arrepintiera de sus pecados para disminuir el juicio de Dios. Nabucodonosor no escuchó; y doce meses después el sueño se hizo realidad. Fue expulsado a los campos para vivir entre las bestias salvajes, con lo cual perdió la cordura. Luego de siete años, Nabucodonosor recuperó la razón; se humilló y clamó en arrepentimiento y reconoció a Dios como el único Dios verdadero, y toda su majestad y esplendor fueron restaurados.

La historia de Nabucodonosor termina con esta cita:

Ahora yo Nabucodonosor alabo, engrandezco y glorifico al Rey del cielo, porque todas sus obras son verdaderas, y sus caminos justos; y él puede humillar a los que andan con soberbia.

¡Ojalá pudiéramos volvernos a Dios de esa manera! Nabucodonosor, que lo tenía todo y que en un tiempo no conocía a Dios, ahora profesaba a nuestro Dios como el único Dios verdadero, alabándolo, exaltándolo y honrándolo. Y todo esto se produjo gracias a que cuatro jóvenes dieron la cara por Dios en medio de grandes dificultades. Fueron capturados y llevados a una tierra extranjera, e inesperadamente, se les dio la oportunidad de vivir de manera ostentosa como sus captores. Tuvieron la tentación de elegir una salida fácil. Sin embargo, eligieron a Dios, y fueron recompensados con honor y responsabilidades terrenales. Pero lo más importante es que recibieron un galardón aún mayor en la eternidad porque ejercieron una influencia piadosa sobre esta nación pagana y, en particular, sobre un rey pagano que, a través de ellos, llegó a conocer y profesar que el Dios todopoderoso es el único y verdadero Dios.

¿Está dispuesto a defender su postura?

Daniel pronuncia el juicio de Dios sobre Babilonia

Tras la muerte de Nabucodonosor, el imperio babilónico se debilitó bajo el gobierno de su hijo Belsasar. Daniel permaneció en una posición de liderazgo, pero Belsasar no confió en su experiencia. Al parecer, el nuevo rey pasaba la mayor parte de su tiempo haciendo fiestas. Mientras tanto, el Imperio persa se fortalecía y se dirigía hacia el oeste, hacia Babilonia.

Las cosas se habían puesto tan mal en Babilonia que Dios decidió revelarse a sí mismo para poner las cosas en su sitio. Una noche, durante las festividades en Babilonia, el rey solicitó las vasijas magníficas que habían sido tomadas años antes por su padre del templo de Jerusalén. Con las copas en la mano, Belsasar rindió honor a los dioses de oro y plata. Este uso irreverente de las vasijas sagradas hizo que Dios actuara. De repente, en medio de los festejos, los dedos de la mano de un hombre comenzaron a escribir en la pared de la sala de banquetes del palacio. Era la mano de Dios dando un mensaje a este rey impío. El rostro del rey se puso pálido, y sus pensamientos lo alarmaron; las articulaciones de su cadera se volvieron flácidas, y sus rodillas comenzaron a chocarse.

Ninguno de los consejeros del rey pudo decirle lo que significaba lo que estaba escrito, pese a que ofreció una gran recompensa a quien pudiera interpretar el mensaje. El rey estaba ahora más preocupado que nunca. Al oír todo el alboroto, la reina entró en la sala de banquetes; y después de enterarse que una mano extraordinaria había escrito las palabras en la pared, le dijo al rey:

En tu reino hay un hombre en el cual mora el espíritu de los dioses santos, Daniel, al que el rey Nabucodonosor tu padre, oh rey, constituyó jefe sobre todos los magos, por cuanto fue hallado en él mayor espíritu y ciencia y entendimiento, para interpretar sueños y descifrar enigmas y resolver dudas.

¡Qué gran recomendación que hizo una reina pagana sobre un hombre piadoso! Daniel fue llevado ante el rey, quien le ofreció la realeza y la autoridad para gobernar si podía interpretar lo escrito. Daniel respondió: "Tus dones sean para ti, y da tus recompensas a otros. Leeré la escritura al rey, y le daré la interpretación". Entonces Daniel exhortó a Belsasar porque no había humillado su corazón a pesar de que sabía cómo se había perdido y recuperado mentalmente Nabucodonosor. Daniel también criticó a Belsasar porque alababa a los dioses de la plata y el oro en lugar del Dios de Israel.

Así, Daniel observó el mensaje, cuya inscripción decía (junto con la interpretación de Daniel):

MENE, MENE, TEKEL, UPARSIN
MENE: contó Dios tu reino
TEKEL: pesado has sido en balanza, y fuiste hallado falto
U: significa "y"
PERES (el singular de Parsin): tu reino ha sido roto, y dado a los medos y a los persas.
Dios se hartó de la falta de respeto de los babilonios y trajo su juicio sobre ellos a través de los medos y los persas. Nosotros también debemos tener cuidado de no provocar el juicio de Dios sobre nuestra nación[1].

Los celos surgen cuando Darío nombra a Daniel primer ministro

Darío el Medo tomó el mando como rey en Babilonia. Nombró a 120 líderes, de los cuales Daniel era uno. No pasó mucho tiempo para que Daniel se distinguiera por encima de estos líderes, ya que poseía un espíritu excepcional. El rey pensó nombrarlo a cargo de todo el reino. Los otros líderes estaban celosos de las habilidades y capacidades de liderazgo de Daniel. Por lo tanto, trataron de encontrar algo de lo qué acusarlo, pero no pudieron encontrar ninguna evidencia de corrupción, ya que era fiel y diligente en el desempeño de sus funciones. Decidieron que la única forma de encontrar algo contra él sería con respecto a la ley de su Dios.

Así pues, estos líderes se dirigieron al rey para que estableciera un decreto que conllevara un castigo para el que hiciera una petición a cualquier dios u hombre que no fuera el mismísimo rey durante treinta días. El castigo sería arrojar a la persona al foso de los leones. Esto apeló al orgullo del rey, y firmó el documento que autorizaba el decreto. Dicho decreto no podía ser revocado según la ley de los medos y los persas.

Tras la firma del documento, los líderes no perdieron de vista a Daniel. No mucho después, estos hombres encontraron a Da-

niel orando a su Dios. Inmediatamente fueron al rey y le dijeron que Daniel estaba violando la ley.

Cuando Daniel fue llevado ante él, el rey Darío se afligió profundamente y se propuso liberar a Daniel; estaba decidido a idear una alternativa. Pero al no encontrar ninguna, sus hombres obligaron al rey a cumplir con la ley exigida. Con reticencia, Darío dio órdenes para que Daniel fuera arrojado al foso de los leones. Le dijo a Daniel estas palabras proféticas de despedida:

El Dios tuyo, a quien tú continuamente sirves, él te libre.

No estoy seguro de cuánta confianza tenía Darío en el comentario que le hizo a Daniel, pero sí tenía cierto grado de esperanza en el Dios de Daniel. Después de que Daniel fue arrojado a los leones, se colocó una piedra sobre el foso, la cual el rey selló con su propio anillo de sello para que nadie pudiera quitar la piedra. Así, el rey pasó la noche sin divertirse y no pudo dormir. Se levantó al amanecer y se dirigió a toda prisa al foso de los leones. Exclamó con voz turbada: "Daniel, siervo del Dios viviente, el Dios tuyo, ¿te ha podido librar de los leones?". Daniel habló desde el fondo del foso: Oh rey, vive para siempre. Mi Dios envió su ángel, el cual cerró la boca de los leones, para que no me hiciesen daño, porque ante él fui hallado inocente; y aun delante de ti, oh rey, yo no he hecho nada malo.

Darío se alegró mucho y dio órdenes de que sacaran a Daniel del foso. Daniel no sufrió ningún daño porque confiaba en su Dios. Luego el rey ordenó que los hombres que acusaron celosamente a Daniel fueran arrojados al foso de los leones junto con sus esposas e hijos como castigo por su mala acción. Ni siquiera habían llegado al fondo de la fosa y los leones ya los habían alcanzado y aplastado sus huesos. Esta es una lección importante para nosotros: si tenemos celos del éxito de otra persona, podemos tomar malas decisiones que pueden provocar nuestra propia muerte[2].

¿Por qué la Biblia describe con tanto detalle la rapidez con la que los leones atacaron y se comieron a los que fueron arrojados al foso? Estoy convencido de que fue para mostrar lo hambrientos que estaban los leones; pues Dios quería que quienes leyeran esta historia estuvieran totalmente convencidos de que había enviado a su ángel para cerrar la boca de los leones.

Después, Darío escribió a todos los pueblos, naciones y hombres de todas las lenguas que vivían en su reino:

¡Que tu paz abunde! Que en todo el dominio de mi reino todos teman y tiemblen ante la presencia del Dios de Daniel; porque él es el Dios viviente y su reino no será jamás destruido, y su dominio perdurará hasta el fin. Él salva y libra, y hace señales y maravillas en el cielo y en la tierra; él ha librado a Daniel del poder de los leones.

Daniel es un testimonio para todos nosotros. Él, probablemente más que nadie en el Antiguo Testamento, siguió la exhortación del apóstol Pedro de mantener nuestra conducta excelente entre los gentiles para que Dios sea glorificado[3]. ¿Se convertirá en un testimonio para aquellos que lo vean experimentar el gozo y las aflicciones de la vida?

Preguntas para profundizar

- Nabucodonosor fue castigado severamente por su orgullo y su falta de voluntad para reconocer al Dios de Israel como el verdadero Dios. ¿Podría suceder esto con ciertos países en el mundo de hoy?

- Dios se molestó porque las vasijas dedicadas en su templo se utilizaron para dar honor a dioses falsos. ¿Qué podríamos estar haciendo hoy para que Dios empiece a pensar lo mismo de nosotros?

- Darío tenía fe en que el Dios de Daniel lo salvaría. Pero todavía tenía dudas. ¿Logra entender que es aquí donde debe obrar la esperanza del cristiano?

- ¿Alguna vez ha hecho algo que haya causado un gran problema a un amigo? ¿Qué hizo al respecto?

Para estudio adicional

1. Judas 1:5. "Mas quiero recordaros, ya que una vez lo habéis sabido, que el Señor, habiendo salvado al pueblo sacándolo de Egipto, después destruyó a los que no creyeron".

2. Los celos generan conflictos y descontento:
   a. Eclesiastés 4:4. "He visto asimismo que todo trabajo y toda excelencia de obras despierta la envidia del hombre contra su prójimo. También esto es vanidad y aflicción de espíritu".
   b. Gálatas 6:4. "Así que, cada uno someta a prueba su propia obra, y entonces tendrá motivo de gloriarse solo respecto de sí mismo, y no en otro".
   c. Proverbios 14:30. "El corazón apacible es vida de la carne; mas la envidia es carcoma de los huesos".
   d. Santiago 3:16. "Porque donde hay celos y contención, allí hay perturbación y toda obra perversa".

3. 1 Pedro 2:11-12. "Amados, yo os ruego como a extranjeros y peregrinos [...] manteniendo buena vuestra manera de vivir entre los gentiles; para que en lo que murmuran de vosotros como de malhechores, glorifiquen a Dios".

27

Daniel lucha contra las fuerzas malignas

Daniel 7-12

Los últimos seis capítulos del libro de Daniel contienen las profecías que le fueron reveladas a Daniel sobre el final de los tiempos (el regreso de Dios para reclamar la Tierra de las fuerzas malignas). Estos seis capítulos son muy parecidos a los que se encuentran en Apocalipsis dentro del Nuevo Testamento.

Gran parte de las descripciones de estos últimos seis capítulos de Daniel nos resultan difíciles de entender. Nos basta con decir que Dios trae su juicio sobre aquellos que no creen en Jesús como su Salvador y Señor[1]. Y vendrá de nuevo para recuperar su mundo que Adán y Eva entregaron al diablo cuando eligieron desobedecer el mandamiento de Dios en el huerto del Edén[2]. En ese sentido, debemos aceptar que somos cómplices de estos primeros humanos ya que nosotros también hemos preferido seguir con la misma mala elección que ellos hicieron en el huerto.

Daniel recibe profecías del mundo espiritual

Con esta breve explicación de los últimos seis capítulos de Daniel, espero poder reflejar las ideas tan extraordinarias que nos ofrecen estos seis capítulos y que nos ayudarán a afrontar y lidiar con las circunstancias de nuestra vida. En los dos últimos tercios de este tomo 3, he enfatizado que el mundo espiritual vigila este mundo en el que vivimos. Satanás y sus fuerzas malignas procedentes de los lugares celestiales gobiernan este reino terrenal[3]. Para combatir estas fuerzas malignas, Dios dio a los profetas del Antiguo Testamento acceso a sus provisiones del reino celestial. En la actualidad, recibimos el Espíritu Santo de Dios para que habite en nosotros y nos dé su poder para defendernos.

En las descripciones de las profecías de Daniel se entremezclan actividades y acontecimientos que ocurrían a su alrededor en el mundo espiritual invisible. Como dependemos tanto de nuestros ojos, este mundo invisible nos resulta muy difícil de comprender. Gracias a Dios, con los capítulos 9 y 10 de Daniel, podemos conocer las características del reino celestial, y aprendemos cómo Daniel se comunicaba con Dios y con sus fuerzas angelicales.

Aunque no recibamos profecías tan significativas como las que recibió Daniel, podemos comunicarnos mejor con Dios y saber cómo escucharlo cuando seguimos el ejemplo de Daniel de buscar a Dios a través de la meditación y la dedicación a la oración y el ayuno (ayunar significa abstenerse de comer o beber, o si es por más de un día, comer una cantidad muy limitada de alimentos y bebidas, como pan y agua). De este modo, estaremos preparados para enfrentarnos a las circunstancias difíciles en las que nos encontramos y aprenderemos a resistir, y si es necesario, a luchar contra el enemigo que reside en el reino celestial.

Veamos cómo se acercó Daniel a Dios:
Y volví mi rostro a Dios el Señor, buscándole en oración y ruego, en ayuno, cilicio y ceniza. Y oré a Jehová mi Dios e hice confesión diciendo: "Ahora, Señor, Dios grande, digno de ser temido, que guardas el pacto y la misericordia con los que te aman y guardan tus mandamientos; hemos pecado, hemos cometido iniquidad, hemos hecho impíamente, y hemos sido rebeldes, y nos hemos apartado de tus mandamientos y de tus ordenanzas. No hemos obedecido a tus siervos los profetas. Tuya es, Señor, la justicia, y nuestra la confusión de rostro, como en el día de hoy lleva todo hombre de Judá, los moradores de Jerusalén, y todo Israel. En todas las tierras adonde los has echado a causa de su rebelión con que se rebelaron contra ti". De Jehová nuestro Dios es el tener misericordia y el perdonar, aunque contra él nos hemos rebelado, y no obedecimos a la voz de Jehová nuestro Dios, para andar en sus leyes.

En esta oración, Daniel pidió humildemente el perdón para sí mismo y para todo Israel por sus muchos pecados y clamó por la compasión y la misericordia de Dios. Observe lo que sucedió gracias a la oración de Daniel:
Aún estaba hablando y orando, y confesando mi pecado y el pecado de mi pueblo, cuando el varón Gabriel [en realidad, un ángel] habló conmigo, diciendo: "Daniel,

ahora he salido para darte sabiduría y entendimiento. Al principio de tus ruegos fue dada la orden, y yo he venido para enseñártela, porque tú eres muy amado. Entiende, pues, la orden, y entiende la visión".

Dios envió a Gabriel porque Daniel le había rogado comprender su visión. En la visión se confirmaba que Dios planeaba restaurar y reconstruir Jerusalén hasta que el Mesías (Jesús) viniera a salvar a la humanidad. Sin embargo, se le explicó a Daniel que si bien los humanos recibirían la salvación, el Mesías tendría que ser cortado y el príncipe del pueblo (el diablo y su ejército maligno de ángeles y demonios, y en un futuro su anticristo) destruiría Jerusalén y el santuario. Esta desolación continuaría hasta que el Mesías volviera por segunda vez. En este difícil período, Israel tenía como protector al arcángel Miguel, que era lo suficientemente fuerte como para luchar contra el enemigo.

Gracias al ejemplo de Daniel, aprendemos cómo acudir a Dios para que nos dé guía y entendimiento. Cuando oremos (y ayunemos, si es necesario), debemos:

- Humillarnos.
- Reconocer la soberanía de nuestro gran Dios y confesar nuestros pecados[4].
- Ser sinceros en nuestra confesión.
- Agradecerle por su compasión y perdón.
- Así, estará dispuesto a escuchar nuestras peticiones y súplicas (nuestras necesidades).
- Por último, esperar pacientemente su respuesta[5].

Es posible que la guía y el entendimiento no lleguen tan rápido como nos gustaría. Y es poco probable que escuchemos (o veamos) a un ángel enviado directamente por Dios. Podría ser una voz tranquila y tenue (el Espíritu Santo) como la que recibe Elías, según se menciona en el capítulo 17 de este tomo, o la podemos discernir al leer la Palabra de Dios, o puede venir de otra persona. Dios elige el método de comunicación. Nuestra tarea es prepararnos, dedicarle tiempo y estar dispuestos a escuchar.

Por qué debemos ser pacientes

Me parece que una revelación aún más sorprendente fue la que recibió Daniel en su siguiente visión. No fue la visión en sí lo que considero tan excepcional, sino más bien los acontecimientos que acompañaron a la revelación.

En el año tercero de Ciro rey de Persia fue revelada palabra a Daniel; y la palabra era el conflicto grande. Yo Daniel estuve afligido por espacio de tres semanas. No comí manjar delicado, ni entró en mi boca carne ni vino, hasta que se cumplieron las tres semanas.

Una vez más, Daniel ayunaba y oraba para poder entender el mensaje. Entonces, después de veintiún días, Daniel vio algo sorprendente.

Y el día veinticuatro, alcé mis ojos y miré, y he aquí un varón vestido de lino, y ceñidos sus lomos de oro de Ufaz. Su cuerpo era como de berilo (compacto y resplandeciente), y su rostro parecía un relámpago, y sus ojos como antorchas de fuego, y sus brazos y sus pies como de color de bronce bruñido, y el sonido de sus palabras como el estruendo de una multitud. Y sólo yo, vi aquella visión (y no la vieron los hombres que estaban conmigo, sino que se apoderó de ellos un gran temor) y no quedó fuerza en mí, antes mi fuerza se cambió en desfallecimiento.

¡Qué descripción tan maravillosa de un ser angelical! Entraremos en mucho más detalle sobre la descripción de los seres angelicales en el próximo capítulo. Pero por ahora, debe saber que tenemos suficiente evidencia visual para reconocer que estos seres espirituales son reales y magníficos. Daniel continúa:

Y he aquí una mano me tocó, e hizo que me pusiese sobre mis rodillas. Entonces me dijo: "Daniel, no temas; porque desde el primer día que dispusiste tu corazón a entender y a humillarte en la presencia de tu Dios, fueron oídas tus palabras; y a causa de tus palabras yo he venido".

Dios escuchó la oración de Daniel desde el primer momento en que oró, por lo que Dios envió a su ángel de inmediato para darle a Daniel la respuesta. Daniel deseaba tanto saberlo que estuvo dispuesto a orar y ayunar durante veintiún días. Ahora conocemos la razón de la demora de tres semanas.

"Mas el príncipe del reino de Persia se me opuso durante veintiún días; pero he aquí Miguel, uno de los principales príncipes, vino para ayudarme, y quedé allí con los reyes de Persia".

Las fuerzas malignas del mundo espiritual impidieron que el ángel llegara a Daniel, y este necesitó la ayuda del arcángel Miguel. Después de entregar el significado de la visión a Daniel, el ángel le dio este mensaje de despedida:

Pues ahora tengo que volver para pelear contra el príncipe de Persia; y ninguno me ayuda contra ellos, sino Miguel vuestro príncipe.

¿Está de acuerdo en que esta serie de acontecimientos descritos son sorprendentes? Puede parecer incluso descabellado. Considero que los sucesos son reales y pueden ser útiles cuando estamos esperando respuestas de Dios. Pero aún más extraordinario fue este ángel que pasó tres semanas luchando con el príncipe de Persia. Un ángel maligno, posiblemente el propio Satanás, estaba protegiendo su imperio terrenal del mal, es decir, Persia.

Este mensajero de Dios no era lo suficientemente fuerte como para hacer frente al príncipe de Persia por sí mismo; y por lo tanto, después de tres semanas, Dios comisionó al arcángel Miguel, a quien se le asignó ser el principal protector de la nación de Israel (el "príncipe" de Israel), para que ayudara a combatir las fuerzas malignas de modo que el mensajero pudiera completar su misión. Así, una vez entregado el mensaje, el ángel regresó para ayudar a Miguel a luchar contra el príncipe de Persia.

Si como yo, considera que esta historia tan fantástica es cierta, ¿se da cuenta de que cada uno de los imperios terrenales tenía, y sigue teniendo, fuerzas malignas que los guían y tratan de protegerlos contra los ángeles celestiales de Dios? Asimismo, es bueno saber que nosotros, como cristianos, disponemos de acceso para invocar a Dios y sus fuerzas para que nos protejan y apoyen en nuestros esfuerzos por vivir como Dios quiere.

Una vez más, aprendemos que si hay algo crucial que necesitamos de Dios, la oración y el ayuno, como hizo Daniel, son una muestra de nuestro compromiso. Esto, junto con la devoción a esperar pacientemente y escuchar la respuesta de Dios, es muchas veces una fórmula que nos provee de una solución proveniente de Él.

Esta historia nos aporta pruebas directas de que constantemente se está librando una guerra espiritual. Nunca debemos darnos por vencidos a la posilibidad de recibir una respuesta de Dios; ya que puede haber una razón para la demora. Además, el enemigo (el diablo y las fuerzas malignas de los lugares celestiales) tiene un gran poder que debemos respetar. Recuerde que somos los soldados de primera línea con la misión de hacer que la voluntad de Dios se cumpla tanto en la Tierra como en el cielo[6]. Necesitamos de la ayuda de Dios para librar la batalla. Dios gobierna el reino celestial, pero quiere nuestra ayuda como soldados para tomar el control de este mundo[7].

¿Está dispuesto a unirse a la batalla?

Preguntas para profundizar

* ¿Cree en todo este asunto del mundo espiritual?
* ¿Realmente cree que el diablo ayuda a las personas a causar problemas e incluso que las controla?
* Si cree en este mundo espiritual y en nuestra capacidad de buscar la ayuda de Dios, ¿cómo debería cambiar su forma de vida?

• ¿Alguna vez ha intentado ayunar? ¿Cómo le puede ser útil?

Para estudio adicional

1. El juicio se acerca para los incrédulos:
   a. 2 Pedro 2:9. "Sabe el Señor librar de tentación a los piadosos, y reservar a los injustos para ser castigados en el día del juicio".
   b. 2 Pedro 3:7. "Están reservados por la misma palabra, guardados para el fuego en el día del juicio y de la perdición de los hombres impíos".
   c. Apocalipsis 20:13, 15. "Y el mar entregó los muertos que había en él; y la muerte y el Hades entregaron los muertos que había en ellos; y fueron juzgados cada uno según sus obras. Y el que no se halló inscrito en el libro de la vida fue lanzado al lago de fuego".
2. Génesis 1:27-28; 3:1-7. "Y mandó Jehová Dios al hombre, diciendo: De todo árbol del huerto podrás comer; mas del árbol de la ciencia del bien y del mal no comerás; porque el día que de él comieres, ciertamente morirás. Pero la serpiente era astuta, más que todos los animales del campo que Jehová Dios había hecho; la cual dijo a la mujer: ¿Conque Dios os ha dicho: No comáis de todo árbol del huerto? Entonces la serpiente dijo a la mujer: No moriréis; y tomó de su fruto, y comió; y dio también a su marido, el cual comió así como ella".
3. Efesios 6:12-13. "Porque no tenemos lucha contra sangre y carne, sino contra huestes espirituales de maldad en las regiones celestes. Por tanto, tomad toda la armadura de Dios, para que podáis resistir en el día malo, y habiendo acabado todo, estar firmes".
4. Romanos 10:9-10. "Que si confesares con tu boca que Jesús es el Señor, y creyeres en tu corazón que Dios le levantó de los muertos, serás salvo. Porque con el corazón se cree para justicia, pero con la boca se confiesa para salvación".
5. Romanos 8:23. "Y no solo ella, sino que también nosotros mismos gemimos dentro de nosotros mismos, esperando la adopción, la redención de nuestro cuerpo".
6. Mateo 6:9-10. "Padre nuestro que estás en los cielos, santificado sea tu nombre. Venga tu reino. Hágase tu voluntad, como en el cielo, así también en la tierra".
7. 2 Timoteo 2:3-4. "Tú, pues, sufre penalidades como buen soldado de Jesucristo. Ninguno que milita se enreda en los negocios de la vida, a fin de agradar a aquel que lo tomó por soldado".

28

La visión de Ezequiel de otro mundo, otra dimensión

Ezequiel 1

En la segunda mitad de este tercer tomo, uno de los temas principales ha sido conocer nuestra relación con Dios y nuestro acceso al mundo espiritual. Los seres celestiales que viven en esta otra dimensión tienen acceso a nuestro mundo y, con excepción de circunstancias limitadas, no podemos ver su mundo. Sin embargo, gracias a la segunda mitad del Antiguo Testamento es que conseguimos vislumbrar este mundo. En las historias de los volúmenes 1 y 2, estos seres celestiales aparecían en forma humana para no alarmar a la persona que visitaban; pero en el tomo 3, empezamos a ver a estos seres magníficos en lo que parece ser su verdadera forma.

En las historias de Elías y Eliseo, había descripciones de carros celestiales y caballos de fuego que seguramente resultaron sorprendentes para entonces. Daniel dio una descripción limitada sobre un ser angelical. En Isaías, descubrimos que ciertos seres celestiales son serafines, cuyas seis alas tienen múltiples rostros y algunas partes de sus cuerpos son como las de los humanos. Sin embargo, es en Ezequiel donde Dios está finalmente dispuesto a mostrarnos el verdadero aspecto de sus ángeles de mayor rango; ya que nos ofrece una descripción en detalle de los querubines angelicales. Los personajes de la mitología griega y romana resultan insignificantes en comparación con la descripción que nos presenta Ezequiel en el primer capítulo de su libro.

Ezequiel describe lo gloriosos que son estos seres celestiales. También considero que esto nos dará una idea de cómo serán nuestros cuerpos celestiales en el futuro. No seremos ángeles[1], pero tendremos cuerpos celestiales[2].

La visión de Ezequiel

De Ezequiel, capítulo 1:

Ezequiel 1:1, 4-9. Estando yo en medio de los cautivos junto al río Quebar, los cielos se abrieron, y vi visiones de Dios. Y miré, y he aquí venía del norte un viento tempestuoso, y una gran nube, con un fuego envolvente, y alrededor de él un resplandor, y en medio del fuego algo que parecía como bronce refulgente, y en medio de ella la figura de cuatro seres vivientes. Cada uno tenía cuatro caras y cuatro alas. Y los pies de ellos eran derechos, y la planta de sus pies como planta de pie de becerro; y centelleaban a manera de bronce muy bruñido. Debajo de sus alas, a sus cuatro lados, tenían manos de hombre; y sus caras y sus alas por los cuatro lados. No se volvían cuando andaban, sino que cada uno caminaba derecho hacia adelante.

Desde cierta distancia, Ezequiel contempló una visión en la que se acercaba a él: una masa ardiente y resplandeciente con seres angelicales guiando el camino. Como estos seres tenían cuatro rostros y dos pares de alas, podían avanzar sin tener que girar; ya que con cuatro rostros podían ver hacia todos los lados, incluso lo que estaba detrás de ellos. Y con dos pares de alas, podían volar en una dirección, pero si necesitaban cambiar de dirección, podían plegar un par de alas y abrir el otro.

Ezequiel 1:10-14. Y el aspecto de sus caras era cara de hombre, y cara de león, y cara de buey; asimismo había en los cuatro cara de águila. Y tenían sus alas extendidas por encima, cada uno dos, las cuales se juntaban; y las otras dos cubrían sus cuerpos. Y cada uno caminaba derecho hacia adelante; hacia donde el espíritu les movía que anduviesen, andaban; y cuando andaban, no se volvían.

Cuanto a la semejanza de los seres vivientes, su aspecto era como de carbones de fuego encendidos, como visión de hachones encendidos que andaba entre los seres vivientes; y el fuego resplandecía, y del fuego salían relámpagos. Y los seres vivientes corrían y volvían a semejanza de relámpagos.

¿No es increíble? Conforme los querubines volaban más cerca, Ezequiel podía verlos mejor. Cada querubín tenía cuatro rostros completamente diferentes, y no tenían la parte posterior de la cabeza. Estos cuatro seres volaban juntos y formaban un cuadrado, que al parecer servía de escolta, y tal vez incluso de protección, al metal resplandeciente en medio del fuego que

lanzaba relámpagos entre los ángeles. Cabe destacar que podían volar tan rápido como un relámpago.

El querubín adquiere una nueva dimensión

Entiendo que se trata de una descripción fantástica, casi inimaginable, y tal vez incluso un poco extraña para algunos de nosotros. Pero hay algo aún más asombroso a continuación.

Ezequiel 1:15-20. Mientras yo miraba los seres vivientes, he aquí una rueda sobre la tierra junto a los seres vivientes, a los cuatro lados. El aspecto de las ruedas y su obra era semejante al color del crisólito; su apariencia y su obra eran como rueda en medio de rueda. Cuando andaban, se movían hacia sus cuatro costados; no se volvían cuando andaban.

Y sus aros eran altos y espantosos, y llenos de ojos alrededor en las cuatro. Y cuando los seres vivientes andaban, las ruedas andaban junto a ellos; y cuando los seres vivientes se levantaban de la tierra, las ruedas se levantaban; porque el espíritu de los seres vivientes estaba en las ruedas.

Estas ruedas no estaban unidas a los seres vivos, sino que se movían todas juntas como una sola. Dondequiera que fueran los querubines, las ruedas irían con ellos. Como una rueda estaba dentro de otra, cada rueda debía ser multidimensional, o tal vez las cuatro estaban dentro de otra. El espíritu que se menciona en la descripción anterior controlaba el movimiento de estos seres espirituales y les permitía moverse como uno solo. ¿Qué tan interesante le parece esta rueda con ojos que cubren todo el aro? Si bien las ruedas no estaban unidas al cuerpo del querubín, la rueda era una parte integral del ser y era la fuente de comunicación con los otros seres.

De nuevo, conforme los seres espirituales iban volando más cerca de Ezequiel, este tenía una imagen más clara.

Ezequiel 1:22. Y sobre las cabezas de los seres vivientes aparecía una expansión a manera de cristal maravilloso, extendido encima sobre sus cabezas.

En el centro de la plaza, pero por encima de los seres y sobre el metal resplandeciente, había una plataforma que deslumbraba como el cristal.

Ezequiel 1:24. Y oí el sonido de sus alas cuando andaban, como sonido de muchas aguas, como la voz del Omnipotente, como ruido de muchedumbre, como el ruido de un ejército. Cuando se paraban, bajaban sus alas.

Mi hermano, que es un amante de las actividades al aire libre, quería que yo experimentara la emoción de ver a los patos responder a un experto en llamar a los patos. En el último día de uno de nuestros viajes juntos, nuestro guía llamó a una bandada de patos que estaban lejos. Cuando oyeron el llamado, pudimos ver cómo dirigían su atención hacia el sonido. Conforme se acercaban a nosotros, podía sentir la emoción. Había un gran sonido que provenía de la bandada cuando preparaban sus alas para el aterrizaje, muy parecido al sonido de un tren de mercancías. Me sorprendió tanto el gran sonido de sus alas que mi disparo no estuvo ni cerca de acertar en un pato. ¿Cómo pueden ocho o diez patos hacer un sonido tan fuerte? ¡Imagínese el sonido de las alas que escuchó Ezequiel!

Dios se hace presente

Ahora, para finalizar la visión de Ezequiel:

Ezequiel 1:25-28; 2:1-2. Se oía una voz de arriba de la expansión que había sobre sus cabezas. Y sobre la expansión que había sobre sus cabezas se veía la figura de un trono que parecía de piedra de zafiro; y sobre la figura del trono había una semejanza que parecía de hombre sentado sobre él. Y vi apariencia como de bronce refulgente, como apariencia de fuego dentro de ella en derredor, desde el aspecto de sus lomos para arriba, como parece el arco iris que está en las nubes el día que llueve. Esta fue la visión de la semejanza de la gloria de Jehová. Y cuando yo la vi, me postré sobre mi rostro, y oí la voz de uno que hablaba. "Hijo de hombre, ponte sobre tus pies, y hablaré contigo". Y luego que me habló, entró el Espíritu en mí y me afirmó sobre mis pies.

¡Impactante! Estos seres celestiales estaban acompañando a Dios mismo para revelar el mensaje a Ezequiel. El metal resplandeciente que observó al principio de la visión era el resplandor de Dios. La plataforma descrita anteriormente era, en esencia, un trono sobre el que Dios estaba sentado. No es hasta después en el libro de Ezequiel donde descubrimos que estos seres celestiales eran llamados querubines. Y si recuerda una cita anterior de los libros de Ezequiel e Isaías en el capítulo 23, el propio Satanás era un querubín. Todo parece indicar que estos querubines eran la forma más elevada de los seres angelicales y tenían el rango más alto de poder. Por consiguiente, podemos llegar a la conclusión de que el arcángel Miguel también era un querubín, puesto que era, y puede que siga siendo, el protector de Israel.

Gracias a la descripción de estos impresionantes seres espirituales y a la gloria de Dios que se despliega desde su trono, podemos vislumbrar la dimensión espiritual. Imagínese cómo podría ser el propio mundo celestial. ¿La idea de una dimensión apartada es cada vez más real para usted?

Preguntas para profundizar

- Si su cuerpo resucitado será tan magnífico o incluso mejor que la descripción de estos querubines, ¿cómo cree que podría ser? Imagine que ahora es la semilla de lo que puede llegar a ser un día.
- ¿Y si su cuerpo futuro depende de cómo le esté sirviendo a Dios ahora (ver 1 Corintios 15:35-50)? ¿Cambia eso la forma en que pueda tomar decisiones?
- ¿Qué opina de que los ángeles reciban a Dios en su trono?

Para estudio adicional

1. No somos, ni seremos, ángeles, pero seremos como ellos:
   a. Mateo 22:30. "Porque en la resurrección ni (los hombres) se casarán ni se darán en casamiento, sino serán como los ángeles de Dios en el cielo".
   b. Hebreos 2:9. "Pero vemos a aquel que fue hecho un poco menor que los ángeles, a Jesús". Es decir, era inferior a los ángeles cuando se hizo hombre. Sin embargo, observe en 1 Corintios 6:3, que después de nuestra resurrección, juzgaremos a los ángeles.
2. 1 Corintios 15:42, 44. "Así también es la resurrección de los muertos. Se siembra en corrupción, resucitará en incorrupción. Se siembra cuerpo animal, resucitará cuerpo espiritual".

29

Esdras hace que la familia escogida vuelva a adorar a Dios

Esdras 1-10

A partir del capítulo 16 de este tomo, las historias del Antiguo Testamento comienzan a revelar pruebas visuales del reino celestial de Dios y de los seres espirituales que existen allí. En los capítulos siguientes aparecen nuevas revelaciones con más pruebas e imágenes más claras, destacando la descripción de los querubines angelicales en el capítulo 28. Sin embargo, Dios quiere enseñarnos un último punto antes de hacer la transición al Nuevo Testamento. Por esto, las tres últimas historias de la sección histórica del Antiguo Testamento muestran cómo Dios respondió a las oraciones de su pueblo sin ninguna prueba visual del reino celestial o de sus seres angelicales. Fue por fe, no por vista, que su pueblo supo que Él intervino.

Así pues, estas tres últimas historias serán una de las últimas lecciones de Dios que nos ofrece el Antiguo Testamento; es decir, ahora que Dios ha abierto nuestros ojos hacia su mundo, espera que aceptemos su ayuda sin necesidad de contar con pruebas visuales de su mundo espiritual. Es muy parecido a lo que Jesús le dijo a Tomás el dudoso:

Porque me has visto, creíste; bienaventurados los que no vieron, y creyeron.

Aprender a caminar por fe y no por vista es una parte fundamental de nuestro crecimiento para ser útiles a Dios mientras estemos en la Tierra. La Biblia nos dice que podemos mover montañas con la fe de una semilla de mostaza; sin embargo, esta pe-

189

queñísima semilla se convierte en el mayor arbusto del jardín y es un lugar de descanso para las aves del cielo[1]. De forma parecida, nuestra fe empieza siendo muy pequeña y, a medida que maduramos en ella, crece hasta convertirse en un recurso poderoso para nosotros mismos y para los demás, ya que aprendemos a confiar en Dios y a acceder a todo lo que nos ofrece.

Si desarrollamos nuestra fe y, en consecuencia, el fortalecimiento de nuestro carácter, nuestro bienestar eterno también se enriquece. Dios nos abrió los ojos hacia su mundo para que tengamos suficientes pruebas para caminar en la fe sin tener que ver. Y si la situación lo requiere, estoy seguro de que Dios revelará tanto del reino celestial como sea necesario. Mientras tanto, nos ha dado el Espíritu Santo y, por lo tanto, acceso directo a Él. Además, gracias al poder que nos ha dado, podemos utilizar sus provisiones para frenar las fuerzas "invisibles" del mal e invocar lo que no existe (al menos no en este mundo)[2].

En nuestras historias anteriores aprendimos que algunos israelitas tuvieron una influencia significativa durante el cautiverio bajo los reinados de los babilonios y los persas. Gracias a su devoción a Dios, estos hombres fueron bendecidos con un conocimiento e inteligencia de carácter extraordinario; asimismo, los reyes fueron lo suficientemente sabios como para promoverlos a puestos de gobierno de alto rango. Aunque esto ocasionó una gran cantidad de celos entre otros en posiciones de liderazgo, con sus acciones consiguieron que estos líderes piadosos recibieran aun más honor, y los reyes le dieron un mayor reconocimiento al verdadero Dios.

Aunque no se menciona nada expresamente, considero que estos líderes piadosos influyeron en Ciro, rey de Persia, para que permitiera a los israelitas regresar a su tierra natal para reconstruir el templo de Jerusalén. Los que habían permanecido en Israel durante el cautiverio estaban celosos de los que habían regresado. Así que no pasó mucho tiempo hasta que estos líderes celosos hicieron que se detuvieran los trabajos en el templo. Pero después de varios inicios y paradas, el templo fue finalmente completado.

Esdras regresa a Israel para restablecer el orden judío

Varios años después, Esdras, que vivía en Babilonia, entró a la historia. Era sacerdote y descendiente directo de Aarón, el primer sumo sacerdote de Dios. Esdras también era un escriba, experto en la ley de Moisés y vivía conforme a las normas de Dios establecidas en la ley. Bajo la guía de Dios, Esdras se propuso volver a Israel para enseñar la ley de Moisés a la familia escogida y para que todos sirvieran a Dios de forma grata. Esdras se presentó con valentía ante el rey para solicitar su apoyo. Como la mano de Dios estaba sobre Esdras, el rey honró a Esdras y le concedió su petición con la siguiente declaración:

Y por mí, Artajerjes rey, es dada orden a todos los tesoreros que están al otro lado del río, que todo lo que os pida el sacerdote Esdras, se le conceda prontamente. Todo lo que es mandado por el Dios del cielo, sea hecho prontamente. Y tú, Esdras, conforme a la sabiduría que tienes de tu Dios, pon jueces y gobernadores que gobiernen a todo el pueblo que está al otro lado del río, a todos los que conocen las leyes de tu Dios; y al que no las conoce, le enseñarás. Y cualquiera que no cumpliere la ley de tu Dios, y la ley del rey, sea juzgado prontamente.

El rey no solo accedió a la petición de Esdras, sino que le otorgó grandes privilegios y autoridad para que le ayudara a cumplir su objetivo. Esdras eligió a doce sacerdotes y les confió los tesoros entregados por el rey, incluida la restitución de los objetos sagrados que fueron sacados del templo por Nabucodonosor.

Luego del discurso del rey, Esdras ofreció esta oración y testimonio:

Bendito Jehová Dios de nuestros padres, que puso tal cosa en el corazón del rey, para honrar la casa de Jehová que está en Jerusalén, e inclinó hacia mí su misericordia. Y yo, fortalecido por la mano de mi Dios sobre mí, reuní a los principales de Israel para que subiesen conmigo.

Durante el largo viaje de Babilonia a Jerusalén, Esdras proclamó un ayuno para sus compañeros y para él mismo, a fin de que pudieran humillarse ante Dios y orar por un viaje seguro. Esdras había declarado ante el rey que la mano de Dios estaría con ellos y que no necesitarían protección. Dios escuchó sus oraciones, y todos llegaron a salvo. Es probable que Dios haya enviado a sus ángeles a velar por ellos.

Esta historia enfatiza la importancia de la oración y el ayuno, sobre todo cuando se necesita la intervención de Dios. Jesús ayunó durante cuarenta días y cuarenta noches[3]. Ya hemos visto que Daniel ayunó durante tres semanas. Los líderes religiosos de la época de Jesús, según la ley de Moisés, ayunaban con regularidad[4]. ¿Alguna vez se ha comprometido a un tiempo de oración y ayuno en el que ha renunciado a todo menos a la comida y el agua esenciales, en busca de la sabiduría y la instrucción de Dios para usted o un ser querido?

Una de mis experiencias personales donde evidencié el poder del ayuno y la oración ocurrió hace varios años. La hija de un miembro de nuestra clase de escuela dominical había desarrollado un problema de salud muy serio que hizo que todo su sistema dejara de funcionar. Los médicos no pudieron encontrar una razón médica específica o un tratamiento. Tras varias semanas de rápido deterioro, los médicos estaban muy preocupados de que no sobreviviera. Un compañero de la escuela dominical sugirió que nos reuniéramos todos los lunes y, en lugar de almorzar, ayunáramos y oráramos por ella.

Quedamos sorprendidos cuando empezó a mejorar de forma inmediata. Algunos pueden pensar que fue una coincidencia, pero nosotros creemos que fue la intervención de Dios en respuesta a nuestras oraciones fervientes. Si bien su recuperación completa tardó un poco más, creemos que se produjo un milagro. Estoy convencido de que nuestras oraciones, junto con las de muchos otros en nuestra comunidad, marcaron la diferencia.

Se puede lograr muchísimo cuando ponemos nuestro corazón y nuestra mente en Dios y en sus principios, como hizo Esdras. Dios no solo nos mostrará el camino a seguir, sino que también nos proveerá de todo lo necesario para completar nuestra misión.

Esdras insta al pueblo a volver a Dios

Esdras regresó a Israel para restablecer el orden según la ley de Moisés. Su objetivo era asegurar que el templo de Jerusalén fuera el centro de adoración de los israelitas. Cuando llegó a Judá, le informaron a Esdras que algunos sacerdotes y levitas se habían casado con mujeres que no formaban parte de la familia escogida. Al enterarse de este y otros actos de desobediencia a los mandamientos de Dios, Esdras, junto con otros líderes que estaban igualmente preocupados, se rasgaron las vestiduras, se humillaron y oraron. Esdras clamó por la gracia de Dios para obtener el perdón. Pidió a Dios que iluminara a los que habían sido desobedientes para que pudieran vivir en armonía con Dios y moldear sus vidas conforme al plan de Dios para ellos.

Los líderes religiosos reconocieron su error y aceptaron las exigencias de Esdras, entre las cuales estaba dejar a sus esposas extranjeras. ¿Por qué se les exigiría tal cosa? Si bien no se nos dan detalles, los problemas eran de gran magnitud. Estos matrimonios se contrajeron como consecuencia de la infidelidad del pueblo de Dios.

¿Recuerda lo sabio que era Salomón y cómo amaba a Dios? ¿Y recuerda cómo se desvió en sus últimos años porque siguió los deseos de sus esposas extranjeras de servir y honrar a sus dioses? El plan original de Dios, dado a Josué cuando los israelitas entraron en la tierra prometida, era permanecer apartados de la influencia de otras naciones para ser fieles a su Dios.

Esdras estaba haciendo esto en beneficio de toda la humanidad. Una vez que Israel estableciera la adoración del único Dios verdadero y rechazara cualquier otro dios, Jesús podría venir y, a través de Él, todos podrían ser salvos[5]. Los gentiles (cual-

quiera que no formara parte de la familia escogida) estaban arraigados en la creencia de que cada nación tenía sus propios dioses. Por su propio beneficio, el pueblo de Dios necesitaba estar completamente apartado. De lo contrario, una vez más, caerían en la trampa de adorar a estos otros dioses.

Fue gracias al liderazgo y la guía de Esdras que Israel al fin volvió a adorar a Dios. Estableció la norma para los servicios diarios del templo, y el pueblo finalmente comenzó a seguir los mandamientos que Moisés recibió en el monte Sinaí. Así, Jerusalén y Judá se convirtieron en el centro de adoración del único Dios verdadero. Por fin se estableció el monoteísmo tal y como es.

Dios no ha cambiado entre el Antiguo y el Nuevo Testamento. Era y es un Dios de gracia; amaba al pueblo aunque ellos no lo honraran correctamente. Ofrecía su misericordia y perdón si estaban dispuestos a humillarse y limpiarse de sus pecados. Este concepto de la gracia es una doctrina sorprendente. Por la gracia (el amor de Dios por nosotros aunque hayamos pecado contra Él), Jesús vino a ser el sacrificio humano por todos nuestros pecados y por la redención de su familia escogida que se extiende a todos. Por nuestra fe, recibimos la herencia de Dios como si fuéramos justos[6] y tenemos el privilegio de pasar la eternidad con Él. ¡Piense en lo maravilloso que es esto! Visualice la abundante riqueza de Dios y lo que puede significar esta herencia, porque todos los creyentes son coherederos con Jesús[7].

Preguntas para profundizar

- ¿Alguna vez ha deseado tanto algo que ha estado dispuesto a sacrificar algo que realmente le gustaba para conseguirlo?
- Si le preguntaran, ¿qué haría falta para restablecer el orden en su país? ¿Qué sugeriría o exigiría que se cambiara?
- ¿Logra entender que Dios estaba tratando de proteger al pueblo de la influencia de otros cuando Esdras exigió al pueblo que renunciara a sus esposas e hijos extranjeros?

Para estudio adicional

1. Tener la fe de un grano de mostaza puede mover montañas:
   a. Mateo 17:20. "Si tuviereis fe como un grano de mostaza, diréis a este monte: Pásate de aquí allá, y se pasará".
   b. Mateo 13:31-32. "El reino de los cielos es semejante al grano de mostaza [...] [el cual] es la más pequeña de todas las semillas; pero cuando ha crecido, es la mayor de las hortalizas, y se hace árbol, de tal manera que vienen las aves del cielo y hacen nidos en sus ramas".
2. Dios nos llama a usar el poder que nos confiere el Espíritu Santo para luchar en nuestras batallas terrenales:
   a. Juan 16:7, 13. "Os conviene que yo me vaya; porque si no me fuera, el

       Consolador (el Espíritu Santo) no vendría a vosotros. Él os guiará a toda la verdad".

  b. Efesios 3:20. "Y a Aquel [Dios] que es poderoso para hacer todas las cosas mucho más abundantemente de lo que pedimos o entendemos, según el poder que actúa en nosotros [el Espíritu Santo]".

  c. Efesios 6:12. "Nuestra lucha es contra huestes espirituales de maldad en las regiones celestes".

  d. Romanos 4:17. "Dios llama las cosas que no son, como si fuesen".

3. Mateo 4:1-2, 11. "Entonces Jesús fue llevado por el Espíritu al desierto, para ser tentado por el diablo. Y después de haber ayunado cuarenta días y cuarenta noches, tuvo hambre. Y vino a él el tentador [...] El diablo entonces le dejó; y he aquí vinieron ángeles y le servían".

4. Lucas 18:11-12. "El fariseo, puesto en pie, oraba consigo mismo de esta manera: Dios, [...] ayuno dos veces a la semana, doy diezmos de todo lo que gano".

5. Juan 3:16. "Porque de tal manera amó Dios al mundo, que ha dado a su Hijo unigénito, para que todo aquel que en él cree, no se pierda, mas tenga vida eterna".

6. Romanos 4:3, 5. "Creyó Abraham a Dios, y le fue contado por justicia. Mas al que no obra [se apoya en sus obras], sino cree en aquel [Jesús] que justifica al impío, su fe le es contada por justicia".

7. Romanos 8:16-17. "El Espíritu mismo da testimonio a nuestro espíritu, de que somos hijos de Dios. Y si hijos, también herederos; herederos de Dios y coherederos con Cristo".

30

Nehemías lidera a Israel después del cautiverio

Nehemías 1-13

Mientras Esdras trabajaba en los corazones de los israelitas, Nehemías estaba en Babilonia. Las noticias sobre las terribles condiciones económicas de Israel lo preocuparon profundamente. En ese momento, estaba sirviendo de copero para el palacio real durante el reinado del rey Artajerjes. Nehemías desarrolló una estrecha relación con el rey, y este tenía un gran respeto por Nehemías.

En el transcurso de la historia, la capacidad de liderazgo de Nehemías se hará evidente. Comenzó con Nehemías llevando sus preocupaciones a Dios. Después de enterarse de las condiciones en Israel, y específicamente de Jerusalén, Nehemías lloró durante días; oró y ayunó; y como hizo Daniel años atrás, confesó y pidió el perdón de sus pecados y los de su pueblo. Y luego recordó a Dios su fiel promesa con el pueblo de Israel:

Acuérdate ahora de la palabra que diste a Moisés tu siervo, diciendo: "Si vosotros pecareis, yo os dispersaré por los pueblos; pero si os volviereis a mí, y guardareis mis mandamientos, aunque vuestra dispersión fuere hasta el extremo de los cielos, de allí os recogeré, y os traeré al lugar que escogí para hacer habitar allí mi nombre (la tierra prometida)". Te ruego, oh Jehová, esté ahora atento tu oído a la oración de tu siervo, y a la oración de tus siervos, quienes desean reverenciar tu nombre; concede ahora buen éxito a tu siervo, y dale gracia delante de aquel varón.

Después, el rey observó que Nehemías estaba abatido. Nehemías tenía miedo porque este no era un comportamiento apropiado ante el rey. Sin embargo, cuando Nehemías compartió la horrenda condición de su país natal, el rey se mostró genuinamente preocupado. Nehemías aprovechó la oportunidad para presentar su caso ante el rey, expresando: "Si tu siervo ha hallado gracia delante de ti, envíame a Judá, a la ciudad de los sepulcros de mis padres, y la reedificaré".

Es muy importante señalar que, a pesar de toda su desobediencia, Israel atesoraba la "tierra" que Dios les había dado. Ser expulsados de la tierra prometida fue devastador. Los puso de rodillas y les permitió darse cuenta de que necesitaban volverse a Dios como su único Dios. Podemos entender la importancia de esta tierra para la familia escogida por Dios cuando vemos cómo los israelitas protegen su tierra en la actualidad.

Nehemías reconstruye Jerusalén

Como los judíos eran tan diferentes (sobre todo con esta idea de un solo Dios), eran despreciados por la mayoría del pueblo en todo el reino persa. Por lo tanto, Nehemías pidió que el rey entregara cartas a los gobernadores de las provincias para que él y su séquito pudieran transcurrir pacíficamente en su regreso a casa. Además, había solicitado cartas para que el guardián del bosque del rey cortara la madera para reconstruir las murallas y las entradas para proteger la ciudad y el templo. Así, el rey le concedió todas sus peticiones porque la mano de Dios estaba sobre Nehemías.

¿Esto le recuerda los acontecimientos y las conversaciones de Esdras? Esto debería enseñarnos que cuando nos enfocamos en lo que Dios quiere que hagamos, Él nos librará. Las fuerzas espirituales del mal no pueden interponerse en nuestro camino. Podemos contar con que Dios nos preparará el camino si nos ha llamado para sus buenos propósitos[1]. Note que Nehemías le pidió al rey que le garantizara un viaje seguro, pero Esdras no lo hizo porque quería que el rey supiera que Dios lo protegería. Este es un gran ejemplo que demuestra que Dios no siempre actúa o nos dirige de la misma manera. Ambos profetas siguieron la dirección de Dios. Nosotros también podemos recibir diferentes mensajes de Dios. Aprendamos a escuchar con detenimiento el mensaje que Dios tiene para nosotros.

Nehemías traza un plan

Al igual que Esdras, Nehemías tendría que luchar contra los celos, pero también soportó los ataques físicos de los líderes que ya vivían en Judá. Nehemías tenía lo que parecía ser una tarea insuperable por delante; sin embargo, con sus excelentes habilidades de liderazgo, una voluntad

fuerte y el deseo de complacer a Dios, estaba listo para enfrentar las circunstancias difíciles. Así también nosotros podemos prepararnos para enfrentarnos a las pruebas y tribulaciones que nos depara el servicio a nuestro Dios.

Nehemías diseñó su plan de reconstrucción en medio de todo el caos y la turbulencia a la que se enfrentaba, donde tenía que:

- Reunirse con los líderes en Jerusalén para confirmar su autoridad.
- Inspeccionar los daños de la ciudad y elaborar un plan de reconstrucción (realizado por la noche debido a la resistencia local a que tome el control).
- Esperar pacientemente el momento adecuado para revelar su plan controversial (y hacer los preparativos mientras esperaba).
- Ofrecer la participación en los beneficios de la reconstrucción de las murallas y las entradas.
- Solicitar la ayuda de la población para la gran tarea que tenía por delante y hacer frente a la resistencia de los dirigentes locales, molestos por haber perdido el control.
- Asignar responsabilidades a líderes cualificados y darles la autoridad para completar su tarea.

El plan de Nehemías en acción

Con el apoyo de los nuevos líderes y las familias aseguradas, Nehemías siguió adelante con su plan. Casi de inmediato, los líderes anteriores planearon un ataque. Nehemías oró pidiendo la protección de Dios. Aunque esperaba que Dios lo ayudara, también sabía que su equipo debía estar preparado para protegerse. Nehemías estableció guardias para rodear a los que estaban trabajando, y dio a los que estaban calificados una herramienta de construcción en una mano y un arma en la otra. Colocó trompeteros para que dieran la alarma cuando se acercara el enemigo. ¡Imagine la dificultad de reconstruir una muralla en estas circunstancias!

Este es un gran ejemplo de nuestra responsabilidad cuando oramos. Necesitamos tener la fe de que Dios hará su parte, pero al mismo tiempo, debemos hacer todo lo que esté a nuestro alcance para controlar la situación. Cuando hacemos nuestra parte, estamos edificando nuestra fe para que nos ayude a superar las circunstancias difíciles[2]. Nuestra fe es un elemento importante para permitir que Dios cumpla sus propósitos aquí en la Tierra[3].

Seguidamente, el enemigo difundió información falsa. En respuesta, Nehemías colocó hombres armados detrás de la muralla y en lugares expuestos. Cuando se percató del temor del pueblo, habló con los nobles, los funcionarios y los demás líderes:

No temáis delante de ellos; acordaos del Señor, grande y temible, y pelead por vuestros hermanos, por vuestros hijos y por vuestras hijas, por vuestras mujeres y por vuestras casas. Dios había desbaratado el consejo de ellos, nos volvimos todos al muro, cada uno a su tarea.

Los trabajadores tuvieron que mantenerse firmes y hacer su parte. Sin embargo, Nehemías dio el reconocimiento a Dios por desbaratar el plan del enemigo. Este es un tipo de milagro que tal vez no nos demos cuenta de que está ocurriendo. Posiblemente los ángeles de Dios impidieron que los príncipes de las tinieblas interfirieran. Como compartí al principio del capítulo anterior, estos milagros "naturales" suceden mucho más a menudo que las visitas visibles de los ángeles. Y ahora que Jesús ha venido y nos ha dado el Espíritu Santo para vivir dentro de nosotros, Dios a través del Espíritu Santo puede hablar a nuestros corazones y mentes e interceder sin un acontecimiento visual y sobrenatural que "veamos". Actuamos y respondemos por fe a Dios, aunque no veamos todo lo que acontece en el mundo de Dios.

Entonces se produjo un ataque de otra manera. El pueblo comenzó a presentar múltiples quejas; puesto que no estaban recibiendo la cuota de comida que les correspondía y les habían quitado sus propiedades porque no podían pagar sus deudas debido a las difíciles condiciones de vida. Nehemías se tomó el tiempo para "consultar consigo mismo", lo cual considero que es otra característica maravillosa que debemos incorporar a nuestros rasgos de liderazgo. Hay un momento en el que necesitamos reflexionar sobre todo lo que está pasando y lo que estamos haciendo. No debemos olvidar que a nosotros también se nos han dado talentos, y con demasiada frecuencia nos vemos tan atrapados en los asuntos cotidianos y las luchas de la vida que nos olvidamos de dedicar tiempo a meditar y pensar por nosotros mismos. Esto no quitaba a Nehemías la necesidad de recibir consejo de sus líderes, y desde luego seguía confiando en pedir la ayuda y la protección de Dios.

En respuesta al pueblo, Nehemías se aseguró de que recibieran su distribución correspondiente de alimentos. Renunció a su prestación personal de alimentos como gobernador. Un verdadero líder en el reino de Dios sirve, no es servido; esto es un liderazgo de servicio[4]. Además, Nehemías pidió que quienes habían tomado propiedades para el pago de la deuda devolvieran la tierra a la gente que había perdido sus propiedades durante la hambruna y los tiempos difíciles que habían enfrentado[5]. Aunque la propiedad puede haber sido tomada legítimamente, los tiempos eran demasiado duros, y la opresión de los enemigos había sido demasiado grande; por lo que era hora de compartir la riqueza. Nehemías era un "líder servicial", pero también era firme y fuerte en sus acciones, y sus palabras fueron tan convincentes que los corazones de los nobles cambiaron y accedieron a su petición. Los que hemos recibido bendiciones materiales debemos tomar nota y compartir bondadosamente con nuestros "prójimos".

El siguiente ataque provino de los líderes enemigos que pretendían resolver sus diferencias con Nehemías, cuando, en realidad, lo que buscaban era matarlo. Nehemías respondió diciendo: "¿Por qué cesaría la obra, dejándola yo para ir a vosotros?". A simple vista, parecía una petición razonable. Nehemías estaba lo suficientemente cerca de Dios como para discernir los verdaderos motivos de sus enemigos. Solo cuando estamos en armonía con Dios podemos discernir realmente los motivos de los hombres que pueden estar desviando nuestra atención de los planes de Dios para nosotros[6].

Por último, los enemigos insinuaron que Nehemías estaba haciendo todo esto con

la intención de convertirse en el próximo rey. Una vez más, oró para que Dios lo fortaleciera. Como en el caso de Nehemías, habrá personas que querrán impedir que alcancemos nuestras metas. Pero con la dedicación y el compromiso de continuar en la dirección que Dios nos traza, podemos superar cualquier cosa y a cualquier persona que se interponga en nuestro camino, incluso al enemigo proveniente del reino celestial.

Nehemías busca la bendición de Dios

A pesar de todos estos ataques, Nehemías y sus trabajadores mantuvieron el rumbo. Después de que la muralla y las entradas de la ciudad se completaron, Nehemías pidió a Dios que lo bendijera por el trabajo y los sacrificios que había hecho. Podemos pensar que este reconocimiento era inapropiado, pero de hecho, es parte de las bendiciones que Dios concede a su pueblo (incluyéndonos a nosotros). Nehemías hizo grandes sacrificios e hizo un trabajo increíble para el Señor, y él, a su vez, le pidió a Dios que se acordara de él y lo bendijera[7].

¿Está dispuesto a poner su mirada en Dios y a mantener el rumbo? Si lo está, entonces también podrá desarrollar las habilidades de liderazgo que demostró Nehemías, y una vez que haya completado la tarea que Dios le haya asignado, estará en condiciones de declarar, como lo hizo Nehemías, "Dios, he hecho tu obra, y pido tu bendición".

Preguntas para profundizar

- Cuando vea cosas que deben hacerse o vea injusticias en el mundo, no se lance inmediatamente a hacer el cambio. ¿Logra entender el porqué? ¿Qué hizo Nehemías primero?
- ¿Cuáles son algunas de las habilidades de liderazgo que demostró Nehemías y que puede utilizar en su vida, es decir, en el trabajo, en la escuela y en el hogar?
- Nehemías siguió los principios de Dios en el cumplimiento de las tareas que Dios le encomendó. Explique por qué esto es vivir en el reino.
- ¿Cómo puede estar más alerta, o al menos ser más receptivo, a lo que Dios le llama a hacer?

Para estudio adicional

1. Romanos 8:28. "Y sabemos que a los que aman a Dios, todas las cosas les ayudan a bien, esto es, a los que conforme a su propósito son llamados".
2. Mateo 17:20-21. "[Jesús] les dijo: Por vuestra poca fe [no fueron capaces de expulsar al demonio]; porque de cierto os digo, que si tuviereis fe como un grano de mostaza, diréis a este monte: Pásate de aquí allá, y se pasará; y nada os será imposible. Pero este género no sale sino con oración y ayuno".
3. La fe era un componente crucial, y a veces necesario, para que Jesús sanara o realizara milagros:
   a. Mateo 8:13. "Ve, y como creíste, te sea hecho".
   b. Mateo 9:2, 6. "Y sucedió que le trajeron un paralítico, tendido sobre una cama; y al ver Jesús la fe de ellos, dijo al paralítico: Levántate, toma tu cama, y vete a tu casa".
   c. Mateo 9:22. "Pero Jesús, volviéndose y mirándola, dijo: Ten ánimo, hija; tu fe te ha salvado. Y la mujer fue salva desde aquella hora".
   d. Mateo 13:58. "Y no hizo allí muchos milagros, a causa de la incredulidad de ellos".
4. Marcos 10:45. "Porque el Hijo del Hombre no vino para ser servido, sino para servir, y para dar su vida en rescate por muchos".
5. Lucas 6:38. "Dad, y se os dará; medida buena, apretada, remecida y rebosando darán en vuestro regazo; porque con la misma medida con que medís, os volverán a medir".
6. Discernir sobre las intenciones de los hombres:
   a. Proverbios 16:2. "Todos los caminos del hombre son limpios en su propia opinión; pero Jehová pesa los espíritus".
   b. Eclesiastés 12:13-14. "El fin de todo el discurso oído es este: Teme a Dios, y guarda sus mandamientos; porque esto es el todo del hombre. Porque Dios traerá toda obra a juicio, juntamente con toda cosa encubierta, sea buena o sea mala".

c. 1 Juan 4:1. "Amados, no creáis a todo espíritu, sino probad los espíritus si son de Dios; porque muchos falsos profetas han salido por el mundo".

7. Santiago 1:12. "Bienaventurado el varón que soporta la tentación; porque cuando haya resistido la prueba, recibirá la corona de vida, que Dios ha prometido a los que le aman".

31

Ester se convierte en reina de Persia y salva a los israelitas

Ester 1-10

Ester es el último libro de la sección de los libros históricos del Antiguo Testamento y es único en tres aspectos:

- Es uno de los dos libros del Antiguo Testamento que lleva el nombre de una mujer (el otro es Rut).
- Una israelita se convirtió en reina de una nación que no es judía.
- El nombre de Dios no se menciona en ninguna parte del libro. (Sin embargo, Dios está claramente implícito en todo el libro).

Asuero, rey de Persia, busca una nueva reina

La historia comienza con el rey de Persia, Asuero, celebrando un banquete con dignatarios importantes de todo su reino. En un sitio apartado del palacio, Vasti, su reina, estaba festejando su propio banquete. Asuero presumió de lo hermosa que era su reina y decidió exhibirla delante de sus invitados de honor. La reina Vasti se sintió ofendida y se negó a acercarse al rey. Esto enfureció a Asuero, por lo que junto a sus consejeros se reunieron para determinar qué debía hacerse. Llegaron a la conclusión de que la conducta de la reina dotaría a todas las mujeres del derecho a ignorar las órdenes de sus esposos. Por lo tanto, se emitió un edicto real según el cual cada hombre debía ser dueño de su propia casa, y la reina ya no podría entrar en la presencia del rey.

Cuando la ira del rey se calmó, decidió que necesitaba una nueva reina. Los asistentes del rey sugirieron que este fuera el juez de un "concurso de belleza", donde la ganadora sería la nueva reina. Sin embargo, no iba a ser un concurso de belleza ordinario, ya que cada joven y bella virgen tendría una oportunidad de complacer al rey cuando pasara la noche con él. Las que no fueran elegidas para ser la reina pasarían el resto de los días en el palacio como una de las concubinas del rey.

Estoy seguro de que algunas de las jóvenes estaban disgustadas por haberse visto obligadas a abandonar sus hogares; otras quizá estuvieron encantadas con la oportunidad de vivir toda su vida como miembros de la realeza. Este tipo de abuso contra las mujeres no estaba en los planes de Dios, pero más adelante en la historia veremos que Él utilizó la ocasión para bien[1]. Dios puede hacer y hará lo mismo con nosotros hoy en día. ¿Tiene algún ejemplo en su vida?

El rey designó supervisores en las provincias para que eligieran a las jóvenes. Estas damas eran llevadas a palacio y tenían doce meses asignados de preparación para su "noche" con el rey. Tenían acceso a los cuidados de belleza y cosméticos reales. La joven que más complaciera al rey se convertiría en la reina y reemplazaría a Vasti.

Cada dama iba por la noche a la habitación del rey y se llevaba todo lo que deseaba del harén. Por la mañana volvía a un nuevo lugar donde estaría lejos de las mujeres que aún no habían visitado al rey. No volvería a ver al rey a menos que este la convocara.

En Susa, la capital de Babilonia, había un judío llamado Mardoqueo que no había regresado a la tierra prometida. Le habían encargado la crianza de su prima hermana Ester tras la muerte de su madre y su padre. Ester era hermosa "tanto en cuerpo como en rostro". Fue una de las damas elegidas para el "concurso de belleza". Se convirtió en la favorita de Hegai, el eunuco a cargo de las damas. Le proveyó de los mejores cosméticos y le asignó siete criadas para que la cuidaran.

Como todavía había muchos en el reino que odiaban a los judíos, Mardoqueo le ordenó a Ester que ocultara el hecho de ser israelita. Cuando le tocó el turno a Ester, se limitó a seguir los consejos de Hegai. El rey la amó más que a todas las demás mujeres, por lo que la eligió como su reina.

Mardoqueo salva al rey, pero es Amán quien asciende

Poco después de que Ester se convirtiera en reina, Mardoqueo descubrió un complot para matar al rey. Se lo contó a Ester, quien informó al rey. Los hombres fueron colgados en la horca, y fue escrito en las crónicas de los archivos del rey.

Durante los años siguientes, Amán, el consejero del rey, llegó a ser tan poderoso que todos los siervos del rey se inclinaban para rendirle homenaje. Sin embargo, Mardoqueo no quiso inclinarse porque habría sido "adorar" a Amán, y solo su Dios era digno de adoración[2]. Amán se llenó de ira cuando supo de esto.

Poco después, Amán se dirigió al rey Asuero con un plan para aniquilar a los israelitas. Le dijo al rey que en todas las provincias los judíos (los israelitas) vivían desafiando la autoridad del rey. El rey le dio a Amán su anillo de sello, y Amán emitió un decreto para destruir a los judíos. Amán pagó al rey un precio monetario muy atractivo por esta ley.

Al igual que en Babilonia, estamos viviendo en un mundo donde la gente ha sido discriminada, por cristianos y no cristianos, ya sea por su raza, religión o estilo de vida. Llegará un día en que Dios juzgará a toda la humanidad por esta forma de pensar[3]. Y ahora, por primera vez en la historia de los Estados Unidos, los cristianos se han sentido perseguidos por mantenerse firmes en sus creencias.

Como cristianos, ¿cómo debemos responder? En primer lugar, tenemos que reconocer nuestros propios pecados. Nosotros también hemos sido prejuiciosos y racistas. Por ejemplo, ¿cómo es posible que hayamos avalado la esclavitud como una forma de vida aceptable? Y si bien fueron nuestros antepasados quienes tomaron esas decisiones, debemos ser más comprensivos y estar dispuestos a escuchar y aceptar que los judíos, los afroamericanos y los nativos americanos siguen sufriendo las consecuencias del pasado y, en muchos casos, siguen siendo discriminados.

En segundo lugar, es de esperarse que seamos perseguidos. Son muchos los pasajes donde la Biblia advierte que el mundo "nos aborrecerá"[4]. Por último, los cristianos deben ser bondadosos con aquellos cuyos estilos de vida diferentes son contrarios a la Palabra de Dios. No debemos juzgar el corazón de los demás, pero al mismo tiempo, debemos defender la Palabra de Dios emitiendo un juicio sobre las acciones de los demás con amor y compasión[5]. Cuando hacemos alguna crítica a los demás, debemos cuidar nuestros propios pecados[6].

¿Cree que ha llegado el momento de examinar sus opiniones y desechar las que son desconsideradas o prejuiciosas?

Como preparación ante el exterminio que se avecinaba, Amán envió cartas a todas las provincias para notificar a la población que cualquier persona tenía la potestad de odiar al pueblo judío:

Destruir, matar y exterminar a todos los jóvenes y ancianos, niños y mujeres, y de apoderarse de sus bienes.

Este es el mismo plan que Jesús dijo que Satanás tiene para nosotros[7]. Considero que las fuerzas de Satanás estaban en el mundo espiritual guiando y dirigiendo a Amán y estimulando su odio. Recuerde la historia que acabamos de leer en el libro de Daniel, donde el príncipe de Persia estaba impidiendo que el ángel de Dios entregara el mensaje.

Cuando Mardoqueo se enteró de todo lo que se había decretado, se rasgó las vestiduras, se vistió con un saco de cilicio y cenizas, y lloró fuerte y amargamente. Hubo gran luto en todas las provincias entre los judíos. Como Ester vivía en el palacio, solía permanecer resguardada de las noticias que llegaban del exterior, por lo que envió a sus siervos a descubrir lo que ocurría. Mardoqueo le envió una copia del edicto de la destrucción de los judíos. Mardoqueo pidió con urgencia a Ester que se presentara ante el rey para rogar por la vida de su pueblo, la raza judía. Ester estaba muy preocupada por la petición de Mardoqueo. Ella le recordó que a menos que el rey ofreciera su cetro de oro, la persona podría ser condenada a muerte.

El llamado de Ester: hacer frente a su enemigo

La respuesta de Mardoqueo fue rápida y segura:
No pienses que escaparás en la casa del rey más que cualquier otro judío. Porque si callas absolutamente en este tiempo, respiro y liberación vendrá de alguna otra parte para los judíos; mas tú y la casa de tu padre pereceréis. ¿Y quién sabe si para esta hora has llegado al reino?

Si bien el nombre de Dios no se menciona expresamente aquí, es bastante evidente que este pasaje trata de que Dios protege a su familia escogida. En esta cita bíblica famosa, Mardoqueo le estaba diciendo a Ester que Dios podría haberle dado este gran honor de ser reina del Imperio persa solo para que pudiera salvar a todo el pueblo judío. "Pero no tienes que preocuparte", dijo Mardoqueo, en esencia, "porque si no estás dispuesta a dar un paso adelante y ser la salvadora de su pueblo, Dios encontrará otra manera". Considero que cada uno de nosotros tendrá un momento en la vida donde tendrá que elegir entre servir a Dios o desistir y perder la oportunidad de servirle. ¿Estará dispuesto cuando se presente el momento?

Ester aceptó. Pero antes de solicitar su aparición ante el rey, convocó un ayuno y un tiempo de oración durante tres días y tres noches. En este papel, Ester es una silueta (imagen) de Jesús, ya que decidió sacrificarse para salvar a su pueblo. Durante tres días y tres noches, ella ayunó y oró al igual que Jesús estuvo en la tumba durante tres días y tres noches esperando el día de la resurrección[8].

El ayuno en profunda devoción a Dios es sobre todo una forma olvidada de buscar y escuchar a Dios. Cuando los tiempos son difíciles, la Biblia nos exhorta a humillarnos ante Dios y buscar su guía. Y cuando la situación es muy grave, debemos dedicar un período específico de tiempo a la oración y el ayuno[9]. ¿Tiene alguna necesidad urgente? ¿Desea la ayuda de Dios? La oración y el ayuno son buenas formas de buscar respuestas.

Al tercer día, Ester se puso sus ropas reales y se presentó en el patio interior del palacio del rey. Debemos entender lo valiente que fue Ester al entrar en la presencia del rey sin ser invitada. ¡Recuerde cómo fue tratada Vasti cuando desobedeció la exigencia del rey! Cuando Ester pidió hablar con el rey, este le concedió el favor y le extendió el cetro de oro.

El rey se alegró tanto de verla que le dijo: "¿Qué tienes, y cuál es tu petición? Hasta la mitad del reino se te dará". Ester pidió al rey y a Amán que vinieran a un banquete que ella les había preparado. Al día siguiente, en el banquete, el rey le dijo a Ester: "¿Cuál es tu petición, y te será concedida?". Aunque estaba demasiado nerviosa para hacer la petición, les pidió al rey y a Amán que vinieran a un segundo banquete al día siguiente y entonces daría a conocer su petición.

Aquel día Amán salió como un hombre feliz. No solo el rey le había dado el derecho de destruir a su enemigo, sino que ahora la propia reina lo honraba. Sin embargo, al salir, vio a Mardoqueo y se enfureció porque este no se inclinaba ante él. Amán dejó que eso le arruinara el día. Contó a su familia cómo Ester lo honraba con invitar a nadie más que a él a comer con el rey en sus banquetes, pero todo esto no lo satisfacía por culpa de Mardoqueo. Para calmar sus sentimientos, su mujer y su familia le aconsejaron que construyera una horca de unos veintidós metros de altura y pidiera al rey que colgara a Mardoqueo en ella. A Amán le encantó esta idea.

Durante esa noche, el rey no pudo dormir, por lo que leyó las crónicas del rey en las que Mardoqueo informaba de un plan para asesinarle. Esa mañana, al enterarse de que no se había dado ningún reconocimiento a Mardoqueo, decidió honrarlo.

Esa misma mañana Amán ordenó construir la horca. Antes de que tuviera la oportunidad de pedirle al rey la cabeza de Mardoqueo, el rey le preguntó a Amán qué se podía hacer por una persona a la que el rey deseaba honrar. De inmediato, Amán pensó que el rey se refería a algo para él. Por lo tanto, su consejo fue que trajera el manto real que el rey había llevado y el caballo que el rey había montado y que pusiera sobre su cabeza una corona real que haya estado en la cabeza del rey. Y luego aconsejó al rey que dejara que uno de sus príncipes condujera a este hombre a caballo por la plaza de la ciudad, proclamando un gran honor a su persona.

Al rey le gustó esta idea y le dijo a Amán que hiciera todo esto por Mardoqueo. ¡Imagine el trauma que cayó sobre Amán! En un estado de estupor, Amán siguió las instrucciones del rey y condujo a Mardoqueo por la plaza de la ciudad en el caballo del rey, proclamando el honor de Mardoqueo ante toda la ciudad de Susa. Tras la humillación, Amán se apresuró en regresar a su casa, de luto y con la cabeza cubierta. La esposa de Amán declaró su perdición. Mientras seguían hablando, los sirvientes del rey llamaron a Amán para que viniera rápidamente, ya que estaba atrasado para el banquete que la reina Ester había preparado. En el banquete, el rey volvió a pedirle a Ester que diera a conocer su petición. La reina Ester respondió:

Oh rey, si he hallado gracia en tus ojos, y si al rey place, séame dada mi vida por mi petición, y mi pueblo por mi demanda. Porque hemos sido vendidos, yo y mi pueblo, para ser destruidos, para ser muertos y exterminados. Si para siervos y siervas fuéramos vendidos, me callaría.

El rey quiso saber quién había hecho tal decreto. A lo que Ester respondió: "El enemigo y adversario es este malvado Amán", y este se aterrorizó. Lleno de ira, el rey se levantó y se dirigió a los jardines del palacio; mientras que Amán se había quedado para rogarle a Ester por su vida, porque veía lo enojado que estaba el rey. Cuando el rey volvió de los jardines del palacio, vio a Amán en el diván con Ester. Como pensaba que estaba agrediendo a la reina, el rey quiso castigarlo. Uno de los eunucos del rey le dijo al rey que frente a la casa de Amán había una horca que Amán había hecho para Mardoqueo. Y el rey dijo: "Entonces colgadlo a Amán en ella".

Dios tiene el control

Estoy seguro de que muchos dirían que esta serie de acontecimientos fue una coincidencia, pero yo pienso que todo fue en el momento oportuno de Dios[10]. La misión de ayunar y orar llamó a los ángeles de Dios a la acción. ¡Muchas son las circunstancias que tuvieron que ocurrir (incluyendo la lucha contra las fuerzas malignas de Satanás) para que se produjeran todos estos acontecimientos! El poder de la oración proveyó el camino. Ester pudo haber hecho la petición al rey cuando le ofreció el cetro de oro. Con toda seguridad, él estaba dispuesto a entregarle hasta la mitad de su reino. Pero observe lo que sucedió al postergarlo dos veces; incluso si ella no estaba completamente consciente de esto, sin duda alguna Dios la estaba guiando a esperar.

Hasta ese momento, el rey respetaba mucho a Amán y su capacidad para gobernar. El plan malvado de matar a los judíos necesitaba ser expuesto de la forma apropiada y en el momento adecuado para que el rey entendiera que los judíos no eran su enemigo. Sin la noche de insomnio que tuvo el rey, no habría recordado lo que Mardoqueo había hecho por él. Asimismo, Amán no habría tenido la oportunidad de sentirse frustrado al ver a su enemigo sentado a la entrada del rey; así, no se habría construido la horca, ni Amán habría sufrido la humillación de tener que honrar a su enemigo. Y entonces, cuando el rey volvió a entrar en la sala del banquete y vio a Amán en el diván con la reina, se produjo el factor decisivo para determinar el final de Amán. Aunque no tenemos evidencia bíblica en esta historia, estoy seguro de que todo esto fue puesto en marcha por los que moran en el reino celestial gracias a la oración y el ayuno.

He aquí la recompensa de ser obediente al llamado de Dios: ese día el rey entregó la casa de Amán a la reina Ester. Después de que Ester reveló que Mardoqueo era su tío, el rey lo hizo entrar en el palacio y le dio el anillo de sello, con lo cual se convirtió en gobernante y reemplazó a Amán.

Sin embargo, el decreto que había emitido el rey de hacer matar a todos los judíos seguía en vigor. Ester se presentó ante el rey.
Si place al rey, que se dé orden escrita para revocar las cartas que autorizan la trama de Amán. Porque ¿cómo podré yo ver el mal que alcanzará a mi pueblo? ¿Cómo podré yo ver la destrucción de mi nación?

Aunque el decreto no podía ser revocado, el rey, Mardoqueo y Ester idearon un plan que consistía en que el rey concediera a los judíos el derecho a reunirse y defenderse el mismo día en que se había decretado la muerte de todos los judíos.

Los enemigos de los judíos estaban tan asustados que el día en que el decreto debía ser implementado, los judíos lograron destruirlos fácil y legítimamente. La victoria fue tan rotunda que Mardoqueo emitió entonces un decreto para que todos los judíos establecieran una celebración anual: los días de Purim, denominada así porque fue el día en que "se echó la suerte" y los judíos consiguieron destruir a sus enemigos. Mardoqueo sirvió como primer ministro del rey fiel y eficazmente; y su fama en todas las provincias quedó registrada en las crónicas del rey.

¿Logra entender cómo Dios estaba obrando a través de esta serie de acontecimientos? Él tenía un llamado especial para Ester, y ella estuvo a la altura de las circunstancias y cumplió con el desafío. ¿Está dispuesto a que Dios lo utilice, ya sea de una manera poderosa como Ester y Mardoqueo, o tal vez en los asuntos cotidianos y ordinarios de la vida? Ambos son igual de importantes para Dios, nuestro Padre. Si nos dedicamos y nos comprometemos a seguir la dirección de Dios, Él vendrá y nos hará tener éxito en cualquier cosa que nos llame a hacer.

Preguntas para profundizar

- Si bien ni Dios ni nosotros trataríamos a las mujeres de la manera en que fueron tratadas en esta historia, ¿logra entender cómo Dios obró para llevar a cabo su propósito? ¿Se da cuenta de que Él puede hacer lo mismo con las cosas que creemos que están mal en el mundo de hoy?

- Amán incitó a su pueblo a odiar a los judíos y justificó un plan para matarlos. ¿Qué podemos hacer hoy en día para poner fin al trato sesgado que se da a las personas solo porque no son como uno?

- Aunque no se menciona a Dios por su nombre, ¿logra entender cómo está involucrado en cada parte de esta historia, guiando y protegiendo en cada momento?

Para estudio adicional

1. Romanos 8:28. "Y sabemos que a los que aman a Dios, todas las cosas les ayudan a bien, esto es, a los que conforme a su propósito son llamados".
2. Éxodo 20:3-5. "No tendrás dioses ajenos delante de mí. No te inclinarás a ellas, ni las honrarás".
3. Romanos 2:11, 16. "Porque no hay acepción de personas para con Dios. En el día en que Dios juzgará por Jesucristo los secretos de los hombres".
4. Mateo 10:22-23. "Y seréis aborrecidos de todos por causa de mi nombre; mas el que persevere hasta el fin, este será salvo. Cuando os persigan en esta ciudad, huid a la otra; porque de cierto os digo, que no acabaréis de recorrer todas las ciudades de Israel, antes que venga el Hijo del Hombre".
5. Mateo 18:15-17. "Por tanto, si tu hermano peca contra ti, ve y repréndele estando tú y él solos; si te oyere, has ganado a tu hermano. Mas si no te oyere, toma aún contigo a uno o dos [...] Si no los oyere a ellos, dilo a la iglesia; y si no oyere a la iglesia, tenle por gentil y publicano".
6. Mateo 7:5. "¡Hipócrita! saca primero la viga de tu propio ojo, y entonces verás bien para sacar la paja del ojo de tu hermano".
7. Juan 10:10. "El ladrón [Satanás] no viene sino para hurtar y matar y destruir".
8. Mateo 12:40. "Porque como estuvo Jonás en el vientre del gran pez tres días y tres noches, así estará el Hijo del Hombre en el corazón de la tierra tres días y tres noches".
9. La oración con ayuno es una mejor manera de buscar la guía de Dios cuando tenemos un problema o un asunto en el que necesitamos entendimiento o ayuda.
   a. Mateo 17:19-21. "Los discípulos a Jesús, aparte, dijeron: ¿Por qué nosotros no pudimos echarlo fuera? Jesús les dijo: Por vuestra poca fe. Pero este género [de sanación] no sale sino con oración y ayuno".
   b. Sofonías 2:3. "Buscad a Jehová todos los humildes de la tierra, los que pusisteis por obra su juicio [que incluye un tiempo de ayuno]; buscad justicia, buscad mansedumbre".

10. Espere pacientemente el tiempo de Dios incluso cuando parezca que su enemigo esté ganando.

    a. Salmo 37:7-9. "Guarda silencio ante Jehová, y espera en él. No te alteres con motivo del que prospera en su camino, por el hombre que hace maldades. Porque los malignos serán destruidos, pero los que esperan en Jehová, ellos heredarán la tierra".

    b. Habacuc 2:3. "Aunque la visión tardará aún por un tiempo, mas se apresura hacia el fin, y no mentirá; aunque tardare, espéralo, porque sin duda vendrá, no tardará".

32

Retratos de Cristo en los libros de los profetas

Los libros de los profetas contienen una gran cantidad de imágenes que predicen la venida de Jesús y los acontecimientos que la rodean. Estos libros no mencionan su nombre, pero según los sucesos descritos en el Nuevo Testamento, está claro que hacen referencia a Jesús. Al igual que los salmistas, los profetas del Antiguo Testamento se referían a Él como el Mesías; la palabra griega utilizada en el Nuevo Testamento se traduce como "el Cristo". Muchos israelitas esperaban un salvador que los liberara de sus opresores con una victoria militar. La familia escogida no leyó detenidamente todas las Escrituras. Primero, Jesús tuvo que redimirnos a través de su sacrificio en la cruz. Es decir, tuvo que sufrir, morir y resucitar, y luego la victoria militar y la vida pacífica posterior se producirán cuando regrese en su segunda venida.

En todo el Antiguo Testamento, Dios compartió sus planes de que Jesús vendría como nuestro Salvador para darnos pruebas de que Jesús es quien dijo ser. El mensaje de Dios a través de los profetas nos ayuda a ver sus planes con mayor claridad.

Isaías

Isaías profetizó la venida del niño Jesús en Isaías 7:14:

Por tanto, el Señor mismo os dará señal: He aquí que la virgen concebirá, y dará a luz un hijo, y llamará su nombre Emanuel.

Y de nuevo en Isaías 9:6-7, pero esta vez Isaías pasó a compartir cómo el niño se convertirá en rey para restablecer el linaje de David:

Porque un niño nos es nacido, hijo nos es dado, y el principado sobre su hombro; y se llamará su nombre Admirable, Consejero, Dios Fuerte, Padre Eterno, Príncipe de Paz. Lo dilatado de su imperio y la paz no tendrán límite, sobre el trono de David y sobre su reino, disponiéndolo y confirmándolo en juicio y en justicia desde ahora y para siempre.

Isaías 65:18-25 nos presenta la imagen más clara del milenio venidero. Este pasaje ofrece una descripción de la vida pacífica y maravillosa que se avecina:

Mas os gozaréis y os alegraréis para siempre en las cosas que yo he creado; porque he aquí que yo traigo a Jerusalén alegría, y a su pueblo gozo. Y nunca más se oirán en ella voz de lloro. No habrá más allí niño que muera de pocos días, ni viejo que sus días no cumpla; porque el niño morirá de cien años, y el pecador de cien años será maldito. Edificarán casas, y morarán en ellas; plantarán viñas, y comerán el fruto de ellas; porque según los días de los árboles serán los días de mi pueblo [...] Y antes que clamen, responderé yo; mientras aún hablan, yo habré oído. El lobo y el cordero serán apacentados juntos, y el león comerá paja como el buey [...] No afligirán, ni harán mal en todo mi santo monte.

La gloria del reino de Dios y el mensaje de esperanza se expresan en Isaías 52:7:

¡Cuán hermosos son sobre los montes los pies del que trae alegres nuevas, del que anuncia la paz, del que trae nuevas del bien, del que publica salvación, del que dice a Sion: "¡Tu Dios reina!".

Jesús gobernará desde el trono de David, como se explica en Isaías 11:1-4:

Saldrá una vara del tronco de Isaí [el padre de David] [...] Y reposará sobre él el Espíritu de Jehová; espíritu de sabiduría y de inteligencia, espíritu de consejo y de poder, espíritu de conocimiento y de temor de Jehová. Juzgará con justicia a los pobres, y argüirá con equidad por los mansos de la tierra; y matará al impío.

Citas de Isaías en el Nuevo Testamento

1 Pedro 2:24-25 nos remite a Isaías 53:5 con respecto a la muerte de Jesús y al beneficio que obtenemos gracias a su sufrimiento incomparable:

Mas él herido fue por nuestras rebeliones, molido por nuestros pecados; el castigo de nuestra paz fue sobre él, y por su llaga (heridas) fuimos nosotros curados.

Jesús fue atravesado con una espada por el centurión romano, y como expresó Pedro: "Cuando le maldecían, no respondía con maldición; cuando padecía, no amenazaba, sino encomendaba la causa al que juzga justamente; quien llevó él mismo nuestros pecados en su cuerpo sobre el madero, para que nosotros, estando muertos a los pecados, vivamos a la justicia; y por cuya herida fuisteis sanados".

Isaías 53:9 se cita en 1 Pedro 2:22 respecto a la vida sin pecado de Jesús:

Aunque nunca hizo maldad, ni hubo engaño en su boca.

Mateo 3:3 compartió la profecía de Isaías en el capítulo 40:3 sobre la venida de Juan el Bautista:

Voz que clama en el desierto: Preparad camino a Jehová; enderezad calzada en la soledad a nuestro Dios.

Isaías 42:1-3 se cita en Mateo 12:18-21, con lo cual se demuestra que el mensaje de Jesús no está dirigido exclusivamente a la familia elegida, sino a todo el mundo (incluidos los gentiles):

He aquí mi siervo, a quien he escogido; mi Amado, en quien se agrada mi alma; pondré mi Espíritu sobre él, y a los gentiles anunciará juicio. No contenderá, ni voceará, ni nadie oirá en las calles su voz [...] Y en su nombre esperarán los gentiles.

Isaías 61:1-2 se cita en Lucas 4:18-19. Jesús utilizó este pasaje para anunciar el comienzo de su ministerio y lo que estaba llamado a hacer:

El Espíritu del Señor está sobre mí, por cuanto me ha ungido para dar buenas nuevas a los pobres; a pregonar libertad a los cautivos, y vista a los ciegos; a poner en libertad a los oprimidos; a predicar el año agradable del Señor.

Jesús hizo esta cita como parte de su discurso de presentación para demostrar que era el Mesías.

En Hechos 8:28, Filipo explicó el pasaje que el eunuco etíope estaba leyendo en Isaías 53:7-8 (Filipo le dijo que el pasaje hacía referencia a Jesús):

Como oveja a la muerte fue llevado; Y como cordero mudo delante del que lo trasquila, Así no abrió su boca. En su humillación no se le hizo justicia; Mas su generación, ¿quién la contará? Porque fue quitada de la tierra su vida.

En Juan 12:40, el apóstol utilizó el pasaje de Isaías 6:10 para explicar por qué la gente no le creía a Jesús:

Cegó los ojos de ellos, y endureció su corazón; para que no vean con los ojos, y entiendan con el corazón, y se conviertan, y yo los sane.

Juan comentó sobre el mensaje de Isaías:

"Isaías dijo esto cuando vio su gloria, y habló acerca de él".

Ezequiel

Hay pasajes mesiánicos de las Escrituras en Ezequiel 21:27 y 34:23-24:

[Los caminos de Dios] y esto no será más, hasta que venga aquel [el Mesías] cuyo es el derecho, y yo se lo entregaré.

Y levantaré sobre ellas a un pastor, y él las apacentará; a mi siervo David, él las apacentará, y él les será por pastor. Yo Jehová les seré por Dios, y mi siervo David príncipe en medio de ellos.

Cuando el versículo menciona a David, se está refiriendo a su descendiente, que, por supuesto, es el gran pastor, Jesús.

Jeremías

Jeremías profetizó sobre la venida del Mesías en Jeremías 23:5-6:

He aquí que vienen días, dice Jehová, en que levantaré a David renuevo justo, y reinará como Rey, el cual será dichoso, y hará juicio y justicia en la tierra. En sus días será salvo Judá, e Israel habitará confiado; y este será su nombre con el cual le llamarán: Jehová, justicia nuestra.

En el capítulo 31:31-34, Jeremías compartió sobre el nuevo pacto que traería Jesús. El autor de Hebreos citó estos versículos en Hebreos 8:8-10:

He aquí que vienen días, dice Jehová, en los cuales haré nuevo pacto con la casa de Israel y con la casa de Judá. No como el pacto que hice con sus padres el día que tomé su mano para sacarlos de la tierra de Egipto; porque ellos invalidaron mi pacto. Pero este es el pacto que haré con la casa de Israel después de aquellos días, dice Jehová: Daré mi ley en su mente, y la escribiré en su corazón; y yo seré a ellos por Dios, y ellos me serán por pueblo. Y no enseñará más ninguno a su prójimo, ni ninguno a su hermano, diciendo: "Conoce a Jehová"; porque todos me conocerán, desde el más pequeño de ellos hasta el más grande, dice Jehová; porque perdonaré la maldad de ellos, y no me acordaré más de su pecado.

Joel

El tema central en el libro de Joel es "el Día del Señor". Conocemos a este profeta gracias a que Pedro citó a Joel el día de Pentecostés, cuando el Espíritu Santo descendió sobre los creyentes en Jerusalén. Joel 2:28-32 afirma:

Y después de esto derramaré mi Espíritu sobre toda carne, y profetizarán vuestros hijos y vuestras hijas; vuestros ancianos soñarán sueños, y vuestros jóvenes verán visiones. Y también sobre los siervos y sobre las siervas derramaré mi Espíritu en aquellos días [...] El sol se convertirá en tinieblas, y la luna en sangre, antes que venga el día grande y espantoso de Jehová [...] "Y todo aquel que invocare el nombre de Jehová será salvo".

Según el libro de Hechos, el día de Pentecostés, el Espíritu descendió sobre aquellos que estaban congregados con él. El Espíritu vino a morar dentro de todos los que creen. ¡Qué bendición tan maravillosa la de tener el mismísimo Espíritu de Dios dentro de nosotros para ayudarnos a vivir esta difícil vida aquí en la Tierra! Este pasaje fue una profecía no solo de Pentecostés, sino del final de los tiempos, donde Jesús regresará para recuperar su tierra a Satanás y salvar a todos los que estén dispuestos a confiar en Él y solo en Él.

Miqueas

Conocemos a este profeta del Antiguo Testamento porque cada Navidad compartimos el versículo de Miqueas en el que los sabios de Oriente preguntan a Herodes sobre el nacimiento de un nuevo rey en Israel. Herodes pidió a los escribas que buscaran en las Escrituras. Los escribas encontraron en Miqueas 5:2 estas palabras:

Pero tú, Belén Efrata, pequeña para estar entre las familias de Judá, de ti me saldrá el que será Señor en Israel; y sus salidas son desde el principio, desde los días de la eternidad.

Miqueas nos indica que el plan era conocido desde mucho antes de su tiempo, incluso "desde los días de la eternidad".

Zacarías

Zacarías predijo más cosas sobre el Mesías que cualquier otro profeta, a excepción de Isaías. Algunos de los pasajes de las Escrituras más notables son los siguientes:

Zacarías 9:9, 16. Alégrate mucho, hija de Sion; da voces de júbilo, hija de Jerusalén; he aquí tu rey vendrá a ti, justo y salvador, humilde, y cabalgando sobre un asno, sobre un pollino hijo de asna.

Estoy seguro de que la mayoría de ustedes reconocen este versículo que fue citado en el Nuevo Testamento respecto a los acontecimientos que ocurrieron el Domingo de Ramos cuando Jesús bajó en un asno por el monte de los Olivos hacia Jerusalén.

Zacarías 11:12-13. Y pesaron por mi salario treinta piezas de plata. Y me dijo Jehová: Échalo al tesoro; ¡hermoso precio con que me han apreciado! Y tomé las treinta piezas de plata, y las eché en la casa de Jehová al tesoro.

Esto es claramente una referencia a los treinta siclos que le pagaron a Judas, y después de que se ahorcara, el dinero se utilizó para comprar la tierra que se llamaba campo del alfarero.

Zacarías 12:10. Y derramaré sobre la casa de David, y sobre los moradores de Jerusalén, espíritu de gracia y de oración; y mirarán a mí, a quien traspasaron, y llorarán como se llora por hijo unigénito, afligiéndose por él como quien se aflige por el primogénito.

De nuevo, este es un pasaje bíblico muy conocido que hace referencia a cuando Jesús

estaba en la cruz y el soldado le atravesó por el costado con una espada para asegurarse de que estuviera muerto; su familia y las mujeres que habían estado con Jesús estaban llorando al pie de su cruz.

Zacarías 14:1-21. En su último capítulo, Zacarías nos da una clara descripción de la segunda venida de Jesús. Algunos de los versículos nos ayudarán a ver que la profecía de Zacarías fue muy específica y se vincula más con el Apocalipsis.

He aquí, el día de Jehová viene, y en medio de ti serán repartidos tus despojos. Porque yo reuniré a todas las naciones para combatir contra Jerusalén; y la ciudad será tomada [...] Después saldrá Jehová y peleará con aquellas naciones [...] Y se afirmarán sus pies en aquel día sobre el monte de los Olivos, que está en frente de Jerusalén al oriente [...] Y Jehová será rey sobre toda la tierra [...] SANTIDAD A JEHOVÁ.

Malaquías

Malaquías profetizó sobre la venida de Juan el Bautista, quien prepararía el camino para Jesús, y también profetizó que Jesús sería el mensajero del nuevo pacto con un fuego purificador, en Malaquías 3:1-4:

He aquí, yo envío mi mensajero, el cual preparará el camino delante de mí; y vendrá súbitamente a su templo el Señor a quien vosotros buscáis, y el ángel del pacto, a quien deseáis vosotros. "He aquí viene", ha dicho Jehová de los ejércitos. ¿Y quién podrá soportar el tiempo de su venida? ¿o quién podrá estar en pie cuando él se manifieste? Porque él es como fuego purificador, y como jabón de lavadores. Y se sentará para afinar y limpiar la plata; porque limpiará a los hijos de Leví, los afinará como a oro y como a plata, y traerán a Jehová ofrenda en justicia. Y será grata a Jehová la ofrenda de Judá y de Jerusalén, como en los días pasados, y como en los años antiguos.

Preguntas para profundizar

* Los profetas eran mensajeros de Dios. ¿Tenemos profetas en la actualidad?
* ¿Por qué cree que los autores del Nuevo Testamento citaron estos pasajes del Antiguo Testamento?
* ¿Le ha sorprendido la gran cantidad de citas conocidas que aparecen en Zacarías? ¿Alguna vez ha leído este libro?

Para estudio adicional

Nota: En este capítulo no se repiten los pasajes del Antiguo y del Nuevo Testamento citados previamente.

Epílogo
Devocional para
la familia

A simple vista, el Antiguo Testamento es la historia de los israelitas. Sin embargo, no es solo algo histórico, sino que es el mensaje de Dios a los pueblos del mundo de todos los tiempos. Mi objetivo al volver a contar las historias del Antiguo Testamento ha sido revelar este mensaje del propósito y los planes eternos de Dios para nosotros. Dios quiere sostenernos en medio de los momentos de gozo y de dolor de la vida en este mundo. Fue y es la intención de Dios que la humanidad sea "parte de su familia". Sus planes, tal y como se exponen en el Nuevo Testamento, ya fueron diseñados y entregados a la humanidad en sentido figurado a través de las profecías, las siluetas (sombras) y los retratos vívidos tanto en la ley de Moisés como en las historias del Antiguo Testamento. Esta serie de libros tiene como misión conectar el Antiguo y el Nuevo Testamento y entrelazar el hilo del plan de Dios a lo largo de los libros de la Biblia, empezando por Génesis. Tenemos la gran bendición de poder entender los relatos del Antiguo Testamento a la luz de las revelaciones que recibimos en el Nuevo Testamento.

Cómo la familia de Dios cumplió su objetivo

En los primeros capítulos de la Biblia, aprendemos que Dios creó a la humanidad y le dio la potestad de gobernar la Tierra. Sin embargo, una batalla con Satanás (que era un ángel de Dios y ahora su enemigo) se perdió cuando Adán y Eva (el primer hombre y la primera mujer) prefirieron ser desobedientes y comieron el fruto prohibido del árbol del conocimiento del bien y del mal. Las batallas seguirían perdiéndose conforme el diablo iba influenciando a la gente para que se centraran en sí mismos y persiguieran los actos inmorales que eran demasiado tentadores como para renunciar a ellos. No obstante, sin que la gente lo supiera, este camino alternativo los llevaría a la destrucción, ya que el plan de Satanás es robar, matar y destruir.

A pesar de que el pueblo seguía eligiendo sus propios caminos de autodestrucción, nuestro Dios amoroso y bondadoso preparó un camino de regreso a su presencia a través de la redención para todos los que decidieran creer en su plan de salvación. Así pues, para llevar a cabo su plan, Dios designó a una familia para que fuera su pueblo: su familia escogida. Esta familia creyó en el plan de Dios, y gracias a dicha creencia fueron declarados justos. A través de esta familia que se convirtió en una gran nación, todas las familias (todas las naciones del mundo) recibirán las bendiciones de Dios. El plan de Dios era que la familia escogida fuera apartada para seguir sus instrucciones. Esta familia tenía que mostrar al mundo la forma en que todos debían vivir como un reino apartado aquí en la Tierra. Y cuando el pueblo escogido siguió estos principios y normas, estaba en condiciones de vivir bajo el control y la protección de Dios, es decir, vivir en el reino, lo cual no es una vida sin dificultades, sino una vida con el cuidado amoroso de Dios por siempre.

Dios incluso estableció un lugar apartado (la tierra prometida) para que su familia viviera, aislada del resto del mundo que ya no rendía devoción a Dios e invocaba a otros supuestos dioses. Dios animó a su familia escogida a volverse "disciplinada y a estar sujeta a su control". Aunque tuvieron éxitos a lo largo del camino y experimentaron los beneficios de seguir los caminos de Dios (vivir en el reino), con demasiada frecuencia prefirieron los caminos del mundo. Lamentablemente, no se separaron por completo de sus vecinos. Con el tiempo, tuvieron que ser expulsados de la tierra prometida para comprender finalmente la necesidad de aislarse e identificarse con el verdadero Dios, es decir, solo con Él. Las historias que se cuentan durante su cautiverio y su regreso a Judá y Jerusalén son ejemplos perfectos de cómo Dios espera que vivamos conforme a los principios de su reino.

Es interesante y muy importante saber que durante su cautiverio y después de su regreso a Judá, la oración y el ayuno eran componentes cruciales en el estilo de vida de los que seguían el llamado de Dios. Israel no estaba libre de dificultades, pero estaban aprendiendo a servir y honrar a Dios. Esto los distinguía. Los israelitas serían recompensados por su trabajo y sus sacrificios. Es por ello que tenemos una gran deuda de gratitud con los israelitas por su fidelidad al único Dios verdadero.

Los israelitas, el pueblo escogido por Dios, habían conseguido por fin hacer que Dios forme parte de "su" familia.

Cómo el resto de la humanidad cumple el objetivo de Dios

Dado que el resto del mundo creía en muchos dioses, era necesario que los israelitas fueran conocidos por creer que solo había un Dios y que todos los demás eran dioses falsos. Jesús no podía ser otro "dios". Tenía que venir del único Dios verdadero con el mensaje de que Él era el único camino. Además, Jesús, que era Dios, vino como un regalo gratuito para salvar a todos los que estuvieran dispuestos a arrepentirse y aceptarlo como el único Dios verdadero.

Nosotros también estamos llamados a ser apartados y a formar parte de la familia de Dios. Cuando creemos en el plan de salvación por medio de Jesús, somos declarados justos, como sucedió con Abraham y todos los israelitas. Esta fue y sigue siendo una promesa que se demuestra en las historias del Antiguo Testamento, a través de parábolas que reflejan en forma de retratos y siluetas el sacrificio y la redención de Jesús.

Así como los israelitas viajaron por el desierto hacia su tierra prometida, nosotros también enfrentaremos pruebas y tribulaciones en nuestro camino hacia el cielo, nuestra tierra prometida. Los éxitos y los fracasos de los israelitas nos sirven de consuelo cuando luchamos por seguir los principios de Dios. Aprendemos que tenemos el privilegio y la responsabilidad de llevar los principios de Dios y su voluntad tanto en la Tierra como en el cielo. Si nos esforzamos por cumplir esta tarea que se nos ha encomendado, recibiremos el gozo de saber que Dios nos acompaña y nos protege.

Las historias de los reyes y profetas revelan que existe un mundo espiritual que interactúa con nuestro mundo. El mundo espiritual, o el reino celestial, es donde reside Dios con su séquito de ángeles y allí se encuentran Satanás y sus fuerzas. Asimismo, Satanás es quien gobierna esta Tierra en la que vivimos.

¿Qué hemos descubierto sobre este mundo invisible?

Nuestra lucha no es contra ninguno de nuestros semejantes, sino contra estas fuerzas espirituales de maldad que viven en los lugares celestiales. El diablo, como líder de estas fuerzas malignas, gobierna desde el dominio de las tinieblas. Estamos llamados a unirnos al ejército de Dios en su lucha contra ellas. Pero debemos saber que el enemigo tiene un gran poder que no podemos vencer sin Dios. Por lo tanto, entender que tenemos acceso a Dios y a sus provisiones junto con el privilegio, e incluso la responsabilidad, de invocar su apoyo es fundamental para llevar una vida exitosa aquí en la Tierra. Así, podremos salir de las tinieblas y entrar en la "luz" del amado Hijo de Dios, Jesús.

Estas historias del Antiguo Testamento nos han enseñado que estamos llamados a no mirar las cosas que se ven, porque las cosas que se ven son temporales, pero las cosas que no se ven son eternas. Así pues, se nos anima a mirar más allá de este mundo en el que vivimos. Ya sea que podamos o no ver el mundo invisible con nuestros ojos físicos, estamos llamados por la fe a ver con nuestros ojos espirituales (los ojos de nuestro corazón) y lograr que la voluntad de Dios, que rige en el cielo, se haga realidad en la Tierra. Y con el beneficio añadido de contar con el Espíritu Santo que

Dios ha impartido para que habite en nosotros, podemos conocer los principios y las normas que Él espera que sigamos. De este modo, nosotros, al igual que los israelitas, viviremos bajo el control y la protección de Dios, es decir, viviremos en el reino, lo cual no significa una vida sin pecado (no seremos perfectos) ni dificultades, pero sí con el amor y la compasión de Dios en todo momento.

Así, nosotros también podremos afirmar que hemos hecho que Dios forme parte de "nuestra" familia.

Preguntas para profundizar

- ¿Sabe cómo llegar a ser "parte de la familia de Dios"?
- ¿Ha tomado la decisión de ser "parte de la familia de Dios"?

Para estudio adicional

Ahora que ya conoce los antecedentes del plan de Dios para todos nosotros, es un buen momento para leer el Nuevo Testamento a la luz de lo que ha aprendido con el Antiguo Testamento. Mientras realice su lectura, relacione los mensajes que ha descubierto en el Antiguo Testamento con los misterios revelados en el Nuevo Testamento.

Sobre el autor

ichael Grady es un contador público certificado. Durante su carrera profesional, Michael se convirtió en un educador experimentado y en un orador profesional. Como resultado, ha escrito y presentado numerosos cursos a nivel de educación continua, cursos universitarios y presentaciones de publicidad.

Aunque ha tenido una exitosa carrera empresarial, le dirá que su ministerio cristiano es el aspecto más importante de su vida. Al igual que el apóstol Pablo hacía tiendas para mantener su ministerio, Michael da consejos a la gente. Es padre de un hijo y una hija y abuelo de tres nietos. Michael vive con su esposa, Nan, en Florence, Carolina del Sur.

Michael ha enseñado en la escuela dominical y en grupos de estudio bíblico de todas las edades (niños de primaria, adolescentes y adultos) durante más de treinta años. Continúa ejerciendo como orador invitado en múltiples iglesias, orador laico certificado dentro de la Iglesia Metodista Unida y líder de una asociación evangelística. Tiene una gran facilidad exponiendo todo tipo de temas cristianos. Michael ofrece charlas en iglesias, escuelas o eventos cristianos especiales. Cuenta con un equipo que puede organizar un evento dominical o durante un fin de semana entero que incluya enseñanzas bíblicas para todas las edades y servicios de adoración llenos de música y testimonios.

Esta serie de libros ha sido un deseo de Michael durante más de veinticinco años. A través de sus años como profesor, descubrió que muy pocas personas tienen un conocimiento básico de la Biblia. Para ayudar a los cristianos a aprender fuera de los servicios del domingo por la mañana, diseñó este libro de estudio en forma de historias. Estos volúmenes iluminan los mensajes bíblicos que brindan beneficios prácticos para nuestra vida diaria y recompensas eternas para todos los que creen en las buenas nuevas de Jesús.